≋ | FISCHER

ARNO STROBEL

SHARING

PSYCHOTHRILLER

WILLST DU
WIRKLICH ALLES
TEILEN?

FISCHER

Aus Verantwortung für die Umwelt hat sich der S. Fischer Verlag zu einer nachhaltigen Buchproduktion verpflichtet. Der bewusste Umgang mit unseren Ressourcen, der Schutz unseres Klimas und der Natur gehören zu unseren obersten Unternehmenszielen.

Gemeinsam mit unseren Partnern und Lieferanten setzen wir uns für eine klimaneutrale Buchproduktion ein, die den Erwerb von Klimazertifikaten zur Kompensation des CO_2-Ausstoßes einschließt.

Weitere Informationen finden Sie unter: www.klimaneutralerverlag.de

Bei Erfahrungen mit sexualisierter Gewalt oder sexuellem Missbrauch können manche Passagen in diesem Buch triggernd wirken. Wenn es Ihnen damit nicht gut geht, finden Sie hier Hilfe: www.hilfetelefon.de oder www.weisser-ring.de.

Originalausgabe

Erschienen bei FISCHER Taschenbuch
Frankfurt am Main, Oktober 2021

© 2021 S. Fischer Verlag GmbH, Hedderichstr. 114,
D-60596 Frankfurt am Main
Dieses Werk wurde vermittelt
durch die Literarische Agentur Thomas Schlück GmbH,
30161 Hannover.

Redaktion: Ilse Wagner

Satz: Dörlemann Satz, Lemförde
Druck und Bindung: CPI books GmbH, Leck
Printed in Germany
ISBN 978-3-596-70053-0

Für dich, Mama, und für dich, Siggi

Sharing is caring

1

»Wie schon gesagt, bringen Sie das Fahrzeug bitte zu der Adresse, die auf der Notfallkarte im Handschuhfach angegeben ist, dort wird man Ihnen einen anderen Wagen zur Verfügung stellen.«

Markus Kern beendete das Gespräch und warf einen Blick auf seine Armbanduhr. Gleich halb zehn. Er sah aus dem Fenster. Der Parkplatz vor dem Firmengebäude war dunkel und leer bis auf den A3 aus ihrem Fuhrpark, den Markus zurzeit nutzte. Sein Blick fiel auf das imposante Firmenschild neben der Einfahrt, das von einem Spot angestrahlt wurde. Es war zur Straße hin ausgerichtet, so dass er die Schrift darauf von seinem Platz aus nicht sehen konnte. Das war auch nicht nötig. Er wusste, was dort in großen blauen Lettern stand: *Kern & Kern Carsharing*. Und darunter, etwas kleiner und in Schwarz, der Slogan: *Sharing Is Caring*.

Bettina und er hatten bei der Firmengründung fünf Jahre zuvor lange mit ihrem Marketingberater darüber diskutiert, ob es sinnvoll war, einen englischsprachigen Slogan zu verwenden. Letztendlich waren sie aber dem Argument gefolgt, dass Carsharing eher von jungen Leuten genutzt wurde, und für die waren englische Slogans eine Selbstverständlichkeit.

Zudem entsprach die Aussage vollkommen ihrer beider Überzeugung, dass es wichtiger denn je war, sich um die Umwelt und das Klima zu kümmern und vorhandene Ressourcen sinnvoll und effektiv zu nutzen.

Seine Frau hielt es, ebenso wie Markus, geradezu für obszön, wenn Gebrauchsgegenstände wie Autos jeweils nur von einer Person genutzt wurden, statt dass man sie mit mehreren Leuten teilte. Die Autos aus ihrem Fuhrpark fand man in der gesamten Stadt und konnte sie ganz einfach für jeden x-beliebigen Zeitraum mieten, selbst wenn es nur Minuten waren. So wurden die Fahrzeuge optimal genutzt.

Das Klingeln seines Smartphones beendete die kurze gedankliche Rückblende. Markus warf einen Blick auf das Display, bevor er sich das Telefon ans Ohr hielt. Bettina.

»Hi, Schatz«, begann er, und noch bevor sie antworten konnte, fügte er hinzu: »Bist du schon zu Hause?«

»Nein, ich bin noch im Studio. Ich wollte dir nur Bescheid sagen, dass es etwas später wird. Klara schließt jetzt ab, und wir trinken hier noch ein Gläschen zusammen.«

»Ah, okay. Ich bin auch noch im Büro, mache mich aber gleich auf den Heimweg.«

»Ist alles in Ordnung?«

»Ja, sicher, ich habe nur noch das Angebot für Oppmann fertig gestellt. Er hat angerufen, er braucht es morgen.«

»Verstehe. In spätestens einer Stunde bin ich auch da.«

»Gut, bis dann.«

Markus schaltete den Computer aus, stand auf und steckte das Smartphone in die Tasche seiner Jeans, dann verließ er das Büro und löschte das Licht.

Für die rund zehn Kilometer vom Firmengelände in Frankfurt Bornheim bis zu ihrem Haus in Bad Vilbel brauchte er knappe zwanzig Minuten. Unterwegs dachte er darüber nach, dass eigentlich Trainingstag war, aber so gut ihm das Training für den Marathon auch tat, das er dreimal pro Woche absolvierte, um diese Uhrzeit würde er sicher nicht mehr losrennen.

Als er die Haustür aufschloss, stellte er verwundert fest, dass im Erdgeschoss alles dunkel war. Offenbar war Leonie schon zu Bett gegangen.

Markus legte den Schlüssel in die Schale auf der Kommode, stieg leise in die erste Etage hinauf und öffnete vorsichtig die Tür zu Leonies Zimmer. Seine Tochter hasste es, in einem völlig dunklen Raum zu schlafen, weshalb sie den Rollladen an ihrem Fenster nie herunterließ. Im Schein einer Straßenlaterne erkannte er, dass Leonie im Bett lag. Darauf bedacht, kein Geräusch zu machen, betrat er das Zimmer und betrachtete ihr Gesicht, dessen Konturen er mehr erahnen als sehen konnte. Ihr gleichmäßiger, ruhiger Atem verriet ihm, dass sie fest schlief.

Zufrieden zog er ihr die Decke über die Schultern, verließ auf Zehenspitzen den Raum und ging nach unten.

Nachdem er sich aus der Küche ein Bier geholt hatte, stellte er die Flasche auf dem Wohnzimmertisch ab und schaltete den Fernseher ein. Er zappte durch die Programme, bis er auf eine Dokumentation über den Klimawandel stieß, die gerade begonnen hatte.

Die Sendung endete um kurz nach elf, und Bettina war noch nicht aufgetaucht. Hatte sie nicht gesagt, sie wäre in spätestens einer Stunde zu Hause?

Ein wenig befremdet, aber noch nicht besorgt, stand Markus auf und nahm sich eine weitere Flasche Bier aus dem Kühlschrank. Offenbar hatten Bettina und die Studiobesitzerin ein interessantes Gesprächsthema.

Es verging eine weitere halbe Stunde, bis Markus nach wiederholtem Zappen den Fernseher entnervt ausschaltete und nach seinem Smartphone griff. Er öffnete die Favoriten des Adressbuchs, tippte auf Bettinas Namen und hörte dem Tuten zu, bis sich die Voice-Mailbox einschaltete.

»Hallo, ich bin's«, sagte er, irritiert darüber, dass sie das Gespräch nicht annahm. »Ich wollte nur mal hören, ob es sich noch lohnt, auf dich zu warten. Ich bin ziemlich müde. Meld dich doch bitte kurz, und sag mir Bescheid, okay?«

Er behielt das Smartphone in der Hand und betrachtete das Display, während er darüber nachdachte, ob er es im Studio versuchen sollte. Es war nicht seine Art, seiner Frau hinterherzutelefonieren, aber dass sie sich so sehr verspätete, ohne Bescheid zu sagen, und er sie dann noch nicht einmal erreichen konnte, war doch ungewöhnlich.

Schließlich suchte er im Browser die Website des Studios und tippte die angegebene Nummer an, aber schon nach dem ersten Klingeln verkündete eine weibliche Stimme, dass er außerhalb der Geschäftszeiten anrief.

Leise fluchend würgte Markus die Ansage ab und begann, durch die Online-Plattformen verschiedener Zeitungen und Magazine zu surfen, was er aber nach kurzer Zeit wieder aufgab. Die immer gleichen Nachrichten wiederholten sich auf allen Seiten. Er legte das Telefon auf den Tisch und griff nach der Biographie des ehemaligen amerikanischen Präsidenten Barack Obama, die neben der

Couch auf dem Beistelltischchen lag. Er war schon seit Tagen nicht mehr zum Lesen gekommen und Minuten später völlig in die Geschichte eingetaucht.

Kurz nach Mitternacht legte er das Buch zur Seite, da seine Augenlider immer schwerer wurden. Ein Blick auf das Smartphone zeigte ihm, dass er keine Nachricht von Bettina erhalten und auch keinen Anruf von ihr verpasst hatte. Erneut wählte er ihre Nummer und wartete, bis die Mailbox sich einschaltete.

»Hallo, ich bin's noch mal. Es ist jetzt schon nach Mitternacht, und ich mache mir langsam Sorgen. Wenn euer Geplauder länger dauert, ist das total okay, aber dann melde dich bitte, damit ich weiß, dass alles in Ordnung ist.«

Nachdenklich legte er das Telefon auf den Tisch zurück und schaltete den Fernseher wieder ein. Obwohl er ziemlich müde war, hinderte eine schnell größer werdende Unruhe ihn daran, ins Bett zu gehen. Diese Unzuverlässigkeit war einfach nicht Bettinas Art.

Er richtete den Blick auf den Fernseher, ohne den Gästen der Talkshow bei ihren Streitereien wirklich zuzuhören.

Bettina besuchte das kleine Fitnessstudio immer recht spät, weil dann nur noch wenige Mitglieder anwesend waren und sie ohne Wartezeiten alle Geräte nutzen konnte.

Ja, es war schon vorgekommen, dass sie sich nach dem Training mit der Inhaberin des Studios verquatscht und die Zeit vergessen hatte. Aber auch dann war sie immer gegen elf zu Hause gewesen.

Markus überlegte, bei Bettinas Freundin Sarah anzurufen und sich zu erkundigen, ob sie vielleicht bei ihr war, aber das war um diese Uhrzeit eher unwahrscheinlich. Zudem wollte er nicht den Eindruck erwecken, er würde Bettina kontrollieren. Andererseits … Sarah war Single, und er traute ihr durchaus zu, Bettina auch noch am späten Abend angerufen zu haben, um sich mit ihr zu treffen.

Und was, wenn wirklich etwas nicht in Ordnung war?

Er griff nach dem Smartphone, suchte Sarahs Festnetznummer aus dem Adressbuch und zögerte einen Moment, bevor er sie schließlich antippte. Zwei Sekunden später meldete sich Sarahs Stimme von ihrer Mailbox. Markus beendete das Gespräch und wählte ihre Mobilfunknummer. Wenn sie sich tatsächlich zu später Stunde noch mit Bettina getroffen hatte und die beiden in irgendeinem Lokal saßen, dann würde er sie natürlich nur über ihr Handy erreichen.

Es dauerte eine Weile, dann meldete Sarah sich mit heiser klingender Stimme.

»Hier ist Markus«, erklärte er und fühlte sich unwohl, denn es war offensichtlich, dass er Sarah geweckt hatte. »Entschuldige bitte, dass ich dich so spät störe, aber Bettina ist nach dem Fitnessstudio nicht nach Hause gekommen, und ich mache mir allmählich Sorgen.«

»Was? Aber warum … wie spät ist es denn?«

»Kurz nach Mitternacht.«

Markus hörte das Rascheln der Bettwäsche. »Ich habe sie heute nicht gesehen. Nach dem Studio geht sie doch normalerweise gleich nach Hause. Seltsam …«

»Ja, deshalb mache ich mir ja Sorgen.«

»Vielleicht ist sie noch mit jemandem was trinken? Mit

der Inhaberin, zum Beispiel, dieser Klara. Tina hat mir mal erzählt, dass man sich mit ihr gut unterhalten kann.«

»Sie wollte mit ihr im Studio noch was trinken und dann nach Hause kommen. Wenn sie sich entschlossen hätten, noch weiterzuziehen, hätte sie angerufen, du kennst sie doch. Zumindest würde sie ans Telefon gehen.«

»Das stimmt. Hm …«

»Fällt dir sonst irgendjemand ein, bei der oder bei dem sie sein könnte?«

»Bei *dem*? Du glaubst doch nicht wirklich, dass Tina …«

»Nein!«, fiel Markus ihr ins Wort. »Das glaube ich nicht. Ich versuche einfach nur, alle Möglichkeiten durchzugehen, weil ich mir wirklich Sorgen mache. So was ist in den sechzehn Jahren, die wir verheiratet sind, noch nie vorgekommen.«

»Ich weiß«, stimmte Sarah ihm zu. »Aber ich bin überzeugt, es geht ihr gut, und es wird eine plausible Erklärung dafür geben.«

»Ja«, sagte Markus leise, »das hoffe ich.«

»Ganz sicher. Sei mir bitte nicht böse, aber ich muss morgen sehr früh raus und sollte jetzt schlafen. Wenn doch etwas sein sollte, ruf mich bitte an, okay?«

»Ja, klar. Schlaf gut.«

Markus ließ das Telefon sinken. Sarah hatte bestimmt recht. Er machte sich zu viele Sorgen. Wahrscheinlich war Bettina mit Klara noch auf ein Glas in eine Kneipe gegangen, und aus dem einen Glas wurden ein paar. Vielleicht hatte sie einfach das Gefühl für die Zeit verloren.

Es war ihm ja auch schon mehr als einmal passiert, dass er sich mit jemandem angeregt unterhalten und dann bei einem Blick auf die Uhr erschrocken festgestellt hatte, dass es schon viel später war als gedacht.

So musste es … Ein Geräusch ließ ihn herumfahren. Er wollte schon erleichtert Bettinas Namen rufen, als Leonie verschlafen um die Ecke des Wohnzimmers kam und stehen blieb. Die langen dunklen Haare hatte sie zu einem zerzausten Dutt hochgesteckt.

»Ich hab noch Durst«, erklärte sie und sah sich im Raum um. »Ist Mama schon im Bett?«

»Nein, sie ist noch nicht zu Hause, aber sie wird sicher bald kommen. Allerdings sollte eine gewisse Fünfzehnjährige jetzt im Bett liegen. Also, nimm dir was zu trinken und dann wieder ab in die Kiste.«

Seine Tochter murmelte etwas, das er nicht verstand, ging in die zum Wohnzimmer hin offene Küche und nahm sich aus dem Kühlschrank eine Tüte Milch. Kurz darauf war sie verschwunden.

Markus hatte sich gerade wieder auf die Couch fallen lassen, als ein *Pling* seines Smartphones eine WhatsApp-Nachricht ankündigte. Mit einem Ruck beugte er sich vor, griff nach dem Gerät und atmete erleichtert auf. Die Nachricht kam von Bettina. Endlich! Er tippte auf das Symbol und zog im nächsten Moment die Brauen zusammen. Statt einer Erklärung, wo sie war, stand in der Nachricht lediglich eine seltsam aussehende Webadresse: eine lange Reihe Buchstaben und Zahlen, gefolgt von einem Punkt und der Endung *onion*.

Markus war zwar noch nicht im sogenannten *Darknet* unterwegs gewesen, hatte aber mal einen Bericht darüber gelesen und wusste, dass er hier eine Adresse aus genau diesem versteckten Teil des Internets vor sich hatte. In einer WhatsApp von seiner Frau.

»Was zum Teufel …«, stieß er aus, wechselte zur Anrufliste und tippte auf Bettinas Nummer. Entweder hatte sich jemand mit dem Handy seiner Frau einen Scherz erlaubt, oder Bettina hatte tatsächlich mehr als nur ein Glas getrunken und fand es witzig, ihm eine Webadresse zu schicken, die ihn wahrscheinlich auf irgendeine Fake-Seite führen würde. Wobei sich dann die Frage stellte, woher seine Frau, deren Computerkenntnisse er als eher marginal bezeichnen würde, eine Adresse aus dem Darknet kannte. So oder so spürte Markus, dass die Mischung aus Besorgnis und Wut in ihm größer wurde, während er dem elektronischen Tuten zuhörte.

Nach dem dritten Mal wurde abgehoben, und noch bevor Markus den Mund aufmachen konnte, sagte ein Mann mit einer Kälte in der Stimme, die ihn die Luft anhalten ließ: »Ruf die Website auf. Und beeil dich, die Bettina-Show hat schon angefangen.« Dann wurde aufgelegt.

Markus hielt das Smartphone noch eine Weile in der Hand und versuchte zu verstehen, was gerade geschah. Wer war dieser Kerl? Und warum hatte er Bettinas Handy? Mit einem Mal war jeglicher Anflug von Ärger verschwunden, wurde verdrängt von einer schnell größer werdenden Angst. Seine Hand, die das Smartphone hielt, zitterte.

Das war kein Scherz, dessen war er sich sicher. Irgendetwas war mit Bettina geschehen, und wenn er wissen wollte, was, musste er tun, was dieser Mann verlangt hatte.

Mit heftig klopfendem Herzen öffnete er die Nachricht mit der Webadresse und tippte darauf, wie er es von anderen Links gewohnt war, doch es geschah nichts. Also kopierte er die Adresse und fügte sie in den Browser des Smartphones ein, aber das Ergebnis war lediglich ein Hinweis, dass die Seite nicht geöffnet werden konnte.

Fluchend sprang Markus auf und verließ mit schnellen Schritten das Wohnzimmer. In ihrem gemeinsamen Büro angekommen, setzte er sich an seinen Platz, schaltete den Computer ein und öffnete den Browser. Nachdem er die Adresse aus der Nachricht hektisch abgetippt und bestätigt hatte, starrte er jedoch auch hier auf die gleiche Meldung wie zuvor auf dem Smartphone. Die Seite konnte nicht geöffnet werden.

Mit einem unangenehmen Prickeln bildeten sich winzige Schweißtröpfchen auf seiner Stirn, während er konzentriert Zeichen für Zeichen der eingegebenen Adresse mit denen in der Nachricht verglich, aber er hatte sich nicht vertippt. Also musste dieser Kerl sich vertan haben.

Markus ließ sich gegen die Rückenlehne des Bürostuhls sinken und starrte die Meldung des Browsers an, als könnte er sie dadurch verschwinden lassen.

Seine Gedanken überschlugen sich. *Und beeile dich*, hatte der Kerl am Telefon gesagt. *Die Bettina-Show hat schon angefangen.*

Die Bettina-Show … Was sollte das für eine Show sein? Machte er sich unnötig Gedanken? War das alles ein Gag seiner Frau? Eine von langer Hand geplante Überraschung für ihn? Aber wofür?

Markus überlegte angestrengt, ob er vielleicht ein wichtiges Datum vergessen hatte, aber ihr Hochzeitstag war schon vor zwei Monaten gewesen, Bettinas Geburtstag stand erst in vier Monaten an, sein eigener zwei Wochen früher. Was sonst konnte es geben, wofür Bettina eine *Show* veranstaltete, die er sich im Darknet ansehen sollte? Nein, es musste eine andere … Markus' Blick war an der Adresse hängen geblieben. An der Endung hinter dem Punkt. *Onion* … da hatte etwas in dem Artikel über das Darknet gestanden, etwas über diese Art von Adressen und dass sie nicht zurückverfolgt werden konnten, auch nicht von Ermittlern. Weil … weil man dazu einen besonderen Browser brauchte, der die Spuren im Netz verwischte!

Mit einem Ruck beugte Markus sich vor und ließ die Finger über die Tastatur huschen. Keine Minute später hatte er einen entsprechenden Artikel gefunden und den Download des TOR-Browsers gestartet, der zum Surfen im riesigen inoffiziellen Teil des Internets unabdingbar war.

Nach weiteren drei Minuten war die Software installiert und mit ein paar Klicks eingerichtet.

Erneut tippte Markus die Webadresse aus der Nachricht ab und bestätigte seine Eingabe mit der Enter-Taste. Eine Weile passierte nichts, und Markus rechnete schon damit, die gleiche Meldung wie zuvor zu bekommen, als die Website endlich geöffnet wurde. Mit dem nächsten Atemzug stieß Markus einen unartikulierten Schrei aus und starrte mit weit aufgerissenen Augen auf das Bild, das sich ihm bot. Dann bohrte sich eine eiserne Faust in seinen Magen und raubte ihm fast die Besinnung.

2

Noch während ihr Bewusstsein sich aus der Tiefe einer dumpfen Schwärze an die helle Oberfläche der Realität zurückkämpft, setzen unerträgliche Kopfschmerzen ein. Sie öffnet die Augen, kneift sie aber sofort mit einem Aufstöhnen wieder zusammen, da eine Lichtbombe in ihrem Kopf zu explodieren scheint. Ihre Gedanken drehen sich wie in einem außer Kontrolle geratenen Karussell, während sie zu begreifen versucht, was gerade geschieht und wo sie sich befindet. Die einfachste und naheliegendste Erklärung ist zugleich die unwahrscheinlichste, denn wenn es nur ein schlimmer Traum wäre, würde sie diese abartigen Kopfschmerzen nicht spüren. Schmerzen kommen in einem Traum nur als Gedanke vor. Außerdem ist sie sich sicher, dass es kein Schlaf war, aus dem sie gerade erwacht ist, sondern bleierne Bewusstlosigkeit. Die Augen noch immer zusammengekniffen, versucht sie, einen der losen Gedankenfetzen zu fassen zu bekommen, die in ihrem Verstand herumwirbeln. Tatsächlich blitzt mit einem Mal die Erinnerung wie ein schwach flackerndes Leuchten hinter der dunklen Wand aus aufsteigender Panik in ihr auf.

Sie hat das Fitnessstudio verlassen und ist zu ihrem Auto gegangen, das einsam am Rand des Parkplatzes gestanden hat. Klara, die Studioleiterin, hat die Tür hinter ihr abgeschlossen und ist im Studio geblieben, weil sie noch etwas zu tun hatte.

Sie erinnert sich, an ihrem Auto angekommen zu sein und die Fahrertür geöffnet zu haben …

Da war ein … ein Arm? Ja, ein starker Arm, der sie brutal von hinten umschlang, während ihr gleichzeitig etwas auf Mund und Nase gepresst wurde. Es hat ekelhaft gerochen, süßlich, faulig, und sie hat verzweifelt versucht, sich aus dem Griff zu befreien, hat versucht, um sich zu schlagen und zu treten. Doch plötzlich sind ihre Arme und Beine so furchtbar schwer geworden, als würden sie von Bleigewichten nach unten gezogen. In einem letzten Aufbäumen hat sie trotzdem probiert, sich aus dem Griff zu winden … dann war da nur noch Dunkelheit.

Sie unternimmt einen Versuch, sich zu bewegen, doch etwas hindert sie daran. Ihr wird bewusst, dass sie sitzt – auf einem Stuhl vielleicht – und ihre Arme erhoben sind. Die Handgelenke werden von etwas über ihrem Kopf gehalten, einem Seil, einem Draht …

Sie zwingt sich, erneut die Augen zu öffnen, und widersteht dem Drang, sie sofort wieder zu schließen. Beißend grelles Licht wird aus mehreren Scheinwerfern auf ihre Augen gerichtet und blendet sie so sehr, dass sie nichts von ihrer Umgebung erkennen kann. Instinktiv möchte sie den Oberkörper nach vorn beugen und die Oberschenkel zusammenpressen. Beides ist ihr unmöglich. Die Fesseln an ihren Handgelenken halten ihre Arme oben und den Oberkörper in der aufrechten Sitzposition. Ihre Beine sind weit gespreizt und werden ebenfalls von etwas, das ihr schmerzhaft in die Haut über den Kniegelenken schneidet, in dieser Position gehalten.

In die Haut! Das bedeutet, sie ist … nackt!

Ihr Schrei wird zu einem gurgelnden Geräusch, als sie mit aller ihr zur Verfügung stehender Kraft versucht, die Beine zu-

sammenzudrücken. Vergebens. Die Stellen über den Knien jagen heiß pochende Schmerzen durch die Oberschenkel, doch an ihrer Position hat sich nichts verändert. Sie sitzt nackt und mit weit gespreizten Beinen auf einem Stuhl, und zu der Angst, die ihr die Luft zum Atmen nimmt, steigt ein Gefühl der Scham und der Demütigung in ihr hoch, wie sie es noch nie in ihrem Leben gespürt hat.

Erneut versucht sie, irgendwo in diesem grellen Meer aus Licht etwas zu erkennen, irgendeinen Hinweis darauf zu entdecken, wo sie ist und was gerade mit ihr geschieht, doch schon nach wenigen Sekunden muss sie die brennenden und tränenden Augen zusammenkneifen.

»Hallo«, ruft sie, und dann lauter: »Wo bin ich? Ist jemand hier? Bitte, binden Sie mich los, ich flehe Sie an. Sagen Sie doch etwas.«

Sie blinzelt in die gleißende Helligkeit und lauscht angestrengt, hört ihren eigenen keuchenden Atem und im Hintergrund ein beständiges Summen. Sonst nichts.

»Bitte«, flüstert sie. »Bitte, bitte reden Sie mit mir. Wer sind Sie? Warum tun Sie mir das an?«

»Lächle«, sagt plötzlich ein Mann, der irgendwo hinter den Lampen zu stehen scheint. Der Klang seiner Stimme jagt ihr trotz der Hitze, die die Lampen abstrahlen, einen eiskalten Schauer über den Rücken. »Und streng dich an. Tausende Augen sind auf dich gerichtet.«

3

Markus war zu keiner Reaktion fähig. Wie versteinert starrte er auf den Monitor, konnte nicht fassen, was er da sah. Weigerte sich, es zu begreifen.

In einem Fenster, das fast den gesamten Bereich des Monitors einnahm, war eine komplett nackte Frau zu sehen, die Arme mit einem Seil nach oben gezogen, saß sie frontal zur Kamera auf einem Stuhl. Ihr Körper wurde von gleißendem Scheinwerferlicht angestrahlt, die Beine waren weit gespreizt und ebenfalls festgezurrt, so dass der Blick durch das Kameraobjektiv auf ihre offene Scham gerichtet war. Markus zwang sich, in das Gesicht der Frau zu schauen, in der verzweifelten Hoffnung, dass er sich getäuscht hatte, dass es irgendeine bedauernswerte Fremde war, die er vor sich sah. Aber obwohl die langen braunen Haare ihr in verschwitzten Strähnen ins Gesicht hingen, erkannte er, dass es keine Unbekannte war, die dort auf eine unvorstellbar grausame Art gedemütigt wurde, sondern Bettina. Seine Frau.

Markus' Speiseröhre krampfte sich gleichzeitig mit seinem Magen zusammen, und er schaffte es gerade noch, den Kopf ein wenig zur Seite zu drehen, bevor er sich auf einen Teil des Schreibtischs und den Teppich erbrach. Mit einer fahrigen Bewegung wischte er sich mit dem Unter-

23

arm über den Mund, richtete sich auf und starrte wieder auf das Bild, in das jetzt Bewegung kam. Bettina hatte die Augen aufgerissen und begann, wild an den Fesseln zu zerren, die ihre Arme oben und die Beine gespreizt hielten. Gleichzeitig warf sie den Kopf hin und her und schrie immer wieder »Nein! Nein, bitte nicht! Bitte!«

Markus beugte sich nach vorn, legte eine Hand auf den Monitor, bedeckte seine Frau und ignorierte die Tränen, die ihm über die Wangen liefen.

»Bettina«, krächzte er und versuchte, den Impuls, sich noch mal zu übergeben, zu unterdrücken. Sekunden später erkannte er, was Bettinas Panik ausgelöst hatte. Von der Seite trat eine Gestalt in den Bildausschnitt, ging auf Bettina zu und blieb kurz vor ihr stehen. Ein Mann. Er war groß und ebenfalls nackt, trug aber eine Maske aus schwarzem Leder, eine Art Haube, die den ganzen Kopf verdeckte. Sein Körper war muskulös, der Rücken und die Pobacken stark behaart. Wie versteinert saß Markus da und beobachtete die Szene. Er weinte, er schluchzte, er wollte etwas gegen den Monitor werfen und seine Qual hinausschreien, doch er war weder zu einer Bewegung fähig, noch dazu, den Blick von dem grausamen Geschehen abzuwenden.

Am unteren Bildschirmrand wurde etwas eingeblendet, das für einen kurzen Moment seine Aufmerksamkeit auf sich zog. Eine Zahl, die sich sekündlich veränderte. Gerade zeigte sie 4367 an, dann 4406. 4439. 4487 …

Alles in ihm wehrte sich gegen die Erkenntnis, und doch verstand er mit brutaler Klarheit, was er sah. Es waren Zugriffszahlen, die Anzahl an Zuschauern, die gerade vor ihren Monitoren saßen, Augenpaare, die seiner Frau zwischen die weit gespreizten Schenkel blickten und dabei womöglich … Schmerzhaft krampfte sich Markus' Magen erneut zusammen.

»Nein«, stammelte er immer wieder, »nein, bitte … bitte nicht«, während er die Schreie seiner Frau aus den Lautsprechern hörte.

Er sah hin. *Musste* hinsehen.

Der Mann mit der Ledermaske trat ein Stück zur Seite, und aus dem Off hinter der Kamera kamen drei weitere Männer ins Bild. Sie waren ebenfalls nackt und trugen Masken.

»Nein!«, brüllte Markus. »Haut ab, ihr verdammten Schweine!«

Er ertrug den Anblick keine einzige Sekunde länger. Er wandte sich ab und sackte in sich zusammen, als hätte ihn mit einem Schlag alle Kraft verlassen. Den Blick auf den vollgekotzten Schreibtisch gerichtet, ließ er sich gegen die Stuhllehne sinken. In einer Ecke seines Bewusstseins nahm er wahr, dass die Schreie seiner Frau in ein Wimmern übergegangen waren, das innerhalb einer Sekunde anzuschwellen schien und dann so laut wurde, als befände sich ihr Mund direkt neben seinem Ohr.

In diesem Moment klingelte sein Smartphone.

Markus fuhr zusammen und griff so hektisch nach dem Gerät, dass es ihm fast entglitten wäre. Er registrierte, dass ein Teil seines Mageninhalts auch am Telefongehäuse klebte. Er sah den Namen auf dem Display. Bettina!

»Du Schwein!«, brüllte er los, kaum hatte er das Gespräch angenommen. »Lass sie in Ruhe! Sofort. Ich schwöre dir …«

»Halt den Mund«, unterbrach die kalte Stimme ihn, woraufhin Markus verstummte.

»Du teilst doch gern, nicht wahr? Das ist doch deine Philosophie, oder? Carsharing, Wohnungssharing … alles soll von möglichst vielen genutzt werden. Das ist dein Geschäft, damit verdienst du dein Geld, und zwar nicht wenig, richtig?«

»Was wollen Sie?« Markus' Stimme klang brüchig. »Warum tun Sie das? Wollen Sie Geld? Sie bekommen es! Sagen Sie mir, wie viel. Ich verspreche, ich werde es besorgen. Aber bitte, stoppen Sie das, was da gerade geschieht. Ich tue wirklich alles, was Sie verlangen, aber hören Sie auf damit.«

Bettinas Wimmern, das die ganze Zeit über zu hören gewesen war, wurde plötzlich wieder zu einem Schreien, das aber anders klang als zuvor. Gurgelnd, röchelnd … Markus fuhr herum und … starrte auf den Monitor, der genau in diesem Moment schwarz wurde. Alle Geräusche waren verstummt. Lediglich die Zahl am unteren Bildschirmrand war noch zu sehen. Sie veränderte sich noch immer sekündlich und zeigte inzwischen 17 327 an. Im nächsten Moment wurde ein Fenster mit einer Eingabemaske eingeblendet, unter der stand: *Gib deine PIN ein!*

»Was …«, stammelte er. »Ich … ich sehe nichts mehr. Was soll das mit dieser PIN? Was machst du mit meiner Frau, du Schwein?«

»Was denkst du wohl? Teilst du etwa eines deiner Autos kostenlos? Nein. Ich auch nicht. Du hast nicht für die Show bezahlt, also kannst du sie dir auch nicht ansehen.«

26

»Bezahlt? … Show?«, stammelte Markus.

»Natürlich. Mittlerweile sind es fast zwanzigtausend Zuschauer, die beobachten, wie ich jetzt deine Frau *teile*. Ich verdiene gut mit dem *Sharing*. So wie du. Das ist doch in deinem Sinn, oder etwa nicht? Und ich kann dir versprechen, das ist erst der Anfang.«

»Hören Sie auf!«, schrie Markus in den Hörer. »Bitte!«

»Du willst, dass ich aufhöre? Hm … Das ist gerade schlecht, aber hör mir jetzt gut zu. Du hast eine Chance, sie zu retten. Nur eine, aber die ist ganz simpel. Halt einfach die Füße still. Keine Polizei, kein Wort zu irgendjemandem. Was gerade geschieht, ist nicht mehr zu ändern. Du musst am eigenen Leib spüren, wie viel Leid dein verdammtes Sharing verursachen kann. Aber du wirst sie zurückbekommen. Schon morgen.«

»Ich …«, setzte Markus an, doch der Mann unterbrach ihn. »Bleib zu Hause und warte. Morgen früh sage ich dir, wo du sie findest.«

»Warum erst morgen früh?« Die Worte sprudelten aus Markus heraus. »Warum nicht jetzt? Was geschieht gerade? Lassen Sie mich wenigstens sehen …«

»Die Show läuft noch ein paar Stunden, und nein, du bekommst keinen Zugang. Keine Bezahlung, keine Show.«

Noch ein paar Stunden … Show … Es war Markus fast unmöglich, die weiteren Worte zu verstehen, das Grauen war so unerträglich, dass es seine Sinne vernebelte.

»Ich warne dich nur ein Mal. Ein Wort zur Polizei oder zu irgendjemand anderem, und es wird eine zweite Bettina-Show geben. Und ich kann dir versichern, dagegen ist das, was gerade passiert, ein Ausflug zu Barbies Ponyhof.

Das wird sie nicht überleben, und dabei darfst du dann sogar kostenlos zusehen.«

Bevor Markus etwas entgegnen konnte, war das Gespräch beendet.

Als er den Blick wieder auf den dunklen Monitor richtete, wurde dort gerade hinter der Eingabemaske ein Foto der großen Werbetafel von *Kern & Kern Carsharing* eingeblendet.

Etwas bäumte sich in ihm auf und schrie ihn an, dass er reagieren müsse. Seine Finger huschten über die Tastatur, während er die Adresse der Website erneut vom Display seines Smartphones abtippte, doch ohne Erfolg, im Gegenteil, jetzt war sogar die Eingabemaske nicht mehr zu sehen. Nur die Zahl am Bildschirmrand, die sich weiter sekündlich veränderte. Größer wurde.

Immer wieder »Nein!« stammelnd und Bettinas Namen wiederholend, hämmerte er völlig wahllos auf die Tastatur ein. Er schrie, er fluchte … es nutzte nichts. Anders als 21 105 Fremde konnte er nicht sehen, was gerade mit seiner Frau geschah.

4

Markus schaltete den Computer aus. Er ertrug die Situation nicht länger. Das Letzte, worauf sein Blick fiel, bevor das Bild verschwand, war die Zahl am unteren Rand: 21 437.

»Gott!«, stieß er aus, obwohl er kein gläubiger Mensch war. Er verspürte den unbändigen Drang, loszulaufen, wegzurennen vor dem Computer und der grausamen Wirklichkeit, die ihm der Monitor gezeigt hatte, und seine ganze Seelenqual hinauszuschreien. Er wollte diesem Kerl, der für das verantwortlich war, was auch immer gerade mit Bettina geschah, die Hände um den Hals legen und zudrücken. Er wollte ihm in die Augen sehen, während er das Leben aus ihm herauspresste. Der Schmerz und der Hass drohten Markus die Luft abzuschnüren. Ruckartig stand er auf und musste sich im nächsten Moment an der Schreibtischkante festhalten. Er schwankte und befürchtete zu stürzen. Zwei, drei Atemzüge stand er so da, den Blick auf den dunklen Monitor gerichtet, dagegen ankämpfend, dass das Wissen über das, was gerade irgendwo mit seiner Frau geschah, seinen Verstand zerstörte. Er wollte sich abwenden, den Raum verlassen, nur weg von dem Monitor, der ihm diese furchtbaren Dinge gezeigt und die schlimmsten Bilder in seinem Kopf erzeugt hatte.

Seine Knie wurden plötzlich weich, die Beine gaben nach und knickten ein. Er sank auf den Stuhl, fiel in sich zusammen, der Oberkörper kippte nach vorn. Er bedeckte das Gesicht mit den Händen und weinte in einer verzweifelten Hilflosigkeit, wie er das zuletzt als kleiner Junge getan hatte.

Wie lange er so dagesessen hatte, wusste er nicht. Als er sich wieder aufrichtete, schmerzte ihn der Rücken. Er war vermutlich vor Erschöpfung eingeschlafen. Vielleicht war er aber auch in eine barmherzige Ohnmacht gefallen.

Er sah auf die Uhr. Kurz vor drei. Dann richtete sich sein Blick auf den dunklen Bildschirm, der ihn böse anglotzte wie ein übergroßes Auge. Gute zwei Stunden war es her, seit er diese furchtbare Szene gesehen hatte.

Wenn er den Computer jetzt einschaltete … Nein, das wollte er auf keinen Fall.

Er schaltete den Computer doch ein. Starrte wie gebannt auf die Systemmeldungen, während das Betriebssystem geladen wurde. Er öffnete den TOR-Browser, klickte in die Adressleiste und tippte die kryptische Webadresse erneut ein. Das Herz hämmerte ihm gegen die Rippen, er hielt den Atem an.

Zwei, drei Sekunden, dann veränderte sich das Bild. Wie Stunden zuvor öffnete sich ein großes Fenster, doch statt des Live-Videos oder einfacher Schwärze wurde ein Standbild eingeblendet. Es zeigte den Raum, den er schon kannte, und den Stuhl, auf dem Bettina gesessen hatte.

Markus bemerkte erst, dass er die Fäuste geballt hatte, als sich ein stechender Schmerz von seiner linken Handfläche aus bis in den Unterarm zog, weil sich die Fingernägel tief ins Fleisch drückten. Der Stuhl war leer, doch er sah etwas anderes. Einen Schriftzug, der groß im unteren Drittel des Bildschirms eingeblendet wurde:

To be continued …

Nachdem er die Wörter eine ganze Weile angestarrt hatte, stand Markus auf, wandte sich ab und wollte den Raum verlassen. Er ging jedoch zurück und schaltete den Computer aus.

Auf dem Weg zum Wohnzimmer dachte er darüber nach, ob er trotz der Drohung des Kerls die Polizei informieren sollte, und wunderte sich, wie nüchtern und klar er wieder denken konnte. Nein, auf keinen Fall würde er etwas tun, das dem Entführer seiner Frau einen Grund lieferte, seine Drohung wahrzumachen. Zudem würden wahrscheinlich auch die Spezialisten der Polizei keine Möglichkeit haben festzustellen, wer die Website im Darknet betrieb. Zumindest nicht so schnell, wie es nötig wäre.

To be continued …

Markus ließ sich auf die Couch fallen und überprüfte, ob sein Smartphone noch genug Akkuleistung hatte und der Ton eingeschaltet war. Er durfte den Anruf des Dreckskerls auf keinen Fall verpassen.

Morgen früh sage ich dir, wo du sie findest.

Er legte das Telefon auf dem Tisch ab, startete es an und dachte darüber nach, wie er den Rest der Nacht überstehen sollte. Die Zeit bis zum Anruf. Sofern er überhaupt kam.

Trotz seiner Niedergeschlagenheit spürte er eine fürchterliche Unruhe in sich.

Plötzlich hatte er das Gefühl, keine Sekunde länger sitzen bleiben zu können. Er sprang hoch und begann, im Wohnzimmer auf und ab zu gehen. Sein Blick streifte über die kleine graue Vase aus Venezien, die silberne Schale – ein Geschenk von Bettinas Eltern –, die Fotorahmen … alles war so eng mit Bettina verbunden, dass es nicht zu ertragen war.

Er ging ins Büro, betrachtete die Schweinerei, die er dort hinterlassen hatte, wandte sich ab und lief in die Küche. Mit einem halb mit Wasser gefüllten Putzeimer und einem Reinigungsmittel bewaffnet kehrte er ins Büro zurück und begann, die Lippen zusammengepresst, Schreibtisch und Boden zu reinigen.

Als er damit fertig war, brachte er Eimer und Putzmittel zurück in die Küche und lief erneut unruhig im Wohnzimmer auf und ab.

Es dauerte nicht lange, da hatte er wieder diese furchtbaren Bilder vor Augen. Er blieb stehen, rieb sich mit den Händen über das Gesicht, fuhr sich durch die Haare. Wie sollte er die Stunden bis zum Morgen überstehen, ohne den Verstand zu verlieren?

Sein Blick fiel auf das Küchenfenster, gegen das sich die Dunkelheit drückte. Eine gleichbleibende Konstante, die ihn beruhigte, während alles, was sein Leben ausmachte, gerade brutal aus der Bahn geworfen worden war.

Frische Luft … Ein Spaziergang durch die nächtlichen Straßen, das würde ihm guttun. Er nahm das Smartphone vom Tisch und wollte zur Garderobe gehen, als sein Blick auf die Treppe fiel. Leonie! Lag sie sicher in ihrem Bett?

Natürlich, sagte eine Stimme in ihm. *Wo soll sie sonst sein?*

Markus stieg die Treppe hinauf, öffnete vorsichtig die Zimmertür seiner Tochter und vergewisserte sich, dass sie im Bett lag und schlief, bevor er leise wieder nach unten ging.

An der Garderobe zog er seine Schuhe und die gefütterte Jacke an, steckte den Schlüssel ein und verließ das Haus.

Eisige Kälte schlug ihm ins Gesicht, als er sich nach links wandte und loslief. In diesen ersten Dezembertagen war die Temperatur extrem gefallen, gerade so, als versuchte die Natur, sich für den viel zu warmen November zu entschuldigen.

Markus zog den Reißverschluss noch ein Stück höher und fragte sich, wie er in seiner Situation über die Temperatur nachdenken konnte. Der menschliche Verstand war ein seltsames Ding.

Die Lichtinseln der Straßenlaternen wirkten wie die Spots einer übergroßen Theaterbühne, auf der gerade ein Einpersonenstück mit Markus als Protagonist gezeigt wurde. *Ein grausames Stück*, dachte er bitter und richtete den Blick vor sich auf den gepflasterten Weg.

Er dachte an Leonie, die in nicht einmal vier Stunden aufstehen und frühstücken würde. Hatte der Entführer sich bis dahin gemeldet? So oder so – Markus musste es schaffen, sich nichts anmerken zu lassen.

Aber was würde er seiner Tochter sagen, wenn sie nach ihrer Mutter fragte? Er würde sie anlügen, zum ersten Mal in ihrem Leben.

Ihre Mutter. Seine Frau. Er sah Bettina wieder vor sich, wie sie auf dem Stuhl saß. Nackt, gedemütigt. Den Blicken

33

von Tausenden Perverslingen ausgesetzt, die ihr zwischen die weit gespreizten Beine starrten. *Geteilt!*

War es das, was der Dreckskerl gemeint hatte? Dass er sie mit diesen abartigen Gaffern teilte, die zu Hause vor ihren Computern saßen und sich beim Anblick der über alle Grenzen erniedrigten Frau einen runterholen? Oder bezog sich das Teilen auf die vier Männer, die er im Bild gesehen hatte?

Allein der Gedanke ließ in Markus erneut Mordlust aufsteigen.

Carsharing, Wohnungssharing … wie hatte der Kerl am Telefon gesagt? *Das ist dein Geschäft, damit verdienst du dein Geld, und zwar nicht wenig, richtig?*

Was hatte es damit auf sich? War Bettina wegen ihrer gemeinsamen Firma entführt worden? Aber wenn der Kidnapper Geld erpressen wollte, hätte er es ihm doch sicher schon gesagt. Stattdessen hatte er nebulöse Andeutungen gemacht.

Fast zwanzigtausend Zuschauer, die beobachten, wie ich jetzt deine Frau teile. Das ist doch in deinem Sinn, oder etwa nicht?

Am Ende waren es weit über zwanzigtausend gewesen. Falls das das Ende gewesen war. Und wenn es stimmte, was der Typ sagte, hatten alle dafür bezahlt.

Wie viel war es wert, seiner Frau zwischen die Beine zu glotzen und live dabei zuzusehen, was diese vier Typen mit ihr anstellten? Fünf Euro? Zehn?

Markus' Magen zog sich schmerzhaft zusammen. Er musste sich ablenken. Fünf Euro mal zwanzigtausend. Das waren hunderttausend Euro. Bei zehn Euro schon zweihunderttausend. Steuerfrei. Ein lohnendes Geschäft. Aber

34

wenn es nur das war, worum es dem Entführer ging, wozu dann das Telefonat mit ihm? Nein, es musste noch etwas anderes dahinterstecken.

Wie ich deine Frau teile ... Wie es aussah, wollte dieses Monster sich an ihnen auf grausame Art rächen. Aber wofür? Was konnten sie jemandem angetan haben, dass derjenige Bettina vor laufender Kamera von mehreren Männern ...

Fast hätte er seinen wild aufbrandenden Hass gegen diese Männer hinausgeschrien.

Er schüttelte den Kopf und versuchte, die Bilder zu vertreiben, mit denen seine Vorstellungskraft ihm in allen Details zeigen wollte, was diese Schweine Bettina angetan hatten.

Markus musste stehen bleiben und sich am Pfosten eines Zauns festhalten. Der Weinkrampf kam plötzlich und raubte ihm die Luft zum Atmen.

Zwei, drei Minuten stand er so da, den Kopf gesenkt, die Augen geschlossen, dann richtete er sich wieder auf und sah sich um. Niemand hatte ihn bemerkt, niemand war durch sein lautes Schluchzen aufgewacht.

Er wandte sich ab und lief zurück nach Hause. Er wusste, dass es ihm nicht gelingen würde, die Gedanken oder die Bilder durch einen Spaziergang zu vertreiben.

5

»Papa?« Markus hörte die Stimme wie durch Watte, doch es dauerte nur eine Sekunde, bis die Erinnerung mit voller Wucht sein Bewusstsein flutete. Er öffnete die Augen und blickte in Leonies fragendes Gesicht.

»Geht's dir gut?«, wollte sie wissen. »Du siehst echt kacke aus.«

»Nein, ich …« Markus richtete sich ächzend auf und rieb sich den Schlaf aus den Augen, bevor er seine Tochter wieder ansah. »Vielleicht braut sich in mir was zusammen, ich hab Kopfschmerzen und kaum geschlafen. Aber das wird schon wieder.«

»Warum hast du auf der Couch gepennt?«

»Aus Versehen. Ich bin eingeschlafen.«

»Liegt Mama noch im Bett?«

»Nein, sie …« Da war sie, die Frage, die er befürchtet hatte. Er würde sein Kind anlügen müssen.

»Sie hat bei einer Freundin übernachtet, die Probleme hat. Sie hat mich heute Nacht angerufen.«

Leonie zog die Stirn kraus. »Welche Freundin denn? Sarah? Und welche Probleme?«

»Nein, es ist wohl eine alte Schulfreundin, die Stress mit ihrem Mann hat.«

»Eine Schulfreundin? Krass. Welche denn?«

»Ich weiß es doch auch nicht!«, entgegnete er barsch, was er im selben Moment bedauerte. Er stand auf und strich seiner irritiert dreinblickenden Tochter über die Haare. »Tut mir leid. Ich bin etwas durch den Wind.«

»Habt ihr Stress, Mama und du?«

»Nein, wie kommst du denn darauf? Mama und ich verstehen uns super, das weißt du doch.«

»Hm …«, brummte Leonie nachdenklich, zuckte dann aber mit den Schultern. »Okay. Wann kommt sie wieder?«

»Ich denke, irgendwann heute Vormittag.«

»Gut. Dann kann ich sie ja selbst fragen, welche Freundin das ist. Frühstück?«

Es kostete Markus viel Kraft, sich nichts anmerken zu lassen.

»Nein, ich habe keinen Hunger.«

Leonie legte den Kopf schief. »Echt alles okay mit euch?«

Nein!, wollte er schreien. *Nichts ist in Ordnung. Deine Mama ist letzte Nacht vielleicht von einer ganzen Horde Kerle vergewaltigt worden, und zwanzigtausend perverse Arschlöcher haben dabei zugesehen.*

»Ja«, sagte er. »Alles okay. Wie gesagt, ich … fühle mich nicht so gut.«

Nach einem letzten kritischen Blick auf ihn wandte Leonie sich ab und ging in die Küche.

Markus sah ihr kurz nach und wollte gerade das Wohnzimmer verlassen, um zu duschen, als sein Telefon klingelte. Er blieb so abrupt stehen, als wäre er gegen eine unsichtbare Wand gelaufen, und starrte auf das aufleuchtende Display seines Smartphones, das noch auf dem Tisch lag.

»Willst du nicht drangehen?«, fragte Leonie aus der Küche. »Ist vielleicht Mama.«

Vielleicht ist es das Schwein, dachte Markus und überlegte krampfhaft, wie er reagieren sollte.

»Doch, klar«, sagte er mit rauer Stimme und trat an den Tisch. Was sollte er tun, wenn das der Entführer war? Was würde Leonie mitbekommen, und welche Fragen würde sie stellen? Konnte er überhaupt vor ihr verheimlichen, was mit ihrer Mutter geschehen war?

Markus griff nach dem Handy und sah, dass der Anruf nicht von Bettinas Telefon kam, sondern von ihrer Freundin Sarah. Mit einer Mischung aus Erleichterung und Enttäuschung hielt er es sich ans Ohr.

»Guten Morgen!« Sarahs Stimme klang beschwingt. »Ich habe gerade versucht, Tina auf dem Handy anzurufen, aber die Mailbox hat sich gleich eingeschaltet. Ist alles okay? Ist sie da?«

»Hallo, Sarah, ähm … ja …«, stammelte er. »Also ja, es ist alles okay, aber Bettina ist … nicht da. Sie hat bei einer Freundin übernachtet und kommt erst später zurück.«

»Bei einer Freundin?«, hakte Sarah erstaunt nach. »Das war also der Grund, weshalb sie gestern Abend nicht nach Hause gekommen ist. Bei welcher Freundin denn?«

»Bei einer Schulfreundin von früher, die irgendwelche Probleme hat. Ich kenne sie nicht. Bitte entschuldige, ich muss jetzt auflegen. Leonie wartet auf ihr Frühstück.«

»Sag Tina, sie soll mich mal anrufen!«

»Okay. Also …«

»Markus?« Sarahs Stimme klang unsicher.

»Was?«

»Ist wirklich alles okay bei euch?«

»Ja, alles bestens. Bis dann.«

Als er das Telefon sinken ließ, bemerkte er Leonies Blick und sah zu ihr hinüber. Sie zog die Stirn kraus und zuckte verständnislos mit den Schultern. »Wie jetzt, du musst mir Frühstück machen?«

»Ach, ich habe gerade keinen Nerv, tausend Fragen zu beantworten«, erklärte er und verließ das Wohnzimmer.

Im Badezimmer stellte er sich ans Waschbecken und betrachtete sein Spiegelbild. Das Gesicht war fahl und wirkte eingefallen, die Augen waren stark gerötet, die normalerweise modisch frisierten dunklen Haare lagen stumpf auf dem Kopf, der kurz gestutzte Kinnbart wirkte auf der blassen Haut wie aufgeklebt. Alles in allem sah er nicht aus wie zweiundvierzig, sondern wie sechzig. Aber was spielte das für eine Rolle angesichts dessen, was geschehen war?

Er wandte sich ab und hatte gerade den Toilettendeckel hochgeklappt, als sein Telefon erneut klingelte. Dieses Mal kam der Anruf von Bettinas Handy.

Mit heftig klopfendem Herzen nahm Markus das Gespräch an.

»Ja?« Es war nicht mehr als ein Flüstern.

»Du kannst sie wiederhaben.« An der Kälte und Emotionslosigkeit der Stimme hatte sich seit der Nacht nichts geändert. »Ich bin fertig mit ihr. Und ich war in deinem Sinn wirklich sehr erfolgreich. Möchtest du wissen, wie effektiv ich deine Frau heute Nacht geteilt habe?«

»Nein, bitte … wo ist sie?« Markus konnte den Gedanken an das, was Bettina vielleicht alles hatte über sich ergehen lassen müssen, nicht ertragen. Er versuchte, ihn zu verdrängen, doch es gelang ihm nicht.

»Ach, komm ... du legst doch Wert darauf, dass möglichst viele Leute deine Sachen teilen. Es wird dich freuen.«

»Du verd...«, presste Markus zwischen den Zähnen hervor. Der aufbrandende Hass jagte einen Hitzeschauer durch seinen Körper und drohte, ihm die Kehle zuzuschnüren. Im letzten Moment besann er sich. Er durfte dem Kerl keinen Grund liefern, es sich anders zu überlegen. »Wo ist sie?«

»Du findest sie in eurem Haus mit den Mietwohnungen. Erste Etage, Wohnung zwei, die anderen sind ja vermietet. Aber du solltest dich beeilen. Deine Frau ist ziemlich ... abgenutzt. Du kennst das ja von den Autos eures Carsharings. Die Benutzer sind rücksichtslos, sie verursachen Gebrauchsspuren, und wenn es gleich so viele sind, entstehen schon mal ernsthafte Schäden, die repariert werden müssen. Also ... hopp hopp!«

Damit legte er auf.

Die Mischung aus Angst und Hass nahm Markus die Luft zum Atmen. Er stöhnte laut auf und ließ die Hand mit dem Telefon sinken.

Zurück im Wohnzimmer, rief er Leonie zu: »Ich muss weg!«

»Aber ... wo gehst du hin?«, entgegnete sie irritiert. »Wer war das am Telefon?«

Sie hatte das Klingeln also gehört. Markus legte das Handy auf der Kommode ab, schnappte sich seinen Schlüsselbund und den Autoschlüssel aus der Holzschale, suchte in dem darüber hängenden Schlüsselkasten den Zweitschlüssel für Wohnung Nummer zwei und steckte ihn in die Hosentasche.

»Das ... war Mama«, log er und fluchte innerlich, weil es so lange dauerte, bis er den richtigen Schlüssel gefunden hatte. Schließlich hielt er ihn in der Hand. »Ich fahre jetzt zu ihr.«

Er wandte sich ab und verließ das Haus, bevor seine Tochter reagieren oder Fragen stellen konnte.

Die Parkbucht neben dem Haus hatte sechs Einstellplätze. Zwei davon waren mit Fahrzeugen aus dem Fuhrpark belegt, die zur Inspektion in die Werkstatt sollten, der dritte mit dem A3, den er selbst zurzeit nutzte. Er stieg ein und verließ Sekunden später das Grundstück.

Das Haus befand sich wie ihr Wohnhaus in Bad Vilbel, jedoch näher an der nördlichen Stadtgrenze von Frankfurt, optimal gelegene Wohnungen für Pendler in die Frankfurter Innenstadt. Die meisten der Mieter waren Bankangestellte in höheren Positionen, die nur während der Woche dort wohnten und irgendwo im Taunus oder noch weiter von Frankfurt entfernt Haus und Familie hatten. Die Mieten waren sehr günstig, im Gegenzug erlaubten die Mieter Markus und Bettina, ihre Wohnungen an den Wochenenden an Touristen zu vermieten, was ihrer Überzeugung entsprach, dass es Verschwendung war, Wohnraum – vor allem in einer Metropole wie Frankfurt – ungenutzt leer stehen zu lassen, und sei es auch nur für zwei Tage.

Markus brauchte knappe zehn Minuten, in denen er hupte und fluchte, weil andere Autos ihn am schnelleren Vorankommen hinderten. Eine Stimme wisperte ihm zu, dass er vorsichtig sein musste. Nicht auszudenken, wenn ihn ausgerechnet in dieser Situation die Polizei anhalten würde. Anderseits – der Entführer hatte Bettina freigelassen und war sicher längst verschwunden. Ihm war es wahrscheinlich egal, was Markus tat.

Andere Gedanken purzelten Markus wie unkontrollierbare Fragmente durch den Kopf. In welchem Zustand würde er Bettina vorfinden? Körperlich. Seelisch. Was hatten die Geschehnisse der vergangenen Nacht mit ihr gemacht? Wie schlimm waren die Verletzungen, die diese Tiere ihr zugefügt hatten? Der Gedanke daran, *was* diese Dreckskerle Bettina alles angetan hatten, erzeugte einen Lavastrom, der durch seinen Körper schoss und ihn innerlich zu verbrennen drohte. Doch das Wichtigste war jetzt, dass er für seine Frau da war. Darauf, und nur darauf, musste er sich konzentrieren.

Als er sein Ziel endlich erreicht hatte, stellte er den Wagen vor dem Gebäude ab und stieg aus. Sein Puls raste, seine Hände waren schweißfeucht und zitterten.

Am Bund suchte er ungeduldig den Schlüssel für die Haustür und steckte ihn ins Schloss.

Immer eine Stufe überspringend, hastete er keuchend die Treppe hinauf in die erste Etage und zog hektisch den einzelnen Schlüssel für Wohnung Nummer zwei aus seiner Hosentasche. In der Eile fiel er ihm aus der Hand und landete klirrend auf dem Boden.

Im Bücken warf er einen Blick hinter sich, auf die Tür von Wohnung Nummer drei, als befürchtete er, dass sie sich gleich öffnen und der Mieter ihn fragend anstarren würde.

Nachdem er die Wohnungstür geöffnet und den Schlüs-

42

sel wieder abgezogen hatte, behielt er ihn in der Hand und drückte mit der anderen Hand die Tür vorsichtig auf. Vielleicht wartete dieser Irre auf ihn, um ihn niederzuschlagen, sobald er die Wohnung betreten hatte. Wie von einem lautlosen Motor bewegt, schwang die Tür langsam nach innen auf und gab dabei nach und nach den Blick auf die Diele frei. Markus' Puls hämmerte so heftig, dass er das Gefühl hatte, man müsse ihn im ganzen Treppenhaus hören.

Ein paar Schritte, dann hatte er einen uneingeschränkten Blick durch den Flur in das angrenzende Wohnzimmer.

Was er dort sah, ließ sein Herz einen Schlag aussetzen und ihn alle Vorsicht vergessen.

6

Bettina lag reglos und mit angewinkelten Beinen, den Rücken ihm zugewandt, auf dem Boden des leeren Wohnzimmers. *Benutzt und abgelegt*, schoss es Markus durch den Kopf. Sie war nackt, und sogar aus der Entfernung konnte er die Spuren von Misshandlungen auf ihrem Rücken deutlich erkennen.

Mit schnellen Schritten durchquerte er den Flur, ging um seine Frau herum und blieb keuchend neben dem reglosen Körper stehen. Bettinas Augen waren geschlossen, das Gesicht war extrem blass und bedeckt von dunklen Flecken und Verletzungen. Auf der Stirn klaffte eine Platzwunde, um die sich eine Kruste gebildet hatte.

»O Gott!«, stöhnte Markus auf. »Bettina!« Tränen stiegen ihm in die Augen. Er sank auf die Knie. »Ich bin da. Jetzt wird alles gut.« Vorsichtig streckte er die Hand nach ihr aus. »Was haben diese Schweine dir angetan?«

Behutsam berührte er sie am Oberarm, zuckte aber im nächsten Moment so erschrocken zurück, als hätte er einen Stromschlag bekommen. Ihre Haut … sie war kalt wie Eis. Wie gelähmt starrte er das bleiche Gesicht an.

»Nein!«, flüsterte er. »Das kann nicht sein.« Hastig legte er zwei Finger auf Bettinas Puls am Hals. »Nicht. Bitte. Das kannst du mir nicht antun.« Dann fasste er Bettina an den kalten, bleichen Schultern und wollte sie auf den Rücken drehen, doch ihr Körper war starr, die angezogenen Beine blockierten die Bewegung und gaben keinen Millimeter nach.

»Nein, nein, nein«, stammelte er, strich über die schrecklich kalte Haut und versuchte erneut verzweifelt, den Körper zu bewegen, aus dem schon vor Stunden das Leben gewichen sein musste. Ohne Erfolg.

Schließlich gab er auf. Er sackte in sich zusammen, legte die Hände in den Schoß, ließ den Kopf sinken und gab sich dem Schmerz hin. Erschöpft und von Schluchzern erschüttert, kippte er langsam zur Seite und legte sich neben seine tote Frau. Die Kälte der Bodenfliesen drang durch seine Kleidung und in seine Haut. Es war ihm egal.

Durch den Tränenschleier betrachtete er Bettina. Seine Augen tasteten jede Linie ihres Gesichts ab, ohne dass er die Hämatome und blutverkrusteten Wunden wahrnahm. Sein Verstand hatte eine Maske über die bleiche Haut gelegt, die Bettina so zeigte, wie sie noch einen Tag zuvor ausgesehen hatte. Markus sah die Sommersprossen über der Nase und den Wangen, so zart, dass man sie nur aus der Nähe erkennen konnte. Er sah die grün-braunen Augen, in denen winzige leuchtende Pigmente zu tanzen schienen, wenn Bettina lächelte, ihre langen Wimpern und die sorgsam gezupften Augenbrauen. Er sah ihre vollen, geschwungenen Lippen, auf denen ein Hauch von Rot lag und die sich nun für ihn ein kleines Stück zu einem Lächeln öffneten, gerade weit genug, dass er ihre makellos weißen Zähne sehen konnte. Und dann lächelte auch Markus. Er lächelte mit seiner toten Frau, während ihm die Tränen über die Wangen und in den Mund liefen.

Er hatte kein Gefühl dafür, wie lange er so dagelegen hatte, lächelnd, weinend, in seiner Vorstellung in einer anderen Zeit, als Geräusche ihn aufschrecken ließen. Stimmen.

Sein Verstand kehrte nur langsam in die Realität zurück, und mit ihm kam der Schmerz.

Markus blickte in das bleiche, zerschundene Gesicht vor sich, das *tote* Gesicht, aus dem alles Vertraute verschwunden war und das sich nach und nach zu etwas verwandelte, das nichts mehr mit der Frau zu tun hatte, mit der er so viele glückliche Jahre verbracht hatte.

Eine Hand tauchte vor Markus' Gesicht auf, berührte für einige Sekunden Bettina am Hals und zog sich dann wieder zurück.

»Herr Kern?«

Markus drehte den Kopf und erkannte nur Schatten über sich. Er blinzelte, ohne dass sich etwas veränderte, also drückte er sich umständlich in eine sitzende Position hoch und blickte verständnislos zu den Männern und Frauen auf, die um ihn herum und im Flur standen und ihn anstarrten.

Er sah Uniformen. Polizisten.

»Sie sind doch Herr Kern, oder?« Der Mann in Jeans, weißem Hemd und dunklem Sakko, der mit ruhiger Stimme die Frage stellte, stand direkt vor ihm. Markus sah in ein Gesicht mit dunklem, kunstvoll zurechtgestutztem Bart, einer Brille mit schwarzem Rahmen und dunklem Haarschopf. Ein noch recht junger Mann, dachte er. Vielleicht Mitte dreißig.

»Ja, ich …« Er senkte den Blick, ließ ihn über den nackten Körper seiner toten Frau gleiten und blickte sich suchend nach etwas um, mit dem er sie zudecken konnte.

»Haben Sie eine Decke?«, fragte er.

»Würden Sie bitte aufstehen?« Der Mann ignorierte die Frage.

Es kostete Markus Kraft, sich von Bettina abzuwenden, doch schließlich schaffte er es. Diese Männer waren Polizisten, Ermittler, die nach dem Dreckschwein suchen würden, der für all das verantwortlich war. Er musste ihnen helfen. Er *wollte* ihnen helfen.

Mühsam erhob er sich. Der Mann wartete geduldig, bis Markus stand. »Mein Name ist Thomas Mantzke, Kripo Frankfurt.« Er deutete auf Bettina. »Ist das Ihre Frau?«

»Ja. Wie kommen Sie, ich meine, woher wussten Sie …«

»Herr Meinhardt von gegenüber hat uns angerufen.«

»Meinhardt«, wiederholte Markus leise. Ein seltsamer Vogel. Groß und so dürr, dass die unmodernen Jacketts, die er zumindest immer dann trug, wenn Markus ihn sah, über seinen knochigen Schultern hingen wie auf einem Kleiderbügel. Obwohl er wie ein erfolgloser Versicherungsvertreter wirkte, war er irgendein hohes Tier bei der Deutschen Bank. Markus fuhr sich über das Gesicht und fragte sich, was mit ihm nicht stimmte, dass er in dieser Situation über das Aussehen eines ihrer Mieter nachdachte.

»Ja, er hat Sie durch die offene Tür hier liegen sehen und dachte, Sie sind beide tot.«

Mit dem Kinn deutete Mantzke zu Bettina. »Können Sie uns sagen, was geschehen ist?«

Markus blickte auf die Leiche seiner Frau, als müsste er sich überzeugen, dass der Polizist sie gemeint hatte.

»Man hat sie nackt im Internet gezeigt und wahrscheinlich vergewaltigt. Und dann umgebracht.«

»Im Internet? Wer?«

»Männer. Es waren vier Männer. Mit Ledermasken.« Mit einem Mal wurde Markus' Stimme lauter, und ohne es zu wollen, sprach er auch schneller. »Dieses Schwein hat es im Internet übertragen. Im Darknet. Sie müssen herausfinden, wem die Website gehört.«

Mantzke tauschte einen Blick mit der Frau neben sich, die Markus erst in diesem Moment zur Kenntnis nahm. Sie war jünger als ihr Kollege, vielleicht Ende zwanzig.

»Oberkommissarin Julia Bauer, Kripo Frankfurt«, stellte sie sich ebenfalls kurz vor. »Von welcher Website sprechen Sie, Herr Kern? Und was genau war dort zu sehen?«

Markus blickte in das Gesicht der jungen Polizistin. Ein hübsches, dezent geschminktes Gesicht, eingerahmt von schulterlangen blonden Haaren. Er glaubte, Mitgefühl darin zu erkennen. »Dort war alles von ihr zu sehen«, sagte er fast flüsternd. »Die haben sie nackt auf einen Stuhl gefesselt. Mit … gespreizten Beinen. Und eine Kamera war auf sie gerichtet. Genau …« Das Gesicht der Polizistin verschwamm vor Markus' Augen, dann liefen ihm die Tränen über die Wangen.

»Und da waren nackte Männer mit schwarzen Ledermasken. Es waren vier. Vielleicht auch mehr, ich weiß es nicht.« Er konnte nichts dagegen tun, dass seine Stimme brach. »Der Monitor wurde plötzlich dunkel.«

»Wie lautet die Adresse dieser Seite?«

Markus griff in seine Hosentasche und stellte fest, dass er sein Telefon zu Hause hatte liegen lassen. Er zuckte mit den Schultern. »Ich weiß es nicht, das war eine sinnlose Reihe von Ziffern und Zahlen. Ich habe mein Handy zu Hause vergessen.«

Erneut tauschten Mantzke und seine Kollegin einen Blick, bevor der Ermittler sich wieder an Markus wandte. »Herr Kern, sollen wir Ihnen einen Arzt rufen?«

»Nein«, entgegnete Markus verzweifelt. »Sie sollen den Kerl finden, der dafür verantwortlich ist.«

Im Hintergrund wurden Stimmen laut. Ein Mann um die fünfzig mit Glatze kam auf sie zu. In der Hand trug er eine braune Ledertasche.

»Das ist Dr. Gebhard, der Rechtsmediziner«, erklärte Mantzke. »Herr Kern, würden Sie mit der Kollegin Bauer nach nebenan gehen?«

»Warum?«, fuhr Markus auf. »Ich werde nicht hier weggehen. Das ist meine Frau.«

Mantzke legte ihm eine Hand auf den Oberarm. »Bitte. Es ist wichtig, dass meine Kolleginnen und Kollegen jetzt ungestört ihre Arbeit machen können. Davon kann es abhängen, ob wir eine Chance haben, denjenigen zu finden, der das getan hat. Und das ist es doch, was auch Sie wollen.«

Markus zögerte noch, doch die Polizistin deutete in Richtung Flur, wo zwei Türen abgingen, und sagte: »Bitte!«

Markus warf noch einen letzten Blick auf den am Boden liegenden Körper. »Über zwanzigtausend«, sagte er leise.

Julia Bauer neigte den Kopf zur Seite. »Was sagten Sie?«

Markus sah ihr in die braunen Augen. »Über zwanzig-tausend Leute haben dabei zugesehen, was diese Schweine mit ihr gemacht haben.«

»Können Sie uns sagen, was das war?«, hakte Mantzke nach. »Was haben die mit Ihrer Frau gemacht?«

»Ich weiß es nicht. Ich war wahrscheinlich der einzige Mensch im ganzen Darknet, für den die Seite gesperrt war.«

Damit wandte er sich ab und verließ den Raum.

7

Gegen elf Uhr kamen sie in Markus' Haus an, nachdem
er den Beamten – noch im Nebenraum der leerstehenden
Wohnung – stockend erzählt hatte, was seit dem Vorabend
passiert war, bis zu dem Anruf, mit dem der Kerl ihn in die
Wohnung geschickt hatte, in der seine tote Frau lag.

Mantzke und Bauer hatten Markus ein paar Fragen gestellt und dann angeboten, ihn nach Hause zu bringen, damit er ihnen die Adresse der Website zeigen konnte. Den
A3, mit dem er gekommen war, hatte ein Beamter gefahren
und vor seinem Haus abgestellt.

»Bitte.« Markus deutete auf die Couch und nickte
Mantzke und Bauer zu, woraufhin die beiden Beamten um
den niedrigen Tisch herumgingen und sich setzten.

»Möchten Sie etwas trinken?« Markus hörte selbst, dass
seine Stimme wie die eines Roboters klang. Diese Website,
die Kerle, seine tote Frau, ihr bleiches, eingefallenes Gesicht – all das spukte ihm im Kopf herum und hämmerte
mit einer solchen Brutalität auf seinen Verstand ein, dass
er am liebsten schreiend mit dem Kopf gegen die Wand
gelaufen wäre, damit es endlich aufhörte.

»Nein, danke«, wehrte Mantzke ab und blickte Markus
prüfend an. »Sind Sie sicher, dass Sie nicht doch einen Arzt
möchten?«

»Ja, ich bin sicher.« Markus ließ sich in einen der wuchtigen schwarzen Ledersessel gleiten – es war der, in dem Bettina immer saß, wenn sie ein Buch las – und sah von Mantzke zu Bauer.

»Herr Kern, haben Sie Kinder?«, fragte die Oberkommissarin mit Therapeutenstimme.

»Ja, eine Tochter. Leonie. Sie ist in der Schule.«

»Hat sie etwas davon mitbekommen, was mit ihrer Mutter …«

»Nein. Ich habe sie angelogen. Ich habe gesagt, Bettina übernachtet bei einer alten Schulfreundin.«

»Das verstehe ich. Wann kommt sie nach Hause?«

»Gegen eins.« Markus hatte das dringende Bedürfnis, das Gespräch von Leonie abzulenken, gerade so, als könnte er damit auch die schrecklichen Dinge von ihr fernhalten, die geschehen waren.

»Was hat Ihre Frau gestern Abend gemacht, bevor sie verschwunden ist?«

»Sie war im Fitnessstudio. Von dort hat sie mich auch angerufen und mir gesagt, dass sie etwas später nach Hause kommt, weil sie sich mit der Besitzerin noch eine Weile unterhalten wollte.«

»Wann war das? Der Anruf, meine ich.«

Markus dachte kurz nach. »So gegen Viertel vor zehn. Da war ich noch im Büro. Gleich nach dem Anruf bin ich nach Hause gefahren.«

»Hat das jemand gesehen?«

»Was? Dass ich nach Hause gefahren bin?«

»Ja. Was ist mit Ihrer Tochter? Sie war doch sicher zu Hause?«

»Ja, aber sie hat schon geschlafen.«

Mantzke nickte. »Verstehe. Hat Ihre Frau Ihnen eine Uhrzeit gesagt, wann sie nach Hause kommen wollte?«

»Sie sagte, sie wollte spätestens in einer Stunde zu Hause sein. Das wäre dann gegen elf gewesen.«

»Und was haben Sie getan, als sie um elf nicht nach Hause kam?«

»Ich habe mehrfach versucht, sie anzurufen. Und ich habe ihr auf die Mailbox gesprochen, dass sie mich zurückrufen soll, weil ich mir Sorgen mache.«

Erneut nickte Mantzke, stellte aber keine weitere Frage. »Was passiert jetzt?«

»Als Nächstes würde ich gern Ihr Telefon untersuchen, auf dem in der letzten Nacht die Nachricht angekommen ist.«

Markus stand auf. »Entschuldigung, das hatte ich ganz vergessen.«

Kurz darauf entsperrte er sein Smartphone und wollte gerade die Nachrichten-App starten, doch Mantzke hob schnell die Hand. »Nein, bitte … geben Sie es mir.«

Verwirrt reichte Markus dem Ermittler das Gerät. »Hier, die App ist …«

Der Polizist tippte auf das Display. »Ich hab's schon.«

»Okay. Da steht die Adresse der Website. Wenn Sie einen Computer brauchen, können wir ins Büro gehen.«

Mantzke stand, ohne zu zögern, auf. »Ja, bitte.« Seine Kollegin tat es ihm gleich.

Im Büro warf der Polizist nachdenklich einen Blick auf die Nachricht, während Markus sich hinsetzte.

»Eine Darknet-Adresse«, murmelte er. »Schwierig.«

Als Markus den TOR-Browser öffnete, schlug ihm das Herz bis zum Hals. Was, wenn auf der Seite eine Aufzeichnung der vergangenen Nacht gezeigt wurde? Er wusste nicht, ob er es ertragen konnte, dabei zuzusehen, wie seine mittlerweile tote Frau gequält und vergewaltigt wurde.

»Hier?«, sagte Mantzke, als Markus regungslos auf die Startseite des Browsers starrte, und zeigte ihm das Display des Handys.

Markus warf einen Blick auf die Adresse in der Nachricht und tippte sie mit zittrigen Händen ab. Als er die Eingabe bestätigte, hämmerte sein Puls derart, dass schwarze Punkte einen wilden Reigen vor seinen Augen tanzten.

Mit angehaltenem Atem sah er dabei zu, wie das Bild der DuckDuckGo-Suchmaschine noch eine ganze Weile stehen blieb, Sekunden, in denen Markus am liebsten auf den Monitor eingeprügelt hätte, um den Vorgang zu beschleunigen, bevor es schließlich verschwand und stattdessen eine weiße Seite angezeigt wurde, auf der der Hinweis stand: *Seite wurde nicht gefunden.*

»Ich … muss mich vertippt haben«, stammelte er, und anstatt die Adresse, die noch immer in der Leiste am oberen Rand des Browsers stand, mit der in der Nachricht zu vergleichen, löschte er sie und gab die Buchstaben und Zahlen mit der Endung *.onion* erneut ein, bestätigte, und … bekam die gleiche Rückmeldung. Die Seite wurde nicht gefunden.

»Das verstehe ich nicht.« Markus starrte die Worte ungläubig an. »Die müssen die Seite gelöscht haben, nachdem …«

»Ja, das kann natürlich sein«, pflichtete Mantzke ihm

54

bei. Dann zog er sein eigenes Smartphone heraus, tippte darauf herum und schrieb die Webadresse schließlich ab. Kurz darauf hielt er sich das Gerät ans Ohr und wartete einen Moment, bevor er sagte: »Ja, Mantzke hier. Ich hab dir gerade eine Onion-Adresse geschickt. Seht mal, ob ihr irgendwas dazu herausfinden könnt ... Ja, schon klar ... okay, danke.«

Er beendete das Gespräch und ließ das Telefon in der Innentasche seines Sakkos verschwinden.

»Haben Sie oder Ihre Frau Feinde?«, fragte er, an Markus gewandt, der es endlich schaffte, den Blick vom Monitor zu lösen.

»Ich wüsste nicht.«

»Sie hatten in der Wohnung erwähnt, dass Ihnen gemeinsam mit Ihrer Frau eine Firma gehört. Carsharing, richtig? Gibt es aus dieser Richtung vielleicht jemanden, mit dem Sie Ärger haben oder hatten?«

Markus dachte einen Moment nach. »Nein, niemand.«

»Herr Kern.« Nun übernahm Bauer mit ihrer sanften Stimme. »Ich weiß, das ist jetzt alles sehr schwer für Sie, aber was Sie uns da über die Dinge erzählt haben, die in der vergangenen Nacht passiert sind, klingt sehr danach, dass sich jemand an Ihnen rächen wollte. Bitte, denken Sie jetzt genau nach. Fällt Ihnen vielleicht irgendeine ungewöhnliche Formulierung oder sonst etwas ein, das der Mann gesagt hat, das Rückschlüsse darauf zulassen könnte, worum es ihm gegangen ist?«

Markus versuchte, das Telefonat noch einmal Revue passieren zu lassen, obwohl sich alles in ihm dagegen sträubte.

»Ja, da war etwas, das mich gewundert hat. Er sagte,

dass ich doch gern teile und dass ich möchte, dass alles von möglichst vielen genutzt wird. Wahrscheinlich sagte er das wegen unserer Carsharing-Firma. Und er sagte, dass er …« Markus atmete tief durch. »Er sagte, dass er jetzt Bettina *teilen* würde.«

Mantzke nickte. »Ich finde, das ist ein recht deutlicher Hinweis darauf, dass es um Ihre Firma geht. Denken Sie nach. Gibt es vielleicht einen ehemaligen Mitarbeiter, von dem Sie sich im Unguten getrennt haben?«

»Nein, wir haben nur acht feste Mitarbeiter, und von denen mussten wir noch nie einen entlassen.«

»Wir hätten trotzdem gern die Namen und Adressen«, übernahm Mantzke wieder. »Fällt Ihnen sonst noch etwas ein, was der Mann gesagt hat? Haben Sie mit irgendjemandem Probleme in Bezug auf Ihre Firma? Einen Rechtsstreit vielleicht?«

»Nein … das heißt …« Einen Rechtsstreit! Markus schalt sich einen Narren, dass er nicht schon früher daran gedacht hatte. »Doch, es gab tatsächlich einen Rechtsstreit, der sehr unangenehm war. Der ist zwar schon drei Jahre her, aber …«

Mantzke nickte. »Das ist doch schon mal was. Worum ging es?«

»Eine schreckliche Geschichte.« Wie von selbst richtete sich Markus' Blick wieder auf den Monitor, jedoch ohne etwas wahrzunehmen.

»Ein Unfall mit einer unserer Fahrzeuge. Ein Reifen platzte auf der Autobahn. Der Wagen wurde von einer jungen Frau gefahren. Auf dem Beifahrersitz, in einem Maxi-Cosi, saß ihr Baby. Das Auto hat sich überschlagen.

Das Kind … es war sofort tot.« Neben Markus stöhnte die Oberkommissarin auf. »Die Frau ist am nächsten Tag im Krankenhaus gestorben.«

Mantzke schürzte die Lippen. »Das ist wirklich eine schlimme Sache. War die Frau verheiratet?«

»Ja. Ihr Mann und ihre Eltern haben uns verklagt. Wir haben uns gleich nach dem Tod der Frau mit ihrem Mann in Verbindung gesetzt, aber er wollte nicht mit uns reden. Er wollte einen Prozess. Er hat behauptet, wir würden die Autos nicht ordentlich warten, sonst hätte uns auffallen müssen, dass mit dem Reifen etwas nicht stimmte.«

»Und?«, fragte Mantzke, als Markus eine längere Pause machte. »Wir haben gewonnen. Ein Gutachter hat die Reifenreste überprüft und ist zu dem Ergebnis gekommen, dass die Frau oder einer der Fahrer vor ihr über eine hohe und scharfkantige Bordsteinkante gefahren sein muss, was äußerlich nicht aufgefallen war, bei der hohen Geschwindigkeit, aber den Reifen zum Platzen gebracht hat. Das konnten wir natürlich nicht wissen und auch bei einer Überprüfung nicht feststellen.«

»Wie hat die Familie der Frau auf das Urteil reagiert?«, hakte Bauer nach.

»Nicht gut. Sie haben uns leidgetan, vor allem der Mann. Auch wenn wir an dem Unfall absolut keine Schuld hatten, wollten wir ihm helfen. Wir wollten ihm zumindest finanziell ein wenig unter die Arme greifen. Aber er hat sich geweigert, etwas von uns anzunehmen. Seitdem haben wir nichts mehr von ihm oder der Familie gehört.«

»Wir brauchen bitte Name und Adresse des Mannes.«

»Ja, sicher.«

Markus stand auf und zog einen Ordner aus dem Regal neben dem Schreibtisch. Als er ihn öffnete und durchblätterte, stiegen die Erinnerungen an diese schreckliche Tragödie wieder in ihm auf. Das eine Mal, als er sich mit dem Witwer persönlich unterhalten konnte, hatte der Mann völlig verstört auf ihn gewirkt. Und er hatte ihm unendlich leidgetan.

Aber Markus erinnerte sich auch an den hasserfüllten Blick, mit dem Rövenich ihn angesehen hatte, als er ihm auf den Kopf zusagte, er wolle nicht ihr Geld, er wolle ihren Ruin.

Hans-Peter Rövenich. Den Namen würde Markus nie wieder vergessen.

Er reichte Mantzke ein Schreiben des Gerichts, auf dem Rövenichs Adresse stand.

Während Mantzke das Dokument überflog, überkam Markus plötzlich eine bleierne Müdigkeit, und er verspürte den dringenden Wunsch, sich irgendwo hinzulegen und zu schlafen.

»Hören Sie, ich …« Er wischte sich mit beiden Händen über das Gesicht, aber das machte es nicht besser. »Ich bin schrecklich müde. Ich denke, ich habe Ihnen alles gesagt, was ich weiß. In zwei Stunden kommt meine Tochter nach Hause, und ich muss ihr beibringen, dass ihre Mutter … Ich muss mich ein wenig hinlegen, sonst schaffe ich das nicht. Außerdem muss ich meine Schwiegereltern informieren. Ich weiß noch gar nicht, wie ich das machen soll.«

»Möchten Sie, dass wir das übernehmen?«, fragte Bauer.

Ja, wollte er sagen, doch er schüttelte den Kopf. »Meine Eltern sind beide tot, ich habe keine Geschwister. Meine

Schwiegereltern sind meine Familie. Ich muss ihnen sagen, dass ihre Tochter ...« Ihm versagte die Stimme.

»Natürlich, das verstehen wir«, versicherte Bauer und wandte sich an ihren Kollegen. »Gehen wir.«

Nach einem langen Blick auf Markus nickte Mantzke schließlich. »Okay, aber ich fürchte, wir werden uns bald wieder bei Ihnen melden müssen.«

»Ja, natürlich.« Markus stand auf und verließ mit den beiden das Büro. »Ich möchte Ihnen helfen, dieses Schwein zu finden, aber ich bin vollkommen fertig.«

Zwei Minuten später verabschiedeten sich die Polizisten und stiegen kurz darauf in ihr Auto.

Markus ging ins Wohnzimmer, griff nach dem Festnetztelefon, das neben der Couch auf einem niedrigen Holztisch in der Ladestation stand, und wählte die Nummer seiner Schwiegereltern. Es dauerte eine Weile, bis Bettinas Vater das Gespräch annahm.

»Hallo«, begann Markus und fühlte sich so ausgebrannt und leer wie nie zuvor in seinem Leben. »Ich bin's, Markus.«

»Markus!« Franz Miebach klang verhalten, er spürte offenbar, dass etwas nicht stimmte. »Ist alles in Ordnung bei euch?«

»Nein, Franz«, sagte Markus leise. »Gar nichts ist in Ordnung.«

»Was ist los?«

»Es ist ... Bettina ...« Markus konnte die Tränen nicht mehr zurückhalten und schluchzte auf.

»Was ist mit Bettina? Ist ihr irgendetwas zugestoßen? Mein Gott, Markus, nun rede schon.«

»Sie ist tot, Franz. Bettina ist letzte Nacht ermordet worden.«

Stille. Fünf Sekunden, zehn …

»Jemand hat sie entführt und ermordet. Er hat sie in einer Wohnung in unserem Mietshaus abgelegt. Dort habe ich sie heute Morgen gefunden.«

Noch immer war kein Ton am anderen Ende zu hören.

»Franz? Bist du noch da?«

»Ja. Weiß man schon, wer es war?« Franz Miebach war der kontrollierteste Mensch, den Markus kannte, was als Inhaber einer Fabrik mit rund fünfhundert Mitarbeitern wahrscheinlich auch erforderlich war. Markus spürte jedoch, dass sein Schwiegervater es in diesem Moment zwar versuchte, es aber kaum schaffte, nicht die Beherrschung zu verlieren.

»Nein, die Polizei war gerade hier. Sie melden sich später wieder.«

Erneut entstand eine Pause, in der Markus das Gefühl hatte, dass sein Schwiegervater den Hörer mit der Hand bedeckte.

»Erzähl mir bitte genau, was passiert ist.«

Das tat Markus. Von der ersten WhatsApp-Nachricht, die er von Bettinas Handy erhalten hatte, bis zu dem Moment, als Mantzke und Bauer ihn neben der Leiche seiner Frau gefunden hatten. Er ging dabei im Wohnzimmer auf und ab und schloss immer wieder die Augen. Es war, als würde er diese schrecklichen Dinge ein weiteres Mal erleben, und er musste immer wieder Pausen einlegen, weil ihm die Stimme versagte.

Sein Schwiegervater hörte ihm schweigend zu, bis Markus alles berichtet hatte, und ließ auch dann noch einige Zeit verstreichen, bis er fragte: »Wer ist der leitende Ermittler?«

»Mantzke«, antwortete Markus. »Hauptkommissar Mantzke von der Kripo Frankfurt.«

»Ich ... rufe ihn mal an. Ich danke dir, das muss sehr schwer für dich gewesen sein.«

»Ja«, sagte Markus und legte auf.

Einen Moment lang blieb er unschlüssig vor der Couch stehen und ließ sich schließlich darauf fallen. Er schaffte es gerade noch, die Decke über sich zu ziehen, dann fiel er in einen gnädigen Schlaf, bevor die Bilder ihn erneut heimsuchen konnten.

Leonie weckte Markus etwas mehr als zwei Stunden später.

Er hielt ihre Hände, während er ihr erzählte, dass ihre Mutter nicht wiederkommen würde, weil sie entführt und ermordet worden war. Die genaueren Umstände verschwieg er.

Sie lagen sich lange in den Armen, weinten gemeinsam und versuchten, sich gegenseitig damit zu trösten, dass sie füreinander da sein würden. Irgendwann löste Leonie sich von ihrem Vater und rannte weinend nach oben.

Markus wollte ihr, einem ersten Impuls folgend, nachgehen, aber zum einen hatte er nicht die Kraft dazu, und außerdem ahnte er, dass sie eine Weile allein sein wollte.

Schon immer war Bettina ihre Ansprechpartnerin gewesen. Er hatte ein paarmal versucht, sich mit seiner Tochter über intime Dinge wie ihre Gefühle zu unterhalten, war aber jedes Mal bei ihr abgeblitzt. Das innige Vater-

Tochter-Verhältnis war bei ihnen eher ein Mutter-Tochter-Verhältnis, besonders stark ausgeprägt, seit Leonie in die Pubertät gekommen war. Sie liebte Bettina geradezu abgöttisch. Pausenlos waren die beiden am Tuscheln und am Kichern.

Markus ließ sich auf die Couch zurücksinken und schloss die Augen. Es dauerte nur Sekunden, dann zogen die Bilder wieder wie Geister an seinem inneren Auge vorbei. Seine Frau, nackt auf einen Stuhl gefesselt. Und er sah den stark behaarten Kerl mit der schwarzen Ledermaske, der auf sie zuging. Bevor er sie erreichte, riss Markus die Augen wieder auf und fuhr hoch. Er hatte gerade tief durchgeatmet, als sein Telefon klingelte. Die Nummer war ihm nicht bekannt, und als er das Gespräch annahm, rechnete er fast damit, die kalte Stimme des Entführers zu hören, doch es war Hauptkommissar Mantzke.

»Ich hoffe, Sie konnten sich ein wenig ausruhen. Es tut mir leid, dass ich Sie belästigen muss, aber es gibt da etwas, über das wir uns unbedingt unterhalten müssen. Sind Sie zu Hause?«

»Ja.«

»Gut, wir sind in etwa fünfzehn Minuten bei Ihnen.«

Damit war das Gespräch beendet. Markus legte das Telefon auf den Tisch und dachte darüber nach, dass Mantzkes Stimme anders geklungen hatte als bei ihrem ersten Gespräch. Unpersönlicher. Professioneller.

Während er auf die Beamten wartete, dachte er kurz daran, nach Leonie zu schauen, ließ es aber sein. Er kannte seine Tochter gut genug, um zu wissen, dass sie immer dann, wenn es ihr nicht gut ging, keine tröstenden Worte oder Gespräche brauchte, sondern ihre Ruhe haben wollte. Leonie würde von selbst zu ihm kommen, wenn ihr danach war.

Knappe zwanzig Minuten nach seinem Anruf stand Mantzke vor Markus' Tür. Oberkommissarin Bauer begleitete ihn wieder, sah Markus nun aber mit einem schwer definierbaren Blick an, der fast feindselig wirkte.

»Können wir reinkommen?«, fragte Mantzke, bevor Markus etwas sagen konnte.

Im Wohnzimmer angekommen, verzichteten die beiden Ermittler darauf, sich zu setzen, sondern kamen sofort zur Sache.

»Herr Kern«, begann Mantzke, »gab es zwischen Ihnen und Ihrer Frau Probleme?«

»Was?«, stieß Markus aus, der mit allem gerechnet hatte, aber nicht mit einer solchen Frage. »Nein, wie kommen Sie denn darauf?«

»Ist es zwischen Ihnen beiden vielleicht zu Handgreiflichkeiten gekommen? Ist Ihnen mal die Hand ausgerutscht?«

Fast wäre Markus' Kiefer nach unten geklappt. »Sind Sie verrückt? Niemals.«

Mantzke warf Bauer einen Blick zu, woraufhin die mit auffallend kalter Stimme sagte: »Und da sind Sie ganz sicher?«

»Ja, verdammt. Ich verbitte mir … Moment mal!« Markus schluckte mehrmals, weil sein Hals plötzlich trocken war. »Denken Sie etwa, ich hätte etwas mit Bettinas Tod zu tun? Das können Sie doch nicht glauben. Oder?«

Wortlos zog Mantzke sein Telefon aus der Tasche, tippte

darauf herum, hielt es Markus entgegen und drückte mit dem Zeigefinger ein weiteres Mal auf den Bildschirm. Dann sah er Markus mit starrer Miene an.

Als er die Stimme hörte, die in der nächsten Sekunde zu sprechen begann, riss er die Augen auf. Als er jedoch hörte, was sie sagte, musste er sich an der Lehne des Sessels festhalten, weil ihm seine Beine den Dienst versagten.

8

»Hallo?«, stieß eine Frau aus, die zweifellos Bettina war. »Ist da die Polizei?« Sie klang hektisch. Panisch.

Eine Pause entstand. »Die Stimme des Beamten am anderen Ende der Leitung ist unterdrückt«, erklärte Mantzke kalt.

»Bitte, Sie müssen mir helfen.«

Markus fuhr sich geistesabwesend mit der Hand durch die Haare. Hatte Bettina noch die Möglichkeit für einen Anruf gehabt, bevor …

»Ich habe Angst. Große Angst. Ich … o Gott, ich glaube, er hat vor, mich zu töten. Bitte … Sie müssen mir helfen.«

Wieder entstand eine Pause, in der Markus nicht verhindern konnte, dass er anfing zu schluchzen.

»Er hält mich hier fest. In einer unserer Wohnungen. Er ist kurz rausgegangen. Er ist außer sich vor Wut, steht vollkommen neben sich. Bitte, helfen Sie mir. Er hat gedroht, mich zu töten.«

Pause. Markus hob die Hand und biss sich in die zur Faust geballten Finger.

»Ja, ich bin sicher, dass er es tun wird.«

Pause.

»Ja, verdammt, ich kenne ihn. Es ist mein Mann … Markus.«

Pause.

»Die Adresse lautet ... Er kommt zurück.«

Klick.

Die Stille im Wohnzimmer war absolut und schien alles zu erdrücken. In Markus' Kopf herrschte ein absolutes Vakuum. Er sagte nichts, dachte nichts. Er stand nur da und starrte das Telefon an, aus dem diese Ungeheuerlichkeit, diese *Unmöglichkeit* gekommen war.

»Was sagen Sie dazu, Herr Kern? War das die Stimme Ihrer Frau?«

»Das ... das kann nicht ...«, stammelte Markus. »Das ist unmöglich.«

»Nein, ist es nicht«, erwiderte Oberkommissarin Bauer kalt. »Das ist ein Notruf, der in der letzten Nacht eingegangen ist. Der Notruf einer Frau, die sich offenbar vor ihrem gewalttätigen Ehemann fürchtet. Einem Mann, der Markus heißt.«

Endlich ließ Mantzke die Hand mit dem Telefon sinken. »Herr Kern, war das die Stimme Ihrer Frau?«

Markus wollte antworten, wollte den Polizisten anschreien, dass es sich um Bettinas Stimme handle, dass das aber unmöglich sei und dass jemand den Anruf manipuliert haben musste.

»Sie hört sich so an, aber das kann nicht sein. Ich habe sie noch nie bedroht, geschweige denn ... Sie können jeden fragen, ich würde niemals ... Ich verstehe das einfach nicht.«

»Der Anruf ging um halb zwei heute Nacht ein. Wo waren Sie um diese Zeit?«

»Hier. Das habe ich Ihnen doch schon erzählt. Um diese

Zeit habe ich diese abartige Website besucht und musste mitansehen, wie meine Frau ...«

»Und Sie waren die ganze Nacht zu Hause?«

»Ja, verdammt. Was denken Sie denn?«

Ein lautes Schluchzen hinter seinem Rücken ließ Markus ebenso herumfahren wie die beiden Beamten. Leonie schob sich, den Kopf gesenkt, um die Ecke und lehnte sich gegen die Wand. Ihre Schultern zuckten.

»Leonie«, stieß Markus aus, »möchtest du nicht auf deinem Zimmer ...«

»Hast du Mama weh getan?«, fragte sie mit dünner Stimme.

»Was? Nein, wie kannst du nur so etwas fragen?« Markus machte ein paar schnelle Schritte auf seine Tochter zu, doch als er sie erreicht hatte und die Arme um sie legen wollte, wich sie zur Seite aus.

»Aber Leonie, was ...«

»Hast du Mama weh getan?«

»Nein, verdammt nochmal!« Er konnte nicht verhindern, dass seine Stimme lauter wurde. »Wie kommst du auf diese absurde Idee? Sind denn alle verrückt geworden? Ich habe deiner Mama noch nie weh getan, und das weißt du auch ganz genau.«

Leonie hob den Kopf und bedachte Markus mit einem Blick, der so hilflos, so verzweifelt und doch gleichzeitig so ... wütend war, dass es ihn fast zerriss. Dann stieß sie sich von der Wand ab und ging auf die beiden Ermittler zu. Vor der Oberkommissarin blieb sie stehen und wandte sich noch einmal kurz zu Markus um, bevor sie sagte: »Sind Sie von der Polizei? Suchen Sie nach dem, der Mama getötet hat?«

»Ja, das tun wir, Leonie«, antwortete Bauer.

»Es stimmt nicht.«

»Was meinst du damit?«, hakte Bauer mit weicher, verständnisvoll klingender Stimme nach. »Was stimmt nicht?«

»Papa war nicht die ganze Nacht zu Hause.« Sie warf einen Blick über die Schulter. »Tut mir leid, Papa, aber ich muss doch die Wahrheit sagen.« Sie klang traurig. »Ich bin heute Nacht noch mal aufgestanden. Ich hatte zu viel getrunken und musste aufs Klo. Du warst nicht da.«

»Da war ich sicher im Büro«, erklärte Markus, doch Leonie schüttelte den Kopf.

»Nein, ich habe mich gewundert, dass Licht brannte, und habe im ganzen Haus nachgesehen und nach dir und Mama gerufen. Ihr wart beide nicht zu Hause.«

Der Spaziergang! Den hatte er ganz vergessen. Doch bevor Markus zu einer Erklärung ansetzen konnte, sagte Mantzke: »Das ist ja interessant.«

68

9

»Herr Kern, ich frage Sie jetzt noch einmal: Wo waren Sie in der letzten Nacht gegen halb zwei?«

»Da war ich zu Hause. Ja, ich habe das Haus ein Mal verlassen, das hatte ich bei all der Aufregung völlig vergessen. Ich musste einfach mal raus an die frische Luft.«

»Aha. Von wann bis wann?«

»Ich weiß es nicht genau. Es muss aber auf jeden Fall nach drei gewesen sein.«

Mantzke wandte sich an Leonie. »Und wann bist du aufgestanden?«

»Papa hat recht, das war um zwanzig nach drei. Ich habe extra noch auf die Uhr geschaut, weil niemand da war.«

»Sehen Sie«, sagte Markus.

Mantzke hob eine Hand. »Moment, Herr Kern, dass Sie und Ihre Tochter übereinstimmend sagen, dass Sie nach drei Uhr nicht im Haus waren, bedeutet nicht automatisch, dass Sie um halb zwei da waren. Es bedeutet allerdings definitiv, dass Sie nicht die Wahrheit gesagt haben, als Sie behaupteten, Sie hätten das Haus die ganze Nacht über nicht verlassen.«

»Herrgott, ich stand vollkommen neben mir! Meine Frau ist tot, ermordet. Ja, ich habe tatsächlich vergessen zu erwähnen, dass ich kurz draußen war.«

69

Nach einer kurzen Pause fügte Markus mit heiserer Stimme und gesenktem Kopf hinzu: »Ich habe meiner Frau nie weh getan. Das hätte ich gar nicht gekonnt. Ich habe sie mehr geliebt als mein eigenes Leben. Was letzte Nacht geschehen ist ... Was man ihr angetan hat, ist so schrecklich, dass ich nicht weiß, wie ich mit dem Gedanken daran weiterleben soll.«

Er sah wieder auf, blickte erst Bauer in die Augen, dann Mantzke. »Bitte. Suchen Sie denjenigen, der meine Frau auf dem Gewissen hat.«

Ein paar Sekunden lang herrschte Schweigen, dann atmete der Hauptkommissar tief durch und nickte. »Genau das werden wir tun, Herr Kern. Und Sie können sich darauf verlassen, wir werden denjenigen auch finden.«

»Welche Erklärung haben Sie für den Anruf Ihrer Frau in der letzten Nacht?« Bauer ließ nicht locker, und wieder wunderte Markus sich, wie sehr ihr Tonfall sich ihm gegenüber verändert hatte.

Er sah sie offen an. »Glauben Sie allen Ernstes, ich hätte meiner Frau etwas angetan? Was haben Sie eigentlich gegen mich?«

»Ich habe ein Problem mit Typen, die ihre Frauen schlagen«, antwortete sie eisig. »Und jetzt beantworten Sie bitte meine Frage.«

»Ich habe meine Frau, verdammt nochmal, nicht geschlagen«, fuhr Markus sie an. »Nicht in der letzten Nacht und auch sonst noch nie. Ich weiß nicht, was es mit diesem Anruf auf sich hat. Jemand muss sie dazu gezwungen haben.«

»Könnte ich bitte noch mal Ihr Handy haben?«, fragte

Mantzke und lenkte Markus' Aufmerksamkeit von Bauer ab.

Mit einem Griff in die Hosentasche zog Markus das Gerät hervor und reichte es dem Hauptkommissar. »Was wollen Sie damit? Ist es wegen der Webadresse?«

»Können Sie es bitte entsperren?«

Nachdem Markus die PIN eingegeben hatte, nahm Mantzke das Smartphone in die Hand und tippte darauf herum. »Wir haben das Handy Ihrer Frau noch nicht gefunden. Mal sehen, was passiert, wenn ich es anrufe.«

Mit ausgestrecktem Zeigefinger tippte er ein letztes Mal auf das Display. Noch während er sich das Telefon ans Ohr hielt, war von irgendwo hinter ihnen leise Musik zu hören. Markus hielt den Atem an. Binnen Sekunden trat ihm kalter Schweiß auf die Stirn. Er kannte diese Musik. *New York, New York* von Frank Sinatra.

»Was ist das?«, fragte Bauer und ließ den Blick suchend durch das Wohnzimmer schweifen.

Markus sah unwillkürlich zu Leonie hinüber, die seinen Blick mit ungläubigem Gesichtsausdruck erwiderte.

»Das ist der Klingelton von Bettinas Handy«, erklärte er und sah in Richtung Flur, wo die Melodie zu hören war. Er ging los, auf die Kommode zu, mechanisch, als bewegten sich seine Beine ohne sein Zutun.

In der obersten Schublade fand er nichts außer den üblichen Utensilien. Als er aber die zweite aufzog, wurde die Musik lauter. Er schob einen Schal und eine Mütze zur Seite und nahm Bettinas Smartphone heraus, auf dessen Display *Anruf Markus* angezeigt wurde. Mit einem Gefühl, als quetschte etwas seinen Magen zusammen, ging er zurück zu Mantzke, wobei er Bettinas Telefon mit zwei Fingern, den Arm ausgestreckt, vor sich hielt, als sei es toxisch.

Wortlos beendete Mantzke den Anruf, woraufhin die Musik sofort verstummte.

»Na, sieh mal einer an«, sagte er in einem Ton, als wäre er nicht sonderlich überrascht, während er ein Paar Gummihandschuhe aus der Innentasche seiner Jacke nahm und sich überstreifte. Als er die Hand ausstreckte, gab Markus ihm das Handy seiner Frau. »Kennen Sie die PIN?«

Markus nickte und diktierte ihm die vierstellige Zahlenkombination, die der Ermittler eintippte.

Alles in Markus fühlte sich taub an, während sein Verstand immer wieder die gleichen Wörter produzierte. *Das kann nicht sein. Das ist unmöglich.*

Er drehte sich zu Leonie um. Sie hatte sich mittlerweile auf den Boden sinken lassen und das Gesicht in den Händen vergraben. Er wollte zu ihr gehen und sie trösten, doch er wusste, sie würde das wahrscheinlich nicht zulassen.

»Es gibt mehrere Anrufe in der vergangenen Nacht«, murmelte Mantzke und zog damit Markus' Aufmerksamkeit wieder auf sich. »Die WhatsApp-Nachricht an Sie mit der Webadresse finde ich ebenfalls.« Er sah auf. »Und die Nummer des Notrufs.«

»Ich weiß nicht, wie Bettinas Telefon hierherkommt«, beteuerte Markus. »Ich weiß auch nicht, warum sie die Notrufnummer gewählt und dort diesen Unsinn gesagt hat. Ich weiß nur, dass ich damit nichts zu tun habe und dass irgendjemand ein ganz perfides Spiel mit mir treibt.«

»Wir werden feststellen, wo sich das Telefon befand,

als die Anrufe getätigt wurden«, sagte Mantzke, hob das Handy hoch und nickte Bauer zu. Während die Oberkommissarin einen Beutel aus ihrem Mantel hervorzog, in den Mantzke das Telefon fallen ließ, sagte er: »Ich hoffe für Sie, es war nicht von hier.«

»Du hast gelogen, Papa.«

Alle wandten sich Leonie zu, die noch immer auf dem Boden saß und ihnen mit verheulten Augen entgegenblickte.

Markus nickte. »Aber das haben wir doch schon geklärt. Jetzt geht es …«

»Nein. Du hast gesagt, du hast Mama noch nie weh getan. Das ist auch gelogen.«

»Was?«

Lautlos weinend hielt Leonie seinem Blick stand. »Ich muss die Wahrheit sagen. Es geht doch um Mama.«

»Natürlich musst du die Wahrheit sagen, aber ich habe deiner Mama noch nie …« Er stockte. Ein einziges Mal hatte es eine Situation gegeben, in der er Bettina etwas fester an den Handgelenken gepackt hatte, aber das war reine Notwehr gewesen. Aber sollte das jetzt wirklich …

»Vor zwei Monaten. Ihr habt euch schrecklich gestritten. Ich weiß nicht, warum. Ich war in meinem Zimmer und habe euch schreien hören. Ihr wart im Büro. Ich habe mich runtergeschlichen und euch belauscht. Die Tür hat ein Stück weit offen gestanden. Ich habe gesehen, wie du Mama so fest gepackt hast, dass sie geweint hat, und dann hast du sie gegen die Wand geschubst.«

»Nein, das war nicht so.«

»Wie war es denn, Herr Kern?« Mantzke hatte die

Hände in die Taschen seiner Jeans gesteckt und sah Markus, die Stirn gerunzelt, an.

»Herrgott, müssen wir das vor meiner Tochter besprechen?«

»Wenn Ihre Tochter nicht gewesen wäre, hätten wir nichts davon erfahren«, warf Bauer ein. »Weder, dass Sie nicht die ganze letzte Nacht zu Hause gewesen sind, noch von dieser Sache.«

»Von dieser *Sache*?« Markus konnte seine Wut kaum noch unterdrücken. Statt nach den Scheißkerlen zu suchen, die Bettina das angetan hatten, versuchten diese Polizisten, ihm die Rolle eines Frauenschlägers zuzuweisen.

»Von welcher *Sache* reden Sie? Wir haben uns gestritten, meine Frau war wütend und hat mir gegen die Brust geschlagen. Da habe ich ihre Handgelenke festgehalten und sie zurückgedrückt, damit sie aufhört. Das war alles. Da war keine *Sache*.«

»Sie finden also, dass Gewalt ...«, setzte Bauer an, doch Mantzke fiel ihr ins Wort. »Herr Kern, wir möchten uns mit Ihrer Tochter allein unterhalten.«

»Allein? Warum denn das? Dazu haben Sie kein Recht. Ich darf als ihr Vater ...«

»Wir können das alles auch auf dem Präsidium fortsetzen«, unterbrach der Hauptkommissar ihn. »Im Beisein eines Vertreters des Jugendamtes.«

In einer hilflosen Geste hob Markus beide Hände. »Aber ... warum?«

»Weil wir von ihr vielleicht etwas erfahren, das uns weiterbringt.«

10

Oberkommissarin Bauer nickte Leonie zu und ging Richtung Diele. »Dein Zimmer ist oben?«

»Ja.«

»Zeigst du es mir?«

Das Mädchen erhob sich vom Boden und vermied es dabei, Markus noch einmal anzusehen, wandte sich ab und ging vor Bauer zur Treppe.

Als Mantzke keine Anstalten machte, den beiden zu folgen, schüttelte Markus ungläubig den Kopf. »Sie bleiben hier, weil Sie denken, ich würde weglaufen?«

Der Hauptkommissar machte es sich auf der Couch bequem und blickte Markus ungerührt an. »Ich bleibe hier, weil die Erfahrung gezeigt hat, dass Mädchen im Alter Ihrer Tochter viel offener reden, wenn kein Mann dabei ist.« Er deutete auf den Sessel. »Setzen Sie sich bitte, ich habe noch ein paar Fragen.«

Markus ließ sich in den Sessel fallen und sah dem Ermittler dabei zu, wie er einen zerschlissen aussehenden Notizblock und einen Stift aus der Gesäßtasche seiner Jeans zog.

»Haben Sie schon etwas wegen der Website herausgefunden?«

»Nein, und das werden wir wahrscheinlich auch nicht.

Das Einzige, das wir definitiv wissen, ist, dass es unter der Adresse, die in der WhatsApp-Nachricht steht, keine Website gibt.«

»Weil sie wahrscheinlich gelöscht worden ist. Aber es gab sie. Ich habe Ihnen doch gesagt, was ich dort gesehen habe.«

»Das haben Sie.«

»Sie glauben mir kein Wort, stimmt's? Sie denken tatsächlich, ich hätte meine Frau ermordet.«

Mantzke klappte den Block auf und sah Markus eindringlich an.

»Zum jetzigen Zeitpunkt können wir nichts ausschließen. Wir ziehen alle Möglichkeiten in Betracht. Hatte Ihre Frau enge Freundinnen oder Freunde?«

Markus war versucht, aufzuspringen und diesen Schnösel anzubrüllen, er solle sich gefälligst auf die Suche nach dem Mörder seiner Frau machen, statt seine Zeit damit zu vertrödeln, ihn zu verdächtigen und seine fünfzehnjährige Tochter zu verhören. Und dass das hier der bequemste Weg war und Mantzke sich deshalb auf ihn stürzte.

»Ja, hat sie«, antwortete er stattdessen matt. »Ihre beste Freundin heißt Sarah. Aber was ist eigentlich mit Rövenich, dessen Frau den Unfall mit unserem Fahrzeug hatte. Er hasst uns. Er wollte unseren Ruin, das hat er mir selbst gesagt. Haben Sie schon mit ihm geredet? Hat er ein Alibi für die Tatzeit?«

»Dazu kann ich Ihnen keine Auskunft geben.«

»Und warum nicht, verdammt nochmal? Es geht schließlich um meine Frau.«

»Sarah, sagten Sie. Nachname und Adresse?«

Markus sah ein, dass er so nicht weiterkam. Er musste seinen Ärger unterdrücken. »Sarah Lemke. Sie wohnt hier in der Nähe, in der Bergstraße. Die Hausnummer weiß ich nicht.«

»Okay, wer sonst noch …?«

Es vergingen etwa zwanzig Minuten, bis Bauer mit Leonie zurück ins Wohnzimmer kam. In dieser Zeit stellte Mantzke viele Fragen, die Markus so oder ähnlich aus unzähligen Fernsehkrimis kannte.

Er hatte das Gefühl, dass die Augen seiner Tochter noch verquollener waren als zuvor. Er stand auf und wollte auf sie zugehen, doch als er sah, wie sie zurückzuckte, blieb er mitten im Raum stehen. Ein Blick zu Mantzke zeigte ihm, dass der Hauptkommissar die Szene genau beobachtet hatte.

Markus blickte seiner Tochter in die Augen. »Und?«

»Wir haben uns gut unterhalten«, antwortete die Oberkommissarin und nickte Mantzke zu, woraufhin der sich erhob und den Notizblock in der Gesäßtasche verschwinden ließ.

Markus hob beide Hände. »Und wie geht es jetzt weiter?«

»Spätestens wenn wir das Obduktionsergebnis haben, melden wir uns wieder.«

Markus begleitete die beiden zur Tür, wo Mantzke sich noch einmal zu ihm umdrehte und sagte: »Halten Sie sich bitte zu unserer Verfügung.«

Markus nickte nur und schloss die Tür hinter den Polizisten. Von der Treppe her waren schnelle Schritte zu hören, dann schlug oben eine Tür zu. Leonie.

Markus ging ihr nicht nach. Er ahnte, dass sie ihn nicht in ihr Zimmer lassen würde. Er musste ihr Zeit geben, mit einer Situation fertigzuwerden, die er selbst kaum verkraftete.

Stattdessen ging er ins Wohnzimmer und rief Sarah an. Sie sollte von ihm erfahren, was passiert war, bevor Mantzke und Bauer bei ihr auftauchten.

»Markus?«, fragte Sarah hörbar verwundert. »Du schon wieder? Ist Tina noch nicht von ihrer Freundin zurückgekommen?«

Markus kämpfte gegen das Gefühl an, dass seine Kehle sich mehr und mehr zuschnürte. »Sarah … Bettina ist …«

»Was?« Plötzlich lag Besorgnis in ihrer Stimme. »Stimmt etwas nicht? Habt ihr euch gestritten?«

Er räusperte sich, dennoch klang seine Stimme heiser, als er sagte: »Bettina ist tot. Ermordet.«

Stille, sekundenlang, dann erst wiederholte Sarah ungläubig: »Er…mordet? Tina? Aber … das ist doch nicht möglich.« Auch ihr schien die Stimme zu versagen.

»Doch.« Markus musste mehrmals schlucken, bevor er weitersprechen konnte. »Ich habe letzte Nacht eine Nachricht von ihrem Handy bekommen mit einer Internetadresse. Da habe ich Bettina gesehen. Sie war … sie war nackt auf einen Stuhl gefesselt. Da waren auch nackte Männer. Und Tausende von Besuchern. Und sie haben sie alle …«

»Aber was redest du denn da? Hör auf! Ich verstehe das nicht. Das kann doch nicht sein. Tina …« Lautes Schluchzen drang aus dem winzigen Lautsprecher.

»Heute Morgen hat der Kerl mich angerufen und mir

78

gesagt, wo ich sie finde. Ich dachte, sie ... würde noch leben. Aber sie ist tot.«

»O Gott!«

»Die Polizei wird sicher bald zu dir kommen und dir
Fragen über Bettina stellen.«

Sarah antwortete nicht. Markus hörte ihr schweigend
beim Weinen zu, lange Sekunden, in denen auch ihm Tränen über die Wangen flossen.

»Ich weiß nicht, was ich sagen soll.« Sarahs Stimme
klang dünn wie die eines kleinen Mädchens.

Ehe Markus etwas erwidern konnte, zeigte ein drei-
maliges Summen an, dass jemand anderes versuchte, ihn
anzurufen.

Die Nummer war unterdrückt.

»Ich muss Schluss machen«, sagte er hastig und wechselte mit einem Klick zu dem anderen Anrufer.

»Ist die Polizei endlich weg?«

Markus erkannte die Stimme sofort. »Was willst du
Dreckskerl? Du hast meine Frau umgebracht.«

Das kurze, höhnische Lachen bohrte sich wie ein Messer in Markus' Verstand. »Sagen wir es mal so: Sie wurde
ein Sharing-Opfer. Zu oft geteilt. Aber getötet habe ich sie
nicht.«

»Natürlich hast du das, du Schwein. Ich werde ...«

»Du wirst mir jetzt zuhören, wenn du wissen willst,
warum das alles geschehen ist und wer dahintersteckt.«

»Wer dahintersteckt?«, fuhr Markus auf. »*Du* steckst
dahinter. Sag mir, warum du das getan hast. Und warum
hast du Bettina gezwungen, bei der Polizei anzurufen?«

»Liegt das nicht auf der Hand?«

»Man soll glauben, ich hätte ihr das angetan. Aber das wird nicht funktionieren.«

»Bist du dir da sicher?«

Nein, das war Markus nicht. Zumal seine eigene Tochter ihn zweimal in Gegenwart der Polizeibeamten als Lügner bezeichnet hatte. Und dann noch Bettinas angeblicher Notruf …

Halten Sie sich bitte zu unserer Verfügung, hatte der Hauptkommissar gesagt.

»Ich habe ein Video, auf dem zu sehen ist, dass deine Frau mit einer Waffe bedroht wurde, während sie letzte Nacht mit der Polizei gesprochen hat. Außerdem habe ich Unterlagen, aus denen hervorgeht, wer für das alles verantwortlich ist. Komm zum City Hotel, in die Lobby. Wenn du nicht kommst oder nicht allein bist, vernichte ich diese Beweise.«

»Für wie blöd hältst du mich eigentlich?«

»Für schlau genug, um zu kapieren, dass dir in der Lobby eines Hotels nichts geschehen kann. Also komm allein. Das ist deine einzige Chance zu beweisen, dass du deine Frau nicht getötet hast. Du hast eine Stunde, dann verschwinden sämtliche Unterlagen, die dich entlasten, für immer.« Ein Tuten zeigte an, dass der Kerl aufgelegt hatte.

Markus warf das Smartphone achtlos auf den Tisch, lehnte sich zurück und schloss für einen Moment die Augen. Ihm war zum Heulen zumute, vor Verzweiflung und Trauer, und zum Schreien vor Wut und Hass auf den Kerl, der Bettina das angetan hatte. Er versuchte, sich zu konzentrieren, doch immer wieder drängten sich die furchtbaren Bilder von Bettinas misshandeltem Körper in den Vordergrund. Von dieser Website, wo Tausende Augenpaare seiner Frau zwischen die Beine gestarrt hatten. Von den nackten Männern.

Nein! Er *musste* das jetzt beiseiteschieben und nachdenken. Er musste eine Entscheidung fällen.

Sollte er Mantzke anrufen? Wenn Zivilpolizisten ihm unauffällig zum Hotel folgten, konnten sie den Kerl vielleicht schnappen. Andererseits war das womöglich wirklich Markus' einzige Chance, seine Unschuld zu beweisen, und falls der Kerl die Polizisten bemerkte, war diese Chance vertan. Vorausgesetzt, das Schwein sagte die Wahrheit und hatte wirklich vor, ihm das entlastende Material zu übergeben. Warum auch immer er das tun wollte. Und noch eine andere Frage drängte sich ihm auf: Was hatte es zu bedeuten, dass der Mistkerl behauptete, er habe Bettina nicht getötet? Sollte das heißen, dass die nackten Kerle, die Markus auf der Website gesehen hatte, seine Frau ermordet hatten?

Bilder wollten vor seinem inneren Auge entstehen, Szenen, die seine Frage auf grausam plastische Weise beantworteten. Unter Aufbietung aller Willenskraft schob er sie beiseite und rieb sich mit den Händen mehrfach über das Gesicht. Dann drückte er sich von der Couch hoch. Er musste zu diesem Hotel.

Bevor er das Haus verließ, stieg er die Treppe in die erste Etage hoch und ging zu Leonies Zimmertür. Dort blieb er eine Weile mit angehaltenem Atem stehen und lauschte, doch es war nichts zu hören. Schließlich klopfte er vorsichtig an die Tür und sagte: »Leonie, darf ich reinkommen?«

»Nein«, kam es gedämpft aus dem Zimmer. »Ich möchte allein sein.«

Vielleicht hätte Markus unter anderen Umständen versucht, sie zu überreden, aber ihm fehlte die Kraft dazu.

»Ich muss kurz weg«, erklärte er deshalb nur und hoffte, dass sie zumindest nachfragen würde, wohin er wollte, doch Leonie schwieg.

Er sehnte sich danach, seine Tochter in die Arme zu nehmen, sie an sich zu drücken und durch sie auch etwas von Bettina zu spüren. Er wollte nichts mehr denken, keine Bilder mehr sehen, diesen Schmerz nicht mehr spüren. Er wollte aufwachen aus diesem Albtraum, zu dem sein Leben binnen weniger Stunden geworden war.

Stattdessen wandte er sich um, ging hinunter und verließ das Haus.

Als er eine Viertelstunde später die Lobby des City Hotels betrat, sah er sich verwundert um. Die übersichtliche Anzahl an Sesseln und Sitzgruppen war fast komplett leer, lediglich an einem Tisch in der Ecke saßen eine Frau und ein Mann in Businesskleidung vor aufgeklappten Notebooks und unterhielten sich angeregt.

Kaum, dass Markus in einem der bequemen Sessel Platz genommen hatte, huschte eine junge blonde Frau herbei und fragte ihn mit einem freundlichen Lächeln, ob er einen Wunsch hätte. Sie trug Jeans und ein schwarzes Shirt. Er verneinte dankend und fügte hinzu, dass er auf einen Freund warte. Als sie sich abgewandt hatte, zog Markus mit zitternden Händen sein Smartphone hervor und vergewisserte sich, dass er Netzempfang hatte.

Nach etwa fünfzehn Minuten erhob er sich und wanderte an der breiten Glasfront entlang. Er betrachtete die beigefarbenen Terrassenmöbel auf der anderen Seite der

Scheibe, ohne sie wirklich wahrzunehmen. Seine Gedanken kreisten unentwegt um den Mörder seiner Frau und um die Frage, wann und auf welche Weise der sich bei ihm melden würde.

Nachdem er die etwa fünfzehn Meter dreimal abgeschritten war, setzte er sich wieder und sah sich um. Seine Kehle fühlte sich trocken an, und er hätte nun doch gern ein Glas Wasser gehabt, aber er konnte die Kellnerin nirgends entdecken.

Nach weiteren zwanzig Minuten war die Frist, die der Kerl ihm gesetzt hatte, verstrichen. Dennoch wartete Markus noch eine Viertelstunde länger, bevor er es schließlich aufgab und das Hotel wieder verließ.

Er war gerade ins Auto eingestiegen, als sein Smartphone klingelte. Mit klopfendem Herzen fingerte er es aus seiner Jacke und blickte in der Gewissheit auf das Display, dort das Wort *Anonym* zu lesen, den Hinweis darauf, dass der Anrufer seine Nummer unterdrückt hatte. Stattdessen stand dort Sarahs Name.

»Ja?«, fragte er knapp.

»Die Polizei war eben bei mir«, erklärte sie ohne Umschweife, und der Klang ihrer Stimme ließ Markus nichts Gutes erahnen.

»Ja, ich weiß, die wollten die Namen von Bettinas Freundinnen von mir haben. Da bist du mir natürlich als Erste eingefallen.«

»Die haben sehr seltsame Fragen gestellt. Ob ihr euch öfter gestritten habt. Und ob ich etwas davon wüsste, dass du Tina ...«

»Dass ich Bettina geschlagen habe?«

»Ja. Wie kommen die auf so eine absurde Idee?«

»Durch einen Hinweis meiner Tochter, die mir im Beisein der Polizei unterstellt hat, ich würde lügen, als ich die gleiche Frage verneinte.« Markus spürte, dass er bei allem Verständnis für Leonie den Ärger über das, was sie den beiden Ermittlern erzählt hatte, nicht ganz unterdrücken konnte.

»Leonie? Ich verstehe das nicht. Du hast Tina doch niemals ... Das hast du doch nicht?«

»Natürlich nicht. Ach, das ist kompliziert. Ich erkläre es dir später, okay?«

»Also gut.«

»Ich lege dann jetzt mal auf.«

»Ja ... Markus?«

»Ja?«

»Du hast nichts mit dieser Sache zu tun, nicht wahr?« Ihre Stimme klang dünn und fremd. Markus spürte, dass es sie viel Kraft kostete, nicht loszuheulen. »Du hast Bettina nichts angetan.«

»Nein, das habe ich nicht. Sarah, egal, was diese Polizisten dir erzählt haben, ich habe Bettina mehr geliebt als alles andere. Ich hätte ihr niemals etwas antun können. Das müsstest du eigentlich wissen.«

»Gut. Okay. Ich ... wollte es nur von dir hören. Wenn ich irgendetwas für dich tun kann ...«

»Ja, danke.«

»Ich meine es ernst.« Sarahs Stimme brach, und sie begann haltlos zu schluchzen. »Tina war meine beste Freundin. Und du weißt, dass ich dich auch sehr mag.«

»Ich weiß.«

»Gut.«

Ein elektronisches Tuten zeigte Markus, dass Sarah aufgelegt hatte.

Auf dem Nachhauseweg gingen ihm alle möglichen Szenarien durch den Kopf auf der Suche nach dem Grund dafür, dass der Anrufer ihn in dieses Hotel zitiert, sich dann aber nicht wie angekündigt bei ihm gemeldet hatte. Letztendlich fiel ihm nur eine plausible Erklärung ein: Er hatte wieder ein grausames Spiel mit ihm gespielt. Es blieb die Frage nach dem Grund.

Zu Hause lief Markus, ohne die Jacke auszuziehen, auf direktem Weg nach oben und klopfte an Leonies Tür. Als er keine Antwort erhielt, drückte er die Klinke nach unten und stellte verwundert fest, dass nicht abgeschlossen war. Er öffnete die Tür, blieb aber wie angewurzelt stehen: Der Bürostuhl vor ihrem Schreibtisch war umgestürzt, Stifte, Hefte und Bücher, die normalerweise auf dem Schreibtisch lagen, waren durch das Zimmer verstreut, dazwischen Scherben des zersprungenen Glasschirms der Schreibtischlampe.

Und von Leonie keine Spur.

11

Während Markus noch zu verstehen versuchte, was geschehen war, drang von unten dröhnender Lärm herauf. Jemand hämmerte gegen die Haustür, während parallel dazu die Klingel wieder und wieder gedrückt wurde.

Nach einem letzten Blick auf das Chaos im Zimmer seiner Tochter riss Markus sich los und lief hinunter ins Erdgeschoss. Noch auf der Treppe hörte er von außen einen Mann rufen: »Polizei! Herr Kern, öffnen Sie, wir wissen, dass Sie zu Hause sind!« Mantzke!

Markus hatte die Klinke kaum niedergedrückt, als die Tür ihm schon entgegenflog.

»Wo ist Ihre Tochter«, polterte der Hauptkommissar los, während er sich, gefolgt von Oberkommissarin Bauer, an Markus vorbei in die Diele drängte.

»Sie … ich weiß es nicht«, antwortete Markus wahrheitsgemäß. »Ich bin gerade nach Hause gekommen und habe gesehen, dass sie nicht da ist.«

Mantzke nickte Bauer zu, woraufhin sie zur Treppe eilte.

»Wo waren Sie?«

»Ich … ich war …« Verzweifelt suchte Markus nach Worten, seine Gedanken rasten. Wo war Leonie? Was hatte das alles zu bedeuten? Konnte er den Polizisten sagen, wo er gerade gewesen war?

Mantzke sah ihm eindringlich in die Augen. »Herr Kern, wo waren Sie?«

Markus entschied, die Wahrheit zu sagen. Mit jeder Lüge würde er nur noch tiefer in diesen Strudel aus falschen Verdächtigungen geraten.

»Dieser Kerl hat mich wieder angerufen. Er hat verlangt, dass ich ins City Hotel komme, weil er mir dort ein Video geben wollte, das beweist, dass Bettina bedroht wurde, als sie bei der Polizei angerufen und diesen Unsinn erzählt hat.«

Mantzke hob die Brauen. »Moment. Verstehe ich das richtig? Derjenige, der Ihrer Meinung nach der Mörder Ihrer Frau ist und der nach Ihrer Darstellung dafür gesorgt hat, dass Sie verdächtigt werden, wollte Ihnen etwas in die Hand geben, das Sie entlastet?«

»Ja. Ich weiß, dass das …«

»Thomas.« Bauers Stimme war von oben zu hören. »Kommst du mal?«

Mantzke nickte Markus zu und deutete dann zur Treppe. »Gehen wir.«

»Hören Sie«, begann Markus, während er vor dem Hauptkommissar her zur Treppe ging, doch Mantzke fiel ihm ins Wort. »Jetzt nicht.«

»Ich weiß nicht, was da oben passiert ist«, versuchte Markus es erneut, aber der Ermittler reagierte nicht. Oben angekommen, blieb Markus stehen und fuhr sich in einer Geste der Verzweiflung durch die Haare, während er auf die geöffnete Tür von Leonies Zimmer blickte. In welchen Albtraum war er da geraten? Seine Frau – bestialisch ermordet. Seine Tochter – verschwunden, ihr Zimmer verwüstet.

87

Bauer erschien an der Tür. »Da drin sieht es aus, als hätte ein Kampf stattgefunden«, stellte sie fest und wartete, bis ihr Kollege an ihr vorbei im Zimmer verschwunden war, bevor sie fortfuhr: »Was ist passiert? Haben Sie sich mit Ihrer Tochter gestritten?«

»Nein. Ich sagte doch schon, ich war gar nicht hier. Ich weiß nicht, wo sie ist.«

»Vielleicht, bevor Sie das Haus verlassen haben?«

»Das ist doch Blödsinn. Ich war noch oben, aber Leonie wollte mich nicht sehen. Da habe ich ihr gesagt, dass ich kurz wegmuss, und bin gegangen.«

»Aber irgendetwas ist da drin passiert«, stellte Mantzke fest, der im Türrahmen von Leonies Zimmer aufgetaucht war.

»Ich weiß es doch auch nicht, verdammt«, stieß Markus erneut aus. »Jetzt hören Sie auf, so zu tun, als ob ich für all das verantwortlich wäre, und machen Sie Ihren Job. Dieses Schwein hat mich weggelockt und war dann offensichtlich im Haus und hat Leonie mitgenommen.«

Bauer deutete unbeeindruckt zur Treppe. »Draußen stehen drei Fahrzeuge.«

»Ja. Sie gehören zum Fuhrpark unserer Firma. Den A3 fahre ich im Moment selbst.« Markus wandte sich wieder an Mantzke und versuchte es erneut, diesmal mit ruhigerer Stimme. »Herr Hauptkommissar, bitte, wir müssen nach Leonie suchen. Wer weiß, was der Kerl mit ihr vorhat …«

»Jetzt reicht's aber, Herr Kern«, fuhr ihn die Oberkommissarin von der Seite an. »Wundern Sie sich gar nicht, dass wir hier so plötzlich aufgetaucht sind?«

Markus sah sie verdutzt an. »Doch, ja, aber …«

»Wir haben einen Anruf von einer Nachbarin erhalten.«

»Von einer Nachbarin?«

»Ja.« Bauer machte noch einen Schritt auf Markus zu und stand jetzt nur noch wenige Zentimeter von ihm entfernt. In ihren Augen glaubte Markus, Wut zu erkennen.

»Sie sagte, sie hätte gesehen, wie Sie Ihre Tochter in eines der Fahrzeuge dort draußen gezerrt haben und dass Leonie versucht hat, sich gegen Sie zu wehren.«

»Ich soll ... was?«, stieß Markus aus. »Das ist doch verrückt. Haben denn jetzt alle vollkommen den Verstand verloren? Ich sagte Ihnen doch schon ...«

Mantzke streckte Markus die offene Handfläche entgegen. »Geben Sie mir den Schlüssel für den silbernen Opel.«

Markus starrte ihn an. Er hatte die Worte gehört, ohne zu verstehen, was Mantzke von ihm wollte. »Was?«

»Der silberne Opel aus Ihrem Fuhrpark, der dort auf dem Parkplatz steht. Ich möchte den Schlüssel.«

Wie in Trance wandte Markus sich um, stieg die Treppe hinunter und ging zu dem Schlüsselkasten in der Diele. Bauer und Mantzke folgten ihm.

In der oberen Reihe des Kastens hingen nebeneinander die Zweitschlüssel zu ihren Wohnungen, darunter in drei Reihen die aller Fahrzeuge. Kleine Schildchen an den Schlüsselringen waren mit den Autonummern beschriftet, doch Markus wusste, auch ohne nachzulesen, welcher der Richtige war. Er zog ihn vom Haken ab und reichte ihn dem Ermittler. »Was wollen Sie mit dem Schlüssel? Der Wagen steht seit zwei Tagen hier, weil er zur Inspektion in die Fachwerkstatt soll.«

Ohne Erklärung nahm Mantzke den Schlüssel an sich und verließ das Haus.

»Hat jemand gesehen, dass Sie im City Hotel waren?«, fragte derweil Bauer hinter Markus. »Haben Sie dort mit jemandem gesprochen?«

Er überlegte kurz und wandte sich zu ihr um. »Ich sagte doch schon, der Kerl hat mich dorthin gelockt, ist aber nicht aufgetaucht. Aber es hat mich jemand gesehen. Die Kellnerin in der Lobby. Sie hat mich gefragt, ob ich einen Wunsch habe. Sie muss sich an mich erinnern.«

Die Oberkommissarin zog ein Smartphone aus der Jacke. »City Hotel, sagten Sie? Hier in Bad Vilbel, nehme ich an.«

»Ja«, antwortete Markus und dachte: *Wo denn sonst?*

Während Bauer auf ihrem Handy herumtippte, warf Markus durch die offenstehende Haustür einen Blick nach draußen. Mantzke hatte sich durch die geöffnete Beifahrertür des Opels weit in den Innenraum gebeugt.

»Wonach sucht er?«, fragte Markus, doch statt einer Antwort sagte die Oberkommissarin hinter ihm: »Ja, hallo, Bauer ist mein Name. Kripo Frankfurt. Könnte ich bitte Ihre Kollegin sprechen, die heute Nachmittag im Lobbybereich bedient? … Nicht? … Aha …«

Markus wandte sich um.

»Sind Sie sicher? Kann vielleicht jemand aus einem anderen Bereich dort … ach so …«

»Sie war blond«, sagte Markus hastig. »Und jung, etwa Mitte zwanzig.«

»Ja, verstehe …« Bauer nickte und warf Markus einen eisigen Blick zu. »Und es ist ausgeschlossen, dass heute …

Ja, okay ... Eine letzte Frage noch: Gibt es in Ihrer Lobby eine Kamera? ... Ach ... okay ... nein, das war schon alles. Vielen Dank.«

Bauer steckte das Handy ein. »Die Rezeptionistin sagt, es gibt keine Bedienung in der Lobby.«

Markus stieß den Atem aus. »Das ist Quatsch. Sie war da und hat mich gefragt, ob ich einen Wunsch hätte. Das habe ich doch nicht geträumt. Vielleicht war sie aus einem anderen Bereich und ist zufällig da vorbeigekommen, als ich ...«

»Die Frau sagte, die Bar öffnet erst um achtzehn Uhr. Bis dahin gibt es nichts zu trinken und nichts zu essen, weder im Lobbybereich, noch sonst wo. Und es gibt ganz sicher auch keine Kellnerin, die dort herumläuft. Deshalb steht in der Lobby ein Automat mit Getränken und Snacks.«

»Aber sie war da. Was ist denn mit der Kamera? Ich muss auf den Aufnahmen zu sehen sein.«

»Die Kameras werden gerade alle ausgetauscht wegen eines Systemwechsels. Es gibt keine Aufnahmen.«

»Verdammt!«, entfuhr es Markus. »Das hat der Kerl sicher gewusst!«

»Ja. Irgendwer wird das wohl gewusst haben.« Nach einer kurzen Pause, in der Julia Bauer tief durchatmete, fügte sie hinzu: »Die Frau sagt jedenfalls, es sei völlig ausgeschlossen, dass eine Mitarbeiterin des Hotels Sie heute Nachmittag in der Lobby nach Ihren Wünschen gefragt hat.«

Markus starrte Bauer fassungslos an und spürte, dass seine Knie zu zittern begannen.

»Das ist doch Wahnsinn …« Es klang kläglich und war alles, was ihm über die Lippen kam, während ihm langsam bewusst wurde, worauf all das hinauslief.

»Das hat er alles eingefädelt«, flüsterte er, und als Bauer ihn mit regungsloser Miene ansah, fügte er hinzu. »Das war sein Plan, verstehen Sie das nicht? Er hat mich aus dem Haus gelockt, damit er Leonie entführen kann. Wir müssen nach ihr suchen, jetzt gleich. Sie müssen die Spurensicherung rufen, vielleicht hat er in ihrem Zimmer Fingerabdrücke hinterlassen oder … Was ist mit Hans-Peter Rövenich? Haben Sie ihn mittlerweile überprüft? Er hatte im Gegensatz zu mir ein Motiv. Aber das scheint Sie ja alles nicht zu interessieren.«

»Herr Kern!« Mantzke war zurückgekommen, baute sich vor Markus auf und hob eine Hand, in der er eine Plastiktüte hielt. »Hier drin ist ein Glassplitter, der von der zerbrochenen Schreibtischlampe stammen könnte. Er lag auf der Rückbank. Außerdem habe ich lange dunkle Haare gefunden. Was sagen Sie dazu?«

Markus betrachtete verständnislos die Tüte. »Aber … ich verstehe nicht …«

»Also gut, Herr Kern, dann werde ich versuchen, Ihnen unsere Sicht auf die Situation darzustellen.

Wir haben eine tote Frau, die kurz bevor sie ermordet wurde, die Notrufnummer der Polizei gewählt und gesagt hat, dass sie glaubt, ihr Mann Markus wolle sie umbringen. Und wir haben diesen Mann – Sie –, der uns sowohl hinsichtlich seines Alibis für die Tatnacht als auch in Bezug auf die Anwendung von Gewalt gegenüber seiner Frau belogen hat. Und dann ist da die Tochter, die beide Lügen aufgedeckt hat und die kurz darauf verschwindet, wobei in ihrem Zimmer möglicherweise ein Kampf stattgefunden hat. Dazu passt, dass eine Nachbarin gesehen hat, wie der Mann – Sie – seine Tochter aus dem Haus gezerrt und in einem silbernen Opel weggebracht hat, in dem ich neben Haaren, die von der Tochter stammen könnten, auch eine Glasscherbe finde, die wiederum zu einer Lampe passen könnte, die im Zimmer jener Tochter kaputtgegangen ist.«

Mantzke atmete tief durch. »Und jetzt sagen Sie mir, was wir daraus schlussfolgern sollen.«

Mit jedem Satz des Hauptkommissars zog sich Markus' Magen ein Stückchen mehr zusammen. Schweißperlen bildeten sich auf seiner Stirn. Sie fühlten sich eiskalt an.

»Das sind sehr viele *vielleicht* und *wahrscheinlich* und *könnte*«, entgegnete er schließlich. »Ich habe aber weder etwas mit dem Mord an meiner Frau zu tun, noch mit Leonies Verschwinden.«

»Das sehe ich anders«, widersprach Bauer.

»Ja, das denke ich mir«, platzte es aus Markus hinaus, der dem in ihm hochschießenden Ärger Luft machen musste. Er wandte sich Bauer direkt zu. »Seit Sie etwas von *Gewalt gegen eine Frau* gehört haben, behandeln Sie mich, als wäre ich ein Schläger und Mörder, ohne dabei in Betracht zu ziehen, dass Sie sich vielleicht irren könnten und ich meiner Frau gegenüber noch nie gewalttätig geworden bin. Weil ich das nämlich gar nicht gekonnt hätte, denn ich habe sie mehr geliebt, als Sie sich vorstellen können.«

»Das sieht Ihre eigene Tochter anders.«

»Nein. Meine Tochter hat lediglich geschildert, was sie beobachtet hat. Ein kurzer Moment, in dem ich die

Handgelenke meiner Frau gepackt habe, um sie davon abzuhalten, mir weiter gegen die Brust zu trommeln. Die Schlussfolgerungen daraus haben Sie gezogen, nicht Leonie.« Markus atmete hektisch. »Wissen Sie, was ich nicht verstehe? Ich verstehe nicht, dass Sie hier herumstehen und irgendwelche verrückten Theorien entwickeln, anstatt sofort nach meiner Tochter suchen zu lassen. Wenn ihr etwas geschieht, während Sie hier Ihren persönlichen Feldzug gegen mich führen, werden Sie sich dafür verantworten müssen.«

»Ich habe die Suchmeldung bereits rausgegeben«, erwiderte Mantzke. »Aber es wäre viel einfacher, wenn Sie uns sagen, wo Sie Ihre Tochter hingebracht haben.«

»Verdammt nochmal, ich habe sie nirgendwohin gebracht«, fuhr Markus den Hauptkommissar an. »Warum sollte ich mein eigenes Kind entführen? Das ist doch Irrsinn.«

»Vielleicht weil Ihr Kind Sie in unserem Beisein zweimal als Lügner bloßgestellt hat«, entgegnete Bauer eisig. »Und weil Sie vielleicht befürchten müssen, dass sie noch mehr weiß, was sie uns erzählen könnte.«

Markus musste sich an der Wand abstützen, als er sich wieder an den Hauptkommissar wandte, von dem er sich – warum auch immer – mehr Verständnis erhoffte als von der verbohrten Oberkommissarin.

»Nein, verdammt. Es gibt nichts, was sie wissen könnte, weil ich absolut nichts getan habe. Ich habe meine Frau geliebt. Ich bin Opfer, nicht Täter.«

Mantzke hielt seinem Blick stand. Sie starrten sich regelrecht in die Augen, und mit jeder Sekunde, die verging, wuchs die Hoffnung in Markus, dass Mantzke ihm vielleicht doch glaubte. Schließlich nickte der Hauptkommissar und sagte: »Herr Kern, ich nehme Sie vorläufig fest wegen des Verdachts des Mordes an Ihrer Frau und der Entführung Ihrer Tochter.«

12

In einem ersten Reflex wollte Markus den Polizisten anschreien, dass er wohl verrückt geworden sei, er wollte toben und um sich schlagen und sich sofort selbst auf die Suche nach Leonie machen, doch schon im nächsten Moment fühlte er sich vollkommen kraftlos und nicht einmal in der Lage, zu widersprechen.

Markus verstand, dass aus Sicht der Beamten alles gegen ihn sprach. Er musste einfach darauf vertrauen, dass sich die Anschuldigungen als unwahr herausstellen würden. Er war schließlich unschuldig.

Resigniert streckte er die Hände vor. »Werde ich jetzt in Handschellen abgeführt?«

Mantzke nickte Bauer zu, die in ihre Jacke griff und zwei helle Streifen hervorzog. »Wir bevorzugen diese praktischen Kabelbinder.«

»Hände hinter den Rücken«, befahl die Oberkommissarin, doch Mantzke schüttelte den Kopf. »Schon gut, es ist für die Fahrt so okay. Er kann die Hände vor dem Körper lassen.«

Mit einem Schulterzucken legte Bauer einen der Kunststoffstreifen um Markus' Handgelenke, fädelte ein Ende ein und zog es dann so stramm, dass das Plastik in die Haut schnitt. Markus stöhnte auf, was die Oberkommissarin allerdings nicht beeindruckte. Ungerührt testete sie, ob der Kabelbinder fest genug saß und es für Markus unmöglich war, die Hände durch die Schlaufen zu ziehen.

Die Erkenntnis des Ausgeliefertseins löste ein Gefühl der Panik in ihm aus, das er kaum unterdrücken konnte.

Wie benommen ging Markus kurz darauf neben Mantzke auf dessen schwarzen Opel Insignia zu, während seine Gedanken um Leonie und die Frage kreisten, was im Haus geschehen war, als er in der Lobby des City Hotels gesessen hatte.

Nachdem Markus auf der hinteren Sitzbank Platz genommen hatte, ging Bauer um das Heck herum und stieg auf der anderen Seite ein. Sie schnallte sich an und wandte sich an Markus. »Haben Sie Ihr Handy in der Jacke?«

»Ja, warum?«

»Ich möchte es herausnehmen.«

»Warum?«

»Zur Überprüfung.«

»Muss ich das zulassen?«, fragte Markus instinktiv.

»Nein, das müssen Sie nicht«, erklärte Mantzke von vorn. »Zumindest nicht, bis wir einen richterlichen Beschluss haben, den wir zusammen mit dem Durchsuchungsbeschluss für Ihr Haus aber schnell bekommen werden, während wir uns auf dem Revier unterhalten.«

»Wenn ich Ihnen das Handy jetzt nicht geben muss, dann möchte ich das auch nicht.« Markus hatte keinen bestimmten Grund, Bauer das Handy nicht zu überlassen. Es war einfach ein trotziges Aufbegehren gegen die Ungerechtigkeit, die ihm gerade widerfuhr.

Als Mantzke Gas gab, warf Markus noch einen Blick auf

sein Haus. Wie hatte es jemand geschafft, sich mindestens zweimal unbemerkt Zutritt zu verschaffen? Einmal, um Bettinas Handy in der Schublade abzulegen, und nun, um seine Tochter zu überwältigen und zu entführen? Einbruchspuren hatte er – zumindest an der Haustür – keine entdeckt. Zudem war es sowieso ziemlich unwahrscheinlich, dass jemand am helllichten Tag in ein Haus einbrach, das von drei Seiten einsehbar war. Diese Überlegungen waren für Markus allerdings alles andere als positiv, denn sie konnten für die Ermittler durchaus als Indiz dafür gesehen werden, dass er selbst seine Tochter entführt hatte.

Hatte er aber nicht, und der Gedanke daran, was mit Bettina geschehen war und dass Leonie nun vielleicht von demselben Kerl irgendwo festgehalten und bedroht wurde, raubte ihm fast den Verstand. Solange die Polizisten sich allerdings auf ihn als Verdächtigen versteiften, würden sie nicht intensiv nach einem anderen Täter suchen.

»Wie geht es jetzt weiter?«, fragte Markus, an Mantzke gewandt.

»Wir fahren jetzt zum Präsidium und werden uns dort eingehend mit Ihnen unterhalten«, erklärte der Hauptkommissar, während er sich weiter auf den Verkehr konzentrierte. »Falls sich dabei unser Verdacht erhärtet, werden wir beim zuständigen Richter einen Haftbefehl beantragen, und Sie werden in Untersuchungshaft kommen. Sie sollten uns also die Wahrheit sagen. Ein Geständnis würde sich strafmildernd auswirken. Vor allem müssen wir wissen, wo Ihre Tochter ist.«

»Dann sollten Sie nach dem Täter suchen, statt sich an mir festzubeißen.«

»Wir werden sehen ...«

»Wann kann ich meinen Anwalt anrufen?«

»Wenn wir auf dem Präsidium sind.«

Er würde Dr. Seitz anrufen, der die Firma bisher bei juristischen Problemen vertreten hatte. Markus wusste zwar nicht, ob der sich überhaupt mit Strafrecht auskannte, aber er musste es zumindest versuchen. Seine Gedanken wurden durch das Klingeln von Mantzkes Handy unterbrochen, das in einer Halterung vor ihm am Armaturenbrett steckte.

Nach einem Blick auf das Display tippte er drauf und sagte:

»Mario, was gibt's?«

»Es geht um Kern. Ich habe ...«

»Moment«, unterbrach Mantzke ihn und tippte auf eine Stelle des Displays, dann bremste er ab und fuhr rechts ran. Als der Wagen stand, griff er nach dem Gerät und hielt es sich ans Ohr.

»Okay, leg los ... ja ... ach, so ein Zufall ... Wann? ... Wie hoch, sagtest du? ... Wow! Okay, danke.«

Mantzke steckte das Handy wieder in die Halterung, fuhr aber nicht weiter, sondern wandte sich zu Markus um. »Langsam wird es eng für Sie.«

Markus schüttelte verzweifelt den Kopf. »Was ist denn jetzt noch?«

»Sie haben vor gerade einmal sechs Monaten eine Lebensversicherung für Ihre Frau abgeschlossen. Über fünfhunderttausend Euro.«

Das durfte doch alles nicht wahr sein. »Ja, und? Hat der Anrufer Ihnen auch gesagt, dass wir zum selben Zeitpunkt auch eine für mich abgeschlossen haben? Über die gleiche Summe. Das haben wir auf Anraten unserer Steuerberaterin gemacht, um die Firma abzusichern, falls einer von uns ausfallen sollte. Sie können gern nachfragen.«

»Dann ist es also Zufall, dass Ihre Frau ein halbes Jahr nach Abschluss der Versicherung ermordet wird, dabei alles auf Sie als Täter hindeutet und Sie zudem noch eine halbe Million Euro ausbezahlt bekommen? Vorausgesetzt, Sie werden nicht geschnappt.«

»Ja, verdammt.« Markus stieß ein zischendes Geräusch aus. »Das ist es. Halten Sie mich denn wirklich für so dämlich, einen so dilettantischen Mord an meiner Frau zu begehen, bei dem wirklich alles auf mich als Täter hindeutet? Finden Sie das nicht auch auffällig?«

»Wir richten uns nach Fakten, Herr Kern, und die sprechen in diesem Fall eine deutliche Sprache.« Mantzke wandte sich wieder nach vorn und legte einen Gang ein. »Wir werden zweifelsfrei innerhalb einer Stunde einen Haftbefehl bekommen. Stellen Sie sich darauf ein, die nächste Zeit in U-Haft zu verbringen. Vielleicht denken Sie jetzt mal darüber nach, dass es besser ist, uns sofort zu sagen, wo Ihre Tochter ist.«

In Markus' Kopf wirbelten die Gedanken durcheinander. Bettinas Anruf bei der Polizei kurz vor ihrem Tod, Leonies Aussagen, dass er zweimal scheinbar nicht die Wahrheit gesagt hatte, dann ihr Verschwinden, während er, ohne dies beweisen zu können, in dieser Hotellobby saß, der Abschluss der Lebensversicherung ein halbes Jahr zuvor … Mantzke hatte recht. Für die Polizei sah wirklich alles danach aus, dass Markus ein Mörder und Entführer war. Sie würden ihn einsperren und dann vor Gericht stellen und vielleicht sogar verurteilen. Er würde den Rest seines Lebens unschuldig im Gefängnis verbringen ... aber all das wog nicht so schwer wie die Erkenntnis, dass sich seine Tochter in der Gewalt eines Monsters in Menschengestalt befand, das nicht davor zurückgeschreckt hatte, die Misshandlung einer Frau gegen Bezahlung im Internet zur Schau zu stellen.

Markus spürte, wie sein Mageninhalt sich hob, und schaffte noch ein: »Ich muss mich überg...«, dann schoss ihm eine säuerliche Flüssigkeit in den Mund. Während er die Hände hochriss und auf den Mund presste, entstand neben ihm hektische Bewegung. Sein Magen zog sich noch mal zusammen, als die Tür auf seiner Seite aufgerissen wurde, Julia Bauer ihn an der Schulter packte und so weit aus dem Auto zog, dass sein Kopf im Freien hing.

Als sein Oberkörper sich zusammenkrümmte, hob er instinktiv den Kopf, so dass der Schwall aus seinem Mund in Richtung der Füße der Oberkommissarin gelenkt wurde. Die stieß einen spitzen Schrei aus und machte einen Satz zurück.

Dann war es, als erlebe Markus das Geschehen wie ein externer Beobachter. Mit Schwung stemmte er sich hoch, stieß Julia Bauer zur Seite und rannte los. In Sekundenschnelle orientierte er sich. Er befand sich in der Frankfurter Straße, die aus Bad Vilbel hinausführte. Die Gebäude auf seiner Seite waren mehrgeschossig, in einigen von ihnen bestand die Front im Erdgeschoss aus Schaufenstern mit bunten Reklameaufklebern oder Transparenten, andere waren reine Wohnhäuser.

Markus rannte, ohne sich umzusehen, auf eine kurze Seitenstraße zu und bog in sie ein. Die vor dem Körper gefesselten Hände behinderten ihn zwar beim Laufen, aber er war geübt genug und hatte vor allem genügend Ausdauer, um trotzdem schnell voranzukommen. Mit Glück würde er Mantzke und Bauer entkommen können.

Die Straße mündete in eine wenig befahrene Querstraße. Hier standen fast ausschließlich Wohnhäuser, die kahlen Äste der Bäume erstreckten sich über die Bürgersteige und würden im Sommer wie ein grünes Dach Schatten spenden. Markus riskierte es, langsamer zu laufen und sich umzudrehen. Von Mantzke und Bauer keine Spur. Dennoch legte Markus wieder alle Kraft in seine Beine. Er musste es schaffen, einen genügend großen Abstand zwischen sich und die Ermittler zu bekommen, so dass sie nicht mehr ahnen konnten, in welche Richtung er geflohen war.

Deshalb bog er wahllos ab, mal nach links, mal nach rechts, bis er schließlich irgendwann in einem schmalen Fußweg zwischen zwei Grundstücken schwer atmend stehen blieb und sich nach beiden Seiten umsah, bevor er sich nach vorn beugte und die gefesselten Hände auf den Knien abstützte. Zum Glück hatte er seine Jacke angelassen, als er vom Hotel nach Hause gekommen und dort von den Polizisten überrumpelt worden war. Die Temperatur lag nahe des Gefrierpunkts.

Er war einigen Menschen begegnet, von denen der eine oder andere ihm verwundert nachgeschaut hatte. Es war nicht alltäglich, einen Mann mit gefesselten Händen durch ein Wohngebiet laufen zu sehen.

Markus musste deshalb davon ausgehen, dass Mantzke und Bauer Hinweise auf seinen Fluchtweg bekamen. Zudem hatten sie sicherlich schon längst Verstärkung angefordert, so dass man in dem Viertel wahrscheinlich bald an jeder Ecke Polizeibeamten begegnen würde. Er musste sich irgendwo verstecken, wenn er eine Chance haben wollte. Und er brauchte Geld.

Er richtete sich auf und lief wieder los, allerdings etwas langsamer als zuvor. Als am Ende des Weges ein Schild darauf hinwies, dass er sich nun in der Rhönstraße befand, wusste er, dass er nur noch Minuten von Sarahs Wohnung entfernt war.

13

Der Mann hat plötzlich in ihrem Zimmer gestanden. Sie weiß nicht, wie er ins Haus gekommen ist, er tauchte von einer Sekunde zur anderen einfach in der Tür auf. Er hat einen blauen Overall getragen und eine schwarze Haube, die den ganzen Kopf bedeckte und nur einen schmalen Schlitz für die Augen freiließ.

Sie hat es gerade noch geschafft, einen Schrei auszustoßen, dann hat er ihr ein Messer an die Kehle gehalten und den Zeigefinger der freien Hand auf die Stelle der Maske gelegt, unter der sich sein Mund befinden musste. Gesprochen hat er kein Wort. Das war auch nicht nötig. Sie hat verstanden.

Die Spritze hat sie erst bemerkt, als sie einen Stich am Oberarm spürte und zusammenzuckte. Zwei, drei Minuten lang hat er ihr noch das Messer an die Kehle gehalten. Sie hat nicht verstanden, warum sie ihn anlächelte und plötzlich keine Angst mehr empfand, sondern Glück. Regelrecht euphorisch hat der Anblick der schwarzen Maske sie gemacht, die sie unbedingt berühren wollte.

Aber der Mann hat ihr auf die Füße geholfen und sie an der Hand genommen. Dann haben sie gemeinsam ihr Zimmer und kurz darauf das Haus verlassen. Bevor er nach der Klinke der Haustür griff, hat der Mann seine Maske ausgezogen. Sie kann sich noch an alles erinnern, auch wenn sie ihr Verhalten nicht verstanden hat. An sein Gesicht erinnert sie sich allerdings nur als eine helle, ovale Fläche.

Beim Gehen hatte sie den Eindruck, ihre Füße seien in dicke Watte gewickelt. Alles hat sich leicht und beschwingt angefühlt, alles war schön und spannend. Sie hat jede Sekunde genossen, hat gelacht und hätte tanzen können. Als sie in ein Auto gestiegen sind, war sie neugierig, wohin sie fahren würden. Es hat sich angefühlt wie der Start zu einem großen Abenteuer.

Das ist nun schon eine ganze Weile her. Vielleicht eine Stunde, vielleicht zwei? Jedenfalls lange genug, dass die Wirkung der Spritze – und die war ohne Zweifel der Grund für ihr seltsames Empfinden – nachgelassen hat. Jetzt ist es anders. Jetzt hat sie schreckliche Kopfschmerzen. Und Angst.

Noch nie in ihrem ganzen Leben hat sie so viel Angst gehabt wie in diesem Moment.

Sie weiß nicht, wo sie ist, obwohl sie die ganze Zeit mit offenen Augen neben ihm im Auto gesessen hat. Sie kann sich an die Fahrt erinnern, aber die Umgebung bleibt in dieser Erinnerung ebenso verschwommen wie das Gesicht des Mannes. Dennoch … in ihrem Kopf taucht immer wieder das Bild eines sehr großen Gebäudes auf. Nein, mehrere. Mindestens zwei. Sie sind alt und düster, aber sie weiß weder, ob es sich dabei wirklich um den Ort handelt, an dem sie sich jetzt befindet, noch, wo dieser Ort ist.

Er hat sie in diesen hohen Raum geführt, der früher vielleicht einmal die Produktionsstätte einer Firma gewesen ist. Jetzt ist er halb verfallen. Hier und da stehen oder liegen irgendwelche Metallteile herum, dazwischen Steine und Putz von den Wänden. Sie betrachtet die Fenster in einer Höhe von etwa drei Metern. Es sind sechs Stück. Zwei davon haben Löcher, die restlichen vier sind so schmutzig, dass das trübe Licht dem Raum eine Atmosphäre abweisender Trostlosigkeit verleiht.

Der Knebel, den der Mann ihr in den Mund gesteckt und mit einem Klebeband fixiert hat, schneidet schmerzhaft in ihre Mundwinkel. Das Band stinkt fürchterlich nach Chemie und brennt auf ihren Wangen. Sie sitzt auf einem Stuhl, der sich jedoch nicht von der Stelle bewegt, sosehr sie sich auch anstrengt. Ihre Hände sind hinter dem Rücken mit Klebeband gefesselt und so mit dem Stuhl verbunden, dass sie kaum einen Finger rühren kann.

Ihr ist kalt. Sie hat schon darüber nachgedacht, ob es wirklich nur die Kälte ist oder vielleicht auch die Angst, die sie so heftig zittern lässt.

Ein Geräusch. Sie erschrickt. Es klingt wie das schmerzerfüllte Schreien einer Metalltür.

Ihr Herz pumpt das Blut so hektisch durch ihren Körper, dass es in ihrem Kopf rauscht und helle Punkte vor ihren Augen tanzen, als der Mann im blauen Overall in der Tür auftaucht und dort eine Weile reglos stehen bleibt. Die Augen hinter dem schmalen Augenschlitz scheinen sie zu fixieren. Glaubt sie. Es ist zu dämmrig, um das genau sehen zu können.

Das Knirschen der Schritte auf dem Boden erscheint ihr überlaut, als der Mann näher kommt.

Etwa zwei Meter vor ihr bleibt er stehen. Leonie hält den Atem an. Nun kann sie die Augen ihres Gegenübers erkennen, und was sie darin sieht, lässt die Panik in ihr noch größer werden. Es ist blanker Hass.

Sie reißt sich von den dunklen Pupillen los und schaut zur Seite. Dennoch hat sie etwas bemerkt. Obwohl die Erinnerung an ihre erste Begegnung verschwommen ist, glaubt sie, dass et-

was an ihrem Entführer jetzt anders ist. Es ist nicht deutlich genug, um es benennen zu können, aber dennoch ausreichend, dass es ihr aufgefallen ist.

Ein Schatten nähert sich ihrem Gesicht. Sie fährt zusammen, als ihre Wange berührt wird. Die Hand steckt in einem groben, dunklen Handschuh. Nach Sekunden löst sie sich, wandert tiefer. Als die Hand beginnt, ihr Shirt hochzuschieben, schreit Leonie gegen den Knebel in ihrem Mund an und wirft sich mit aller Kraft gegen ihre Fesseln. Es nützt nichts. Der Rand des Shirts wird über ihren BH geschoben. Alles geschieht ohne ein Wort.

Leonie sucht panisch den Blick aus den dunklen Augen, hofft auf Mitleid, wenn der Mann ihre Angst erkennt, doch in diesem Moment richtet er sich wieder auf und betrachtet sie, wie sie dasitzt, den Oberkörper größtenteils entblößt, die jugendlichen Brüste nur mit einem BH bedeckt.

Dann greift er in eine Tasche des Overalls, zieht ein Smartphone heraus und richtet die Fotolinse auf sie.

14

Wenn Markus Glück hatte, war sie zu Hause, und mit noch mehr Glück waren Mantzke und Bauer noch nicht auf die Idee gekommen, dass sein Weg ihn direkt zu ihr führen könnte.

Keine fünf Minuten später drückte Markus sich an die Wand einer Garage und spähte vorsichtig zu dem Dreifamilienhaus, in dessen Erdgeschoss Sarahs Mietwohnung lag.

Auf der Straße vor dem Haus stand kein Auto, auch vor den Nachbarhäusern konnte Markus weder Mantzkes Fahrzeug noch einen Streifenwagen entdecken. Er wusste, dass jede Minute zählte. Es würde nicht lange dauern, bis sie bei Sarah auftauchten. Vorsichtig richtete er sich auf, überquerte schnell die Straße und drückte kurz darauf auf die Klingel, auf der »Lemke« stand.

Es dauerte nur Sekunden, bis eine durch die Sprechanlage verzerrt klingende Stimme sagte: »Ja, bitte?«

»Sarah, ich bin's, Markus. Mach bitte auf.«

»Markus!«, wiederholte sie, im nächsten Moment summte der Türöffner.

Markus betrat das Haus und hatte die Wohnungstür am Ende des kurzen Flurs noch nicht erreicht, als sie schon geöffnet wurde. Sarah sah ihm aus geröteten und ge-

108

schwollenen Augen entgegen und stutzte, als ihr Blick auf seine Handgelenke fiel. »Was ist denn …«

»Gleich«, unterbrach er sie hastig. »Lass uns reingehen.«

Nachdem er hinter sich die Tür ins Schloss gedrückt hatte, wandte Markus sich zu Sarah um. Sie blickte ihn fragend an. Mit einem Seufzer sank er gegen die Tür und schloss für einen Moment die Augen. »Die glauben, ich hätte Bettina ermordet und Leonie entführt. Ich bin abgehauen.«

»Was? Das ist doch absurd. Aber … wie kommen die auf so eine bescheuerte Idee?«

Markus atmete tief durch und streckte ihr die gefesselten Hände entgegen. »Ich erkläre dir alles später. Zuerst musst du mich bitte von diesen Dingern befreien.« Er stieß sich von der Tür ab und machte einen Schritt auf sie zu. »Und ich brauche Geld. Hast du Bargeld?«

»Ich weiß nicht … ach, doch, ja, ich habe was da. Komm.«

Markus folgte Sarah in die kleine Küche, wo sie die Tür eines Hängeschranks öffnete und sich auf die Zehenspitzen stellte, um aus dem hinteren Bereich eine Keramikdose mit Blumenmuster hervorzuziehen. Sie öffnete den Deckel und streckte Markus ein zusammengerolltes Bündel Geldscheine entgegen.

»Hier, ich weiß nicht genau, wie viel es ist, aber ich schätze mal so um die fünfhundert Euro. Immer, wenn ich am Geldautomaten war, stecke ich einen Schein da rein. Das ist für meinen Südamerika-Urlaub.«

Markus hob die noch immer gefesselten Hände und

nahm das Geld an sich. »Danke! Wenn ich mein Portemonnaie mit den Bankkarten dabei hätte, wäre alles kein Problem, aber so … Ich verspreche dir, du bekommst es bald zurück.«

»Schon gut. Ich brauche es ja gerade nicht.«

»Und jetzt die Hände.«

»Was hast du als Nächstes vor?«, fragte Sarah, öffnete eine Schublade und nahm eine Schere heraus. »Die suchen dich doch sicher bereits überall.«

»Ich muss irgendwie herausfinden, was mit Leonie passiert ist.«

Sarah runzelte die Stirn, während sie die Schere an dem Plastikband zwischen Markus' Handgelenken ansetzte und es mit einem kräftigen Schnitt durchtrennte. »Aber wie willst du das anstellen? Und warum hat man dich überhaupt festgenommen? Ich verstehe das nicht.«

Nachdem sie auch die beiden Teile des Kabelbinders entfernt hatte, stopfte Markus das Geld in seine Hosentasche, griff nach Sarahs Händen und sah ihr in die Augen.

»Ich muss jetzt los. Die werden wahrscheinlich jeden Augenblick hier eintreffen. Ich werde dir später alles erklären, das verspreche ich. Wichtig ist, dass du weißt, dass ich Bettina nichts angetan habe. Und Leonie auch nicht. Das könnte ich niemals. Du musst mir das glauben, Sarah!«

Tränen lösten sich aus ihren Augenwinkeln und rannen ihr über die Wangen. »Ja, ich …« Sie senkte den Kopf, löste die Hände aus seinem Griff und wischte sich mit dem Handrücken über das Gesicht. Dabei schniefte sie lautstark, bevor sie ihn wieder ansah. »Natürlich weiß ich das. Ich glaube dir.«

110

»Gut, das ist …« Die Türklingel ertönte, und beide fuhren herum.

»Mist«, zischte Markus und blickte an Sarah vorbei zu der Tür, die von der Küche auf die Terrasse führte. Dahinter erstreckte sich eine kleine Rasenfläche, die in einer Wand aus Büschen endete. »Kommt man da irgendwie durch?«

»Ja, ganz auf der linken Seite ist eine Lücke, durch die du in den Garten auf der anderen Seite gelangst. Ich weiß allerdings nicht, wie es …«

»Schon gut«, unterbrach Markus sie hastig. »Ich melde mich wieder.«

Mit wenigen Schritten war er an der Tür und öffnete sie. In dem Moment, als er die Terrasse betrat, hörte er hinter sich erneut die Türklingel.

Er überquerte die Rasenfläche, erreichte die Lücke am Rand des Grundstücks und schob sich seitlich zwischen einem Busch und einer Holzpalisade durch.

Schließlich hatte er es geschafft und stand am Rand eines Gartens, der um einiges größer war als der hinter Sarahs Wohnung. Er gehörte zu einem zweigeschossigen Haus, auf dessen linker Seite ein Weg an dem Gebäude vorbei zur Straße führte. *Glück gehabt*, dachte er und rannte geduckt los.

Er schaffte es, den Durchgang unentdeckt zu erreichen, und stand kurz darauf vor dem Haus auf einer Straße, die ein Schild an der nächsten Kreuzung als Hollerweg auswies.

Von irgendwo ertönte ein Martinshorn und kam schnell näher, doch bevor Markus sich überlegen konnte, was er

111

tun sollte, klingelte das Handy in seiner Tasche. Mit einer hastigen Bewegung zog er es hervor und betrachtete die Nummer auf dem Display. Er kannte sie nicht, aber sie war auch nicht unterdrückt.

Ein Streifenwagen bog in die Straße ein.

Markus hielt sich das Telefon an ein Ohr, ohne jedoch das Gespräch anzunehmen, legte die andere Hand auf das freie Ohr, um die schrille Polizeisirene zu dämpfen, und drehte sich bewusst langsam und mit gesenktem Kopf zur Seite, so dass man von der Straße her sein Gesicht nicht erkennen konnte. Der Streifenwagen rauschte an ihm vorbei und bog gleich darauf nach links ab, während das Smartphone weiterklingelte. Erst als von dem Lärm fast nichts mehr zu hören war, nahm Markus das Gespräch an.

»Herr Kern, Mantzke hier. Geben Sie auf, das hat doch keinen Zweck.«

»Auf keinen Fall«, entgegnete Markus. »Ich habe meine Frau nicht ermordet, aber das wollen Sie ja nicht hören. Sie haben sich innerhalb von ein paar Stunden so auf mich fixiert, dass Sie gar nicht mehr in Betracht ziehen, es könnte jemand anderes gewesen sein.«

»Aber das stimmt doch überhaupt nicht.«

»Natürlich stimmt das, sonst hätten Sie mich ja wohl kaum mitgenommen. Also werde ich den Mörder meiner Frau selbst finden müssen, wenn ich meine Unschuld beweisen und meine Tochter retten will.«

»Mit Ihrer Flucht machen Sie sich doch nur noch verdächtiger, sehen Sie das nicht ein? Wenn es vorher vielleicht noch Zweifel gegeben hat, wird spätestens jetzt kein Richter mehr auch nur eine Sekunde zögern, einen Haftbefehl gegen Sie auszustellen. Sie landen auf allen Fahndungslisten. Sie haben keine Chance, Kern. Stellen Sie sich, dann sehen wir, was wir tun können.«

»Nein!«, sagte Markus und beendete das Gespräch, hielt das Smartphone aber in der Hand und betrachtete es.

Er würde es loswerden müssen. Soweit er wusste, konnte die Polizei das Gerät orten.

Noch während er darüber nachdachte, ob er das Smartphone zerstören oder einfach nur wegwerfen sollte, klingelte es erneut.

»Nein, verdammt, ich werde mich nicht stellen«, zischte er, kaum dass er das Handy am Ohr hatte. Er war sich sicher, dass es erneut Mantzke war, der ihn zum Aufgeben überreden wollte, und hatte deshalb keinen Blick auf das Display geworfen.

»Das will ich doch hoffen. Zumindest so lange nicht, bis du meine Forderungen erfüllt hast.«

Markus erkannte die Stimme sofort, und sie trieb seinen Puls binnen einer Sekunde in die Höhe.

»Was, zum Teufel …«

»Halt den Mund und hör mir gut zu. Nachdem deine Frau ja nun nicht mehr unter uns weilt, habe ich deine Tochter zu Gast.« Die Stimme klang ebenso emotionslos wie bei den vorherigen Telefonaten. »Wenn du nicht genau tust, was ich dir sage, wird sie die Hauptattraktion in meiner nächsten Show. Wir verstehen uns?«

Markus' freie Hand ballte sich zur Faust. Es war ihm vor Wut kaum möglich, zu sprechen. »Verdammt, sie ist noch ein Kind. Reicht es Ihnen noch nicht, dass Sie meine Frau ermordet haben?«

Ein kurzes Lachen war zu hören. »Was habe ich?«

»Sie haben meine Frau im Internet öffentlich gedemütigt, und dann haben Sie sie umgebracht. Sie …«

»Blödsinn. Klar habe ich die Bettina-Show organisiert. Ich habe sie erfolgreich *geteilt*. Und dann habe ich sie in eure Wohnung gebracht und dich angerufen. Sie hatte einige *Abnutzungserscheinungen*, aber sie hat gelebt und keine Verletzungen gehabt, die sie umgebracht hätten.«

»Was reden Sie da? Als ich heute Morgen in die Wohnung kam, da … da war Bettina schon eine ganze Weile tot.«

»Es ist mir egal, wer deine Frau wann um die Ecke gebracht hat. Es ist mir auch egal, wenn du die Gunst der Stunde selbst genutzt hast, um sie loszuwerden. Jetzt geht es um deine Tochter.«

»Ich?«, fuhr Markus auf und schnappte gleich darauf nach Luft. »Die Gunst der Stunde?« Was dieser Kerl da sagte, war so ungeheuerlich, dass es ihm buchstäblich die Sprache verschlug. »Sie sind ja vollkommen verrückt.«

»Weißt du, was, Kern? Das alles interessiert mich einen Scheiß. Deine Alte ist hinüber, ich war es nicht, Ende. Du tust ab jetzt, was ich sage, sonst erlebt deine Tochter am eigenen Leib, was *Sharing* bedeutet.«

»Was reden Sie denn da, verdammt?«, schrie Markus außer sich, wurde sich jedoch seiner Situation bewusst und sah sich hastig um, ob ihn jemand gehört hatte.

»Ich sage es ein letztes Mal«, fuhr derweil die emotionslose Stimme fort. »Halt den Mund, sonst lege ich auf und bereite die Show für heute Nacht vor. Hast du das jetzt verstanden?«

114

»Ja«, erwiderte Markus.

»Da ja offenbar auch die Polizei davon überzeugt ist, dass du deine Frau selbst um die Ecke gebracht hast, und sie deshalb jetzt nach dir suchen, musste ich auf die Schnelle ein wenig umdisponieren. Du musst dein Telefon loswerden. Also machst du jetzt Folgendes: Nach unserem Gespräch schaltest du dein Handy sofort aus und gehst nach links den Erzweg entlang, dann nach rechts, am Spielplatz vorbei zum Edelbach. Dort versenkst du dein Smartphone. An der ...«

»Woher wissen Sie, wo ich gerade bin? Beobachten Sie mich?« Markus sah sich hektisch um, drehte sich einmal um die eigene Achse und versuchte, irgendwo einen Hinweis auf den Kerl zu entdecken.

»Wenn du mich noch einmal unterbrichst, ist das Gespräch beendet, und es gibt auch kein weiteres.«

»Ja, verdammt, ist ja schon gut.«

»Also, an der Kreuzung Kanalweg und Steinweg steht ein Haus der Pfadfinder, du erkennst es an dem Schild *BdP Stamm Graue Biber*. Davor gibt es einen großen Busch. In diesem Busch findest du ein Päckchen mit einem Handy. Die PIN ist viermal die Eins. Schalte es ein und trage es ab jetzt immer eingeschaltet bei dir. Ich melde mich. Dann solltest du erreichbar sein. Also los.«

»Moment noch!«

»Was?«

»Sie wussten ja offenbar, dass ich verhaftet worden bin. Wie konnten Sie davon ausgehen, dass ich fliehen würde?«

»Davon konnte ich nicht ausgehen. Wenn du nicht abgehauen wärst und dein Anwalt dich auch nicht rausgeholt hätte, wäre heute Nacht eine Leonie-Show gelaufen, mit der ich zum Ausgleich zumindest eine Stange Geld verdient hätte.«

»Zum Ausgleich … Was wollen Sie von mir?«

»Tu, was ich dir gesagt habe.«

Das Gespräch war beendet.

Mit einem Fluch schaltete Markus sein Smartphone aus und steckte es in die Jackentasche.

Er brauchte knappe zehn Minuten bis zu dem Bach, wo er das Handy an einer Stelle ins Wasser warf, die etwas tiefer zu sein schien. Das Pfadfinderhaus erreichte er zwei Minuten später und fand auf Anhieb das Päckchen in dem Busch. Verwundert packte er das teure Marken-Smartphone aus.

Die PIN funktionierte, der Akku war voll geladen, zudem lag ein Kabel in dem Päckchen.

Markus vergewisserte sich, dass das Telefon nicht stumm geschaltet war, und verstaute es samt Ladekabel in seiner Jackentasche. Dann rieb er die eiskalten Hände aneinander und sah sich um. Er hatte sich ein ganzes Stück von der Stelle entfernt, an der er aus Mantzkes Auto geflohen war. Noch waren hier keine Polizisten zu sehen, aber er befürchtete, dass sich das bald ändern würde.

Nachdem er noch einmal kurz überprüft hatte, dass das Smartphone eine stabile Netzverbindung hatte, steckte er es wieder weg und ging los. Erst musste er aus diesem Viertel verschwinden, danach würde er weitersehen.

Er bog in die Hanauer Straße ein und folgte ihr in Richtung Nidda, dem Flüsschen, das sich durch Bad Vilbel in Richtung Frankfurt schlängelt.

Sein Verstand arbeitete auf Hochtouren. Die Worte dieses Dreckskerls wiederholten sich in seinem Kopf wie ein Band, das auf Dauerschleife lief.

Es ist mir egal, wer deine Frau wann um die Ecke gebracht hat. Es ist mir auch egal, wenn du die Gunst der Stunde selbst genutzt hast, um sie loszuwerden.

Warum bestritt der Kerl, Bettina umgebracht zu haben? Konnte es sein, dass Bettina tatsächlich noch gelebt hatte, als ihr Entführer sie in die Wohnung brachte? Vielleicht hatte er ihren Zustand falsch eingeschätzt, und sie hatte innere Verletzungen gehabt, die ihm nicht aufgefallen waren?

Aber vielleicht würde er auf diese Fragen ja bald eine Antwort bekommen, wenn er dem Verantwortlichen gegenüberstand?

Mantzke selbst hatte Markus darauf gebracht, was seine nächsten Schritte sein mussten. Hans-Peter Rövenich!

Markus würde ihm einen Besuch abstatten und ihm auf den Zahn fühlen. Wenn Rövenich etwas mit der ganzen Sache zu tun hatte, dann würde Markus das herausfinden, dessen war er sicher.

Er erreichte eine Kreuzung und blickte sich um, während er an der Fußgängerampel stand und die Autos in einer nicht enden wollenden Schlange an ihm vorbeirauschten. Er betrachtete jeden Mann. Verhielt sich jemand auf irgendeine Art auffällig? Blickte jemand verstohlen zu ihm herüber? Er konnte nichts Verdächtiges entdecken.

Als die Ampel umsprang und Markus die breite Straße überquerte, fragte er sich, wann der Entführer wieder anrufen würde. Vielleicht würde er ihm dann irgendeinen

Hinweis darauf entlocken können, wohin er Leonie gebracht hatte.

Sofern sie überhaupt noch lebte.

Der Gedanke kam spontan und fuhr Markus derart in die Glieder, dass er kurz stehen bleiben musste. Wie konnte er sich überhaupt sicher sein, dass Leonie noch am Leben war? Vielleicht hatte der Kerl sie schon längst …

Markus dachte daran, was mit Bettina geschehen war. Dass der Entführer ihm suggeriert hatte, sie sei noch am Leben, wenn Markus sie in der Wohnung abholte. War das eine Lüge gewesen, oder stimmte es, was der Kerl gesagt hatte? Und falls ja … was, wenn sie keine inneren Verletzungen gehabt hatte? Was, wenn noch jemand anderes in der Wohnung gewesen war und Bettina dort gefunden hatte, noch lebend, und der sie dann – warum auch immer – umgebracht hatte? Aber wie sollte derjenige ohne Schlüssel in die leere Wohnung gelangt sein?

Vielleicht war aber auch gar kein Schlüssel nötig gewesen, weil die Tür offen gestanden hatte? Dennoch müsste diese Person ins Haus gekommen sein. *Oder schon im Haus gewesen sein*, ergänzte er.

Markus schob den Gedanken beiseite. Er musste sich jetzt darauf konzentrieren, Leonie zu finden.

Und hoffen, dass sie noch am Leben war.

15

Wenig später blieb Markus erneut stehen und lehnte sich gegen eine Mauer, die einen Vorgarten zur Straße hin abschloss. Dieser Gedanke ließ sich nicht mehr verdrängen, jetzt da er einmal aufgetaucht war. Wenn nun auch noch sein einziges Kind …

Zum ersten Mal, seit in der vergangenen Nacht sein Leben völlig aus den Fugen geraten war, stellte Markus sich die Frage, wie es weitergehen sollte. Sogar wenn den Ermittlern irgendwann klarwerden würde, dass er nichts mit alledem zu tun hatte, sogar wenn der wahre Täter gefasst wurde … wie sollte sein weiteres Leben aussehen ohne Bettina? Sie war zu einem derart selbstverständlichen Teil von ihm geworden, dass er das Gefühl hatte, ohne sie nicht weitermachen zu *können*. Wenn nun auch noch Leonie …

Markus spürte deutlich, wie bereits der bloße Gedanke daran ausreichte, alle Energie aus ihm herausfließen zu lassen wie aus einem großen Leck, das der Mörder in seine Seele gerissen hatte. Zu groß, als dass es zu reparieren wäre.

»Alles in Ordnung?«

Markus fuhr aus seinen Gedanken hoch und blickte in das Gesicht einer jungen Frau.

»Was?«

»Geht es Ihnen gut?«

Die Frau war in eine dicke Steppjacke gehüllt und hatte ein kleines, etwa zwei Jahre altes Mädchen an der Hand. Die Kleine steckte in einem rosafarbenen Schneeanzug, was sie aussehen ließ wie eine Miniaturausgabe des Michelin-Männchens. Sie betrachtete ihn interessiert und ohne jede Scheu.

»Ähm … ja, doch.« Markus richtete sich auf und versuchte zu lächeln. »Mir war nur gerade ein wenig schwindlig. Zu wenig gegessen, schätze ich.«

»Sicher?«

»Ja, alles okay. Aber danke, dass Sie nachgefragt haben.«

Sie zuckte mit den Schultern. »Okay. Schönen Tag noch.« An ihre kleine Tochter gewandt, sagte sie: »Na komm, Maus«, dann ging sie in die Richtung weiter, aus der Markus gekommen war.

Froh, dass die Frau ihn aus seinen dunklen Gedanken gerissen hatte, machte auch er sich wieder auf den Weg.

Falls Rövenich in der Zwischenzeit nicht umgezogen war, wohnte er noch in Wöllstadt. Mit der S-Bahn würde Markus vielleicht zwanzig Minuten brauchen. Der Hauptbahnhof lag auf der anderen Seite der Nidda, nur etwa zehn Minuten zu Fuß von seinem Standort entfernt. Aber würde die Polizei nicht längst den Bahnhof und die anderen Haltestellen kontrollieren? *Mit ziemlicher Sicherheit*, sagte er sich. Das war also keine Option.

Überhaupt war alles, was er vorhatte, so vollkommen logisch, dass Mantzke und Bauer jeden seiner Schritte vorausahnen konnten.

Andererseits … stimmte das wirklich? Dachte er nicht

gerade in die falsche Richtung? Wenn die Ermittler tatsächlich davon ausgingen, dass er selbst seine Frau umgebracht und seine Tochter entführt hatte, würde er aus ihrer Sicht keinen Grund haben, Rövenich einen Besuch abzustatten. Stattdessen müsste es doch seine erste Prämisse sein, sich entweder um seine Tochter zu kümmern, die er irgendwo eingesperrt hatte, oder – falls er sie nach Meinung der Polizisten auch schon umgebracht hatte – schnellstmöglich irgendwo unterzutauchen.

So oder so wurden alle öffentlichen Verkehrsmittel kontrolliert, da war Markus sicher. Aber was Rövenich betraf …

Bis Wöllstadt waren es etwa vierzehn, fünfzehn Kilometer. Auf der anderen Nidda-Seite lag die Friedberger Straße, die in Richtung Wöllstadt aus Bad Vilbel hinausführte. Dort gab es eine Tankstelle, an der er vielleicht jemanden fand, der in diese Richtung unterwegs war und ihn mitnahm. Im Notfall würde er ihm einen Geldschein zustecken.

Erkennen würde man ihn sicher nicht. Die Polizei würde nicht schon nach so kurzer Zeit Fahndungsfotos von ihm herausgegeben haben. Hoffte er.

Er erreichte die Brücke, überquerte das Flüsschen und war gerade auf der anderen Seite angekommen, als das Smartphone in seiner Tasche läutete. Er zog es heraus und nahm das Gespräch an.

»Du solltest zusehen, dass du dir ein vernünftiges Versteck suchst.«

Markus blickte sich hastig um. Der Kerl musste sich in seiner Nähe befinden und ihn beobachten.

»Warum kommen Sie nicht aus Ihrem Versteck? Ich glaube, dass Sie ein ziemlicher Feigling sind.«

»Ach ja?«

»Ja. Sie vergreifen sich an Frauen und fünfzehnjährigen Mädchen, aber vor einem ganz normalen Mann wie mir verstecken Sie sich, weil Sie Angst vor mir haben.«

Das kurze, bellende Lachen klang aufgesetzt. »Angst. Vor dir. Ich habe ganz gewiss keine Angst vor dir. Ich verachte dich und das heuchlerische Getue mit deinem verfluchten Sharing. Umweltschutz, Ressourcen sparen … alles nur leeres Geschwätz. Im Wahrheit ging es dir und deiner Frau schon immer nur darum, Geld zu scheffeln, und zwar ohne Rücksicht auf Verluste. Welche Tragödien du mit deinem Geschäftsmodell verursachst, interessiert dich dabei nicht. Und die meisten anderen auch nicht. Aber das ändern wir ja gerade. Ich lasse dich so leiden, wie du Leid über andere gebracht hast. Verkriech dich irgendwo bis heute Abend, und sorge dafür, dass sie dich nicht erwischen. Ich melde mich und sage dir, was du zu tun hast.«

»Stopp!«, rief Markus, der befürchtete, das Gespräch würde wieder abrupt abbrechen. »Ich will einen Beweis, dass Leonie lebt.«

»Du hast keine Forderungen zu stellen.«

»Ohne den Beweis, dass meine Tochter noch lebt, mache ich gar nichts mehr.«

»Dann freu dich auf eine neue Show heute Nacht. Du hörst von mir.«

»Nein, halt, ich …«

Es war zu spät. Das Gespräch war beendet.

Markus ließ das Smartphone sinken und starrte auf das Display. Was hatte er getan? War er denn vollkommen von Sinnen? Mit zitternden Händen öffnete er die Anrufliste, doch die Nummer war unterdrückt, so dass er keine Möglichkeit hatte, zurückzurufen. Er fuhr sich mehrmals durch die Haare, sah sich um und war schon versucht, so laut er konnte zu rufen, dass er alles tun werde. Aber zu beiden Seiten der Friedberger Straße waren Passanten unterwegs, und er konnte es sich nicht leisten, auf irgendeine Weise aufzufallen.

Hinter ihm gab es einen Thai-Imbiss mit zwei kleinen, runden Tischen und billigen Plastikstühlen. Der Laden war geschlossen. Auf wackligen Beinen ging er zu einem der Stühle, ließ sich auf die kalte Sitzfläche fallen und stützte, den Kopf gesenkt, die Unterarme auf den Schenkeln ab.

Er fühlte sich nicht in der Lage, auch nur einen Schritt weiterzugehen.

Was, zum Teufel, war nur mit ihm los? Dieses Monster hatte ihm doch in aller Deutlichkeit gezeigt, wozu es fähig war. Wie hatte der Täter ihn nur derart provozieren können? Seine Tochter war das Wichtigste in seinem Leben. Vielleicht auch das Einzige, was ihm geblieben war. Wenn der Kerl Leonie tatsächlich das Gleiche antat wie zuvor Bettina, dann hatte er, Leonies eigener Vater, das zu verantworten, weil er den Helden spielen wollte. Und er hatte keine Möglichkeit, den Kerl zu erreichen.

Markus hob den Kopf. Rövenich! Seine einzige Chance bestand jetzt noch darin, dass wirklich Rövenich hinter alldem steckte. Er musste zu ihm und ihn zur Rede stellen.

Auch wenn der Mann alles abstritt, würde Markus ihm sagen, dass er es gerade am Telefon nicht so gemeint hatte.

Doch als er sich erheben wollte, kam ihm noch ein anderer Gedanke. Sarah! Das Klingeln an ihrer Wohnungstür. Das konnten nur Mantzke und Bauer gewesen sein. Vielleicht wusste Sarah mittlerweile mehr?

Er hob das Smartphone, entsperrte es und … stockte. Er hatte Sarahs Nummer im Adressbuch seines Handys gespeichert, das jetzt auf dem Grund dieses Bachs lag.

»Scheiße«, entfuhr es ihm.

Er stand auf, ging ein paar Schritte zur Straße und blickte zu der Brücke.

Sarah war die einzige Person, zu der er noch Kontakt hatte. Konnte er es wagen, zu ihrer Wohnung zurückzulaufen? Er musste davon ausgehen, dass das Haus von Polizisten beobachtet wurde. Ebenfalls der Weg dorthin. Sie suchten mit Sicherheit in der ganzen Gegend nach ihm.

Außerdem musste er schnellstmöglich zu Rövenich. Je eher er ihn zur Rede stellte …

Ein Mann mit einem schon etwas in die Jahre gekommenen schwarzen Motorrad bog von der Straße ab und hielt neben dem Thai-Imbiss. Markus beobachtete ihn dabei, wie er abstieg, den Helm abnahm und einen der beiden seitlich angebrachten verbeulten Alukoffer öffnete. Er war von kräftiger Statur, hatte längere braune Haare und einen Dreitagebart.

Während er dem Mann dabei zusah, wie er den Helm in die Box steckte, kam Markus ein Gedanke. Vielleicht war es verrückt, aber er musste es zumindest versuchen.

Er kramte in der Tasche seiner Jeans, nahm das Bündel Geldscheine, das er von Sarah bekommen hatte, und zog einen Fünfzig-Euro-Schein heraus. Den Rest steckte er wieder ein und ging dann zu dem Mann. »Entschuldigung, ich habe eine Frage.«

16

Der junge Mann – Markus schätzte ihn auf Anfang bis Mitte zwanzig – zuckte mit den Schultern und lächelte ihn überrascht an. »Okay. Was gibt's?«

»Ich muss dringend in die Bergstraße, um etwas abzugeben. Würden Sie mich für fünfzig Euro mit Ihrem Motorrad dorthin fahren und wieder hierher zurückbringen?«

Zum Beweis, dass er es ernst meinte, hielt er dem Mann den Schein entgegen. Der betrachtete das Geld, als wäre es ein seltenes Tier, und lächelte erneut. »Fünfzig Mäuse. In die Bergstraße. Echt jetzt? Das sind zu Fuß keine zehn Minuten von hier.«

»Wie gesagt, ich muss schnellstmöglich dorthin. Sie würden mir wirklich einen riesigen Gefallen tun.«

Der junge Mann schien einen Moment nachzudenken, schließlich nickte er. »Okay. Du hast Glück, ich hab immer einen zweiten Helm im Koffer. Und einen Fuffi kann ich auch immer brauchen.«

Nachdem er seinen Helm wieder hervorgeholt und dann Markus aus dem zweiten Koffer einen ramponiert aussehenden schwarzen Integralhelm mit einem Riss im Visier gereicht hatte, deutete er auf dessen Jeans. »Du wirst dir den Arsch abfrieren, Alter. Ist saukalt.«

Markus winkte ab und reichte ihm den Geldschein. »Hier. Das mit der Kälte wird schon gehen.«

Schulterzuckend nahm der Mann den Schein und stopfte ihn in eine Tasche seiner Lederjacke. »Du hast echt Gottvertrauen, ey. Was, wenn ich jetzt aufsteige und mich mit der Knete aus dem Staub mache?«

»Ich glaube nicht, dass du das tun wirst.«

Zwei, drei Atemzüge lang sahen sie sich in die Augen, dann nickte der Motorradfahrer grinsend und streckte Markus die Hand entgegen. »Juss!«

»Wie?«

»Juss! Mein Name. Zumindest nennen mich alle so.«

»Gerd«, sagte Markus spontan und schlug ein. Er kam sich dabei albern vor, aber er musste auf der Hut sein.

Juss nickte. »Kannst ja auch nichts dafür.«

Markus grinste matt. »Hast du zufälligerweise einen Zettel und einen Stift dabei?«

Wieder ein sekundenlanger Blick. »Einen Stift ja, aber keinen Zettel. Wozu brauchst du 'nen Zettel?«

Ohne eine Antwort zu geben, legte Markus den Helm auf dem Alukoffer ab, wandte sich um und entdeckte kurz darauf, wonach er suchte.

Der weiße Plastikmülleimer des Thai-Imbisses hing seitlich an einem Unterstand für Mülltonnen, und gleich obenauf lag eine Papierserviette, die lediglich am Rand ein wenig verschmutzt war.

Als er damit zu Juss zurückkam, gab der ihm einen Kugelschreiber und musterte skeptisch die Serviette. Markus ignorierte den Blick und nahm den Stift. Er zog das Smartphone hervor, ließ sich dessen Rufnummer anzeigen und notierte sie auf der Serviette, die er auf dem Deckel des freien Alukoffers ablegte. Darunter schrieb er: *Ruf mich bitte an!*

»Sag mal, Alter …« Juss zog die Stirn kraus und grinste hämisch. »Hast du Stunk mit deiner Frau? Hat sie dich rausgeworfen?«

»So was in der Art«, entgegnete Markus, gab ihm den Stift zurück und griff nach dem Helm. »Fahren wir.«

Juss hatte recht gehabt, es war saukalt.

Markus versuchte, sich auf der Maschine hinter dem breiten Rücken des Fahrers so klein wie möglich zu machen, doch schon nach zwei Minuten fühlten sich seine Schienbeine an, als wären sie mit einer Eisschicht überzogen. Zum Glück dauerte die Fahrt keine fünf Minuten. Markus wusste nicht, wie vielen Streifenwagen sie auf dem kurzen Weg begegneten, aber sie bestätigten seine Befürchtungen, dass es unmöglich sein würde, unentdeckt bis zu Sarah zu gelangen.

Als sie in die Bergstraße einbogen, überprüfte Markus, dass keine Polizei in unmittelbarer Nähe war, dann tippte er Juss auf die Schulter und rief: »Halt mal an.« Er wartete, bis sie standen, und stieg ab. »Kannst *du* den Zettel abgeben?«

»Was?«, kam es dumpf unter dem Tuch hervor, das Juss vor dem Mund trug. »Warum denn das? Hast du etwa Schiss vor deiner Alten?«

»Nein, es ist was anderes. Tust du's?«

Juss schüttelte lachend den Kopf. »Du bist echt der Knaller. Aber von mir aus. Wo muss ich hin?«

»Ein Stück weiter, auf der rechten Seite. Die Hausnummer weiß ich nicht, aber es ist ein hellgraues Mehrfamilienhaus. Die Erdgeschosswohnung. Klingel bei *Lemke*, ihr Vorname ist Sarah. Sag ihr, Markus schickt dich.«

»Markus? Wie jetzt …«

Markus hielt ihm die zusammengefaltete Serviette hin. »Bitte, tu es einfach. Ich leg dir gern noch einen Fünfziger drauf. Es ist wirklich wichtig.«

Langsam zog Juss einen Handschuh aus, nahm die Serviette an sich und ließ sie in der Jacke verschwinden.

Markus atmete auf. »Danke! Wenn jemand außer Sarah dich ansprechen sollte, pass auf, dass er die Serviette nicht sieht.«

»Ey, mal langsam. Wenn jemand mich anspricht, soll ich den Zettel mit deiner Telefonnummer nicht herausgeben?«

»Genau, und sag nichts von mir.«

»Warte … jetzt schnall ich das. Du bist gar nicht der Mann von dieser Sarah, stimmt's? Du bist ihr Stecher. Und dieser jemand könnte ihr Mann sein, hab ich recht?«

»Es ist doch egal, wer ich …«

»Wie geil ist das denn? Und? Weiß ihr Alter was von dir?«

Markus überlegte, was er Juss sagen konnte. Was er ihm sagen *musste*. Wenn Polizisten das Haus beobachteten und ihn ansprachen …

»Kurz und knapp: Meine Frau ist tot, und meine Tochter ist entführt worden. Der Täter will auch meine Tochter töten, wenn ich nicht tue, was er sagt. Die Polizei hält mich für den Mörder. Ich konnte abhauen und muss jetzt versuchen, den Entführer zu finden und meine Tochter zu befreien. Sarah ist die Einzige, der ich vertraue, aber ich habe ihre Nummer nicht im Kopf. Hilf mir bitte!«

Als er seine Situation so sachlich schilderte, kam sie ihm dermaßen bizarr vor, dass er fast nicht glauben konnte, dass sie Realität war.

Juss sah ihn wortlos an, während Markus das Herz bis zum Hals schlug. Er ging ein großes Risiko ein, aber er hatte keine andere Wahl.

»Und? Was sagst du?«, fragte er, nachdem eine endlos scheinende Zeit vergangen war.

»Du verarschst mich doch.«

»Leider nein«, antwortete Markus, und fügte leise hinzu: »Nichts würde ich mir sehnlicher wünschen, aber leider ist es wahr.«

»Wow! Puh ...« Juss schüttelte den Kopf. »Deswegen schwirren hier also überall Bullen rum, stimmt's? Du bist ja echt der durchgeknallteste Typ, den ich in letzter Zeit getroffen hab. Entweder hast du 'nen Vollschuss und erzählst totale Scheiße, oder ich sollte besser zusehen, dass ich von dir wegkomme. Vollkommen irre.« Er schüttelte immer noch den Kopf, bevor er Markus wieder ansah. »Ohne Scheiß – sind echt die ganzen Bullen hinter *dir* her? Wegen Mord?«

»Ja.«

»Wow! Aber ... du hast nicht wirklich deine Frau gekillt oder so? Und auch niemand anderen? Ich bin bestimmt kein Bullenfreund, aber ein Mord ... das wär mir echt zu heavy.«

»Nein, habe ich nicht. Ich kann es dir nicht beweisen, du musst mir einfach glauben.«

Juss blickte nach vorn, die Straße entlang. »Okay. Ich mach das«, erklärte er ernst. »Für den Fall, dass du wirklich unschuldig bist.«

»Danke!«

»Schon gut. Und wenn du doch schuldig bist, scheiße ich mir später in die Hose.«

Mit einem schiefen Grinsen klappte Juss das Visier herunter und fuhr los.

Markus überquerte die Straße, um ihn von der anderen Seite besser beobachten zu können, da die Straße leicht nach rechts abbog. Auf dem gegenüberliegenden Gehweg blieb er vor dem Zaun eines Vorgartens stehen und sah, wie etwa zweihundert Meter weiter das Bremslicht des Motorrads aufleuchtete und Juss die Maschine am Straßenrand zum Stehen brachte. Gleich darauf stieg er ab und ging auf die Haustür zu. Den Helm behielt er an. Sogar das getönte Visier blieb heruntergeklappt.

Wenn irgendwo Polizisten auf der Lauer lagen und sie Juss überraschten und ihm die Serviette mit der Telefonnummer abnahmen, konnten sie auch das fremde Handy verfolgen. Das würde bedeuten, Markus musste auch dieses Gerät schnell loswerden, wenn er nicht erwischt werden wollte. Wenn sich der Entführer bis dahin noch nicht gemeldet hatte und ihn danach nicht mehr erreichen konnte ... Markus wischte die Gedanken beiseite. Darüber konnte er nachdenken, wenn es so weit kommen sollte. Zudem würde Sarah ihn – hoffentlich – bald anrufen. Wenn die Beamten diesen Anruf verfolgten, hatten sie die Nummer auch.

Juss verschwand aus Markus' Blickfeld, da ein Busch

des Nachbargrundstücks die Sicht auf die Haustür verdeckte.

Markus trat von einem Bein auf das andere und rieb sich die Hände. Würde Sarah dem Fremden überhaupt die Tür öffnen? Würde sie ihm glauben, dass er, Markus, ihn geschickt hatte? Aber warum sollte sie daran zweifeln? Sie kannte seine Lage und …

»Entschuldigung?«

Markus fuhr so heftig herum, dass ein etwa siebzigjähriger Mann erschrocken zurückwich.

»Tut mir leid«, erklärte der Mann, als er sich vom ersten Schreck erholt hatte, doch Markus beachtete ihn kaum, denn sein Blick war an ihm vorbei auf zwei Männer gerichtet, die noch etwa siebzig Meter entfernt waren und zu ihnen herübersahen, während sie zielstrebig auf sie zukamen. Der Ältere von ihnen war klein und untersetzt und mochte um die fünfzig sein, der andere war etwas jünger und schlanker.

Was Markus' Puls aber in die Höhe trieb, waren die Polizeiuniformen, die beide trugen.

17

Sie kneift geblendet die Augen zusammen, als das Blitzlicht des Smartphones erst zweimal hintereinander kurz aufzuckt und dann etwas länger leuchtet.

»Was tun Sie da?«, möchte sie der Gestalt im Overall entgegenrufen, doch der Knebel in ihrem Mund macht daraus ein »M-mmm-mmm-mmmmm«. Zudem liegt es ja auf der Hand, was gerade geschieht. Der Kerl macht Fotos von ihr mit hochgezogenem Shirt. Er knipst sie im BH.

»Bitte nicht«, jammert sie. »M-mm-mmmm.«

Als ob das ihren Entführer beeindrucken würde, selbst wenn er sie verstehen könnte.

Sie öffnet die Augen wieder, sieht den Mann an, der reglos vor ihr steht und sie durch den schmalen Schlitz in der Haube anstarrt. Dieses Anstarren ist für sie fast noch schlimmer als alles andere. Diese Ahnungslosigkeit, warum sie entführt worden ist und was sie erwartet. Und wieder hat sie das Gefühl, das etwas an dem Entführer anders ist als zu Hause, als er sie aus ihrem Zimmer herausholte.

Plötzlich kommt Bewegung in den Mann. Mit zwei Schritten tritt er näher, zieht Leonies Shirt wieder herunter und hat plötzlich ein Messer in der Hand. Als er es Leonie so dicht vor das Gesicht hält, dass die Spitze ihre Wange berührt, beginnt sie, gegen den Knebel zu wimmern.

Das Messer verschwindet aus Leonies Blickfeld, kurz darauf spürt sie ein heftiges Ruckeln an ihren Handgelenken. Es dauert ein paar Sekunden, dann sind ihre Hände frei. Hoffnung keimt in ihr auf. War es das? Ging es nur um dieses Foto und …

Noch ehe sie den Gedanken zu Ende bringen kann, wird ihr die Messerspitze schmerzhaft gegen den Hals gedrückt. Wieder nur wenige Sekunden, aber ausreichend lange, um ihr klarzumachen, dass sie sich nicht rühren darf.

Als Nächstes werden ihre Beine befreit, die ebenfalls mit mehreren Lagen Klebeband am Stuhl festgezurrt waren. Alles geschieht in einer geradezu geisterhaften Stille, die nur durch das ratschende Geräusch des durchschnittenen Klebebands unterbrochen wird.

Dann ist sie frei.

Der Mann macht einen Schritt zurück und starrt sie an. Noch immer spürt Leonie den Stich der Messerspitze an ihrem Hals.

Er deutet mit dem Kopf an, dass sie aufstehen soll. Als sie sich hochstemmt, knicken ihre Beine sofort wieder ein, und sie sinkt zurück auf den Stuhl. Erst beim zweiten Versuch kann sie stehen. Der Entführer beobachtet sie noch einen Moment, dann setzt er sich in Bewegung. Er geht um sie herum, packt ihre Handgelenke und zieht sie nach hinten. Sie hört ein ratschendes Geräusch, dann werden ihre Hände hinter ihrem Rücken wieder zusammengebunden.

Als das geschehen ist, packt der Kerl sie am Arm, stößt sie ein Stück weit nach vorn und deutet mit dem Kopf zur Tür, während er gleichzeitig das Messer hochhebt und ihr wortlos droht.

Sie versteht. Den Blick noch immer angstvoll auf ihren Ent-

134

führer gerichtet, setzt sie sich in Bewegung. Dicht hinter sich hört sie seine Schritte.

Sie verlassen den Raum und gelangen in ein heruntergekommenes Treppenhaus, in dem es so düster ist, dass sie die Stufen, die links von ihr nach oben und auf der rechten Seite nach unten führen, kaum sehen kann. Lediglich ein verdrecktes Fenster an der rechten Wand lässt ein wenig Licht durch die Schmutzschicht dringen.

Sie schaut sich nach dem Mann um, der noch immer hinter ihr steht und mit dem Messer nach unten deutet. Die Konturen seiner Gestalt bilden in dem Dämmerlicht kaum mehr als eine dunkle, zweidimensionale Fläche – wie ein böser Dämon aus einer anderen Welt.

Sie wendet sich ab, betrachtet die Treppe. Ihr Gefühl sagt ihr, dass sie sich wohl in der ersten oder zweiten Etage befinden müssen, ohne dass sie diese Annahme begründen könnte.

Geht es jetzt tatsächlich in die Freiheit? Mit der verhaltenen Hoffnung, dass dieser Albtraum bald vorbei sein wird, setzt sie den Fuß auf die Treppe nach unten.

Zweiundzwanzig Stufen später fällt ihr Blick auf eine doppelflügelige Tür, die schief in den Angeln hängt, aber dennoch verschlossen ist. Kleine Glaselemente im oberen Bereich lassen ebenso wenig Licht durch wie das Fenster weiter oben im Treppenhaus. Sie ist sicher, dass das die Tür nach draußen ist.

Die Frage beantwortet sich im nächsten Moment, als eine Hand sie grob am Oberarm packt und an der Tür vorbei zur nächsten Treppe schiebt. Weiter nach unten. In den Keller.

Am Treppenabsatz bleibt sie stehen, ihr Körper versteift sich und wehrt sich instinktiv gegen den Griff.

Ihr Blick ist starr nach unten gerichtet.

Die ersten acht bis zehn Stufen kann sie noch erkennen, der Rest verliert sich in absoluter Dunkelheit.

Als die Messerspitze sich schmerzhaft von hinten ein kleines Stück weit in ihren Nacken bohrt, macht sie den ersten Schritt nach unten. Sie zittert am ganzen Körper, so sehr, dass ihre Zähne aufeinanderschlagen.

Nie in ihrem Leben hat sie größere Angst gehabt.

18

»Ich wollte Sie nicht erschrecken«, sagte der alte Mann. »Können Sie mir vielleicht helfen, ich suche die Familie …«

»Nein«, stieß Markus hastig aus, wandte sich abrupt ab und rannte los.

»Bleiben Sie stehen«, rief hinter ihm jemand, doch Markus scherte sich nicht darum. Er war es vom Marathonlauf gewohnt, seine Kraft einzuteilen, damit sie für die ganze Strecke von über vierzig Kilometer ausreichte. In diesem Moment aktivierte er alle Energie, die in seinen Muskeln steckte, um so schnell wie möglich rennen zu können.

Schon bald näherte er sich dem Haus mit Sarahs Wohnung.

»Stehen bleiben!«

Markus hörte erneut die Stimme, konnte aber nicht einschätzen, ob er bereits mehr Abstand zwischen sich und die Polizisten gebracht hatte oder ob ihm zumindest der jüngere womöglich näher gekommen war.

Ihm schoss der Gedanke durch den Kopf, dass sie hoffentlich nicht auf ihn schießen würden, als Juss hinter dem Busch auftauchte und irritiert erst zu ihm und dann zu seinen Verfolgern hinübersah.

Markus war nun fast auf gleicher Höhe mit Juss und widerstand dem Verlangen, zu ihm zu laufen und zu versuchen, mit ihm auf dem Motorrad zu fliehen. Das hätte viel zu lange gedauert, und die Polizisten hätten sie erreicht, noch bevor beide auf dem Motorrad saßen. Zudem stand Juss wie gelähmt neben der Maschine und starrte ihn über die Straße hinweg an.

Im nächsten Moment war Markus an ihm vorbeigerannt und konzentrierte sich darauf, einen Weg zu finden, seine Verfolger abzuhängen.

Panisch irrte sein Blick umher, suchte einen schmalen Pfad zwischen den Häusern, einen Weg an einem Grundstück vorbei, irgendetwas, das verwinkelt genug war, ihm einen Vorteil zu verschaffen, doch es schien aussichtslos. Obwohl er ein geübter Läufer war und gute Chancen hatte, auf Dauer schneller zu sein als die Beamten hinter ihm, würden sie über kurz oder lang von anderen Polizisten unterstützt werden. Dann war seine Flucht vorbei.

Genau das geschah keine zehn Sekunden später.

Die nächste Kreuzung war vielleicht noch hundertfünfzig Meter entfernt, als zwei weitere Polizisten um die Ecke bogen und einen Moment stehen blieben, um die Situation zu erfassen. Dann liefen sie ebenfalls los, direkt auf ihn zu.

Aus!, schoss es Markus durch den Kopf. *Vorbei.*

Er konnte nicht mehr entkommen. Seine Flucht war beendet. »Geben Sie auf!«, rief hinter ihm keuchend einer der Polizisten. Markus bremste kurz ab, sah sich um. Er hatte den Abstand zu seinen Verfolgern vergrößert, aber das würde jetzt nichts mehr nützen. Dennoch spurtete er wieder los und wich den auf ihn zustürmenden Männern aus, indem er auf die Straße lief. Die Polizisten waren höchstens noch sechzig, siebzig Meter entfernt und kamen schnell näher, als ein lautes Geräusch und das gleichzeitige Auftauchen eines großen Schattens direkt neben ihm ihn dermaßen erschreckte, dass er fast gestolpert wäre.

»Los, spring auf!«, rief Juss ihm zu, der seine Maschine unmittelbar neben Markus mit einer Vollbremsung zum Stehen gebracht hatte. Markus reagierte mit dem Instinkt der Verzweiflung, schwang ein Bein über den Soziussitz und die Alukoffer und konnte sich gerade noch an Juss' Jacke festkrallen, als das Motorrad schon mit einem gewaltigen Satz nach vorn schoss und im nächsten Moment so dicht an einem der beiden Polizisten vorbeischrammte, dass dessen ausgestreckte Hand schmerzhaft gegen Markus' Schulter schlug.

Juss ließ die Maschine aufheulen, bevor er sie im nächsten Moment derart brutal in eine enge Kurve drückte, dass Markus fast heruntergefallen wäre.

Nach zwei Minuten, in denen sie in halsbrecherischem Tempo durch die Straßen gefegt waren und sich Markus krampfhaft an Juss' Hüfte festgeklammert hatte, verringerte der endlich die Geschwindigkeit.

»Das war scheiße knapp«, sagte er und schüttelte den Kopf, als könnte er nicht glauben, was er gerade getan hatte.

»Kann man sagen«, bestätigte Markus und atmete auf.

Sie waren mittlerweile am anderen Ende von Bad Vilbel angekommen und fuhren weiter in Richtung Karben, das, wie Markus trotz des Chaos, das in seinem Kopf herrschte, wusste, in Richtung Wöllstadt lag. Wo Hans-Peter Rövenich wohnte.

»Wo fährst du jetzt hin?«, fragte Markus.

»Wirst du gleich sehen. Die Maschine muss von der Straße.«

Kurz darauf erreichten sie Karben, wo Juss in die erste schmale Seitenstraße einbog und die Maschine nach wenigen Metern vor einem alten und unbewohnt aussehenden Bungalow aus den Siebzigern zum Stehen brachte. Nachdem er den Motor ausgeschaltet hatte, deutete er auf das Gebäude. »Das ist unser Proberaum. Steig ab, ich bringe das Motorrad hinters Haus.«

Markus stieg ab und fragte nicht, *was* in dem Haus geprobt wurde. Der Schreck über die Verfolgungsjagd saß ihm noch zu sehr in den Gliedern. »Die haben jetzt sicher dein Kennzeichen und finden schnell heraus, wer du bist.«

»Das glaube ich kaum«, erwiderte Juss und deutete auf das Heck der Maschine. »Schau es dir an.«

Markus machte zwei Schritte und verstand. Das Nummernschild war quer in der Mitte geknickt, die untere Hälfte war so weit nach oben gebogen, dass er sogar aus der Nähe die Buchstaben und Zahlen darauf erst erkennen konnte, als er einen Blick von schräg oben darauf warf.

»Bringen wir das Baby nach hinten.«

Nachdem sie das Motorrad auf der halbverfallenen Terrasse abgestellt hatten, kramte Juss einen Schlüsselbund aus der Hosentasche und schloss eine Metalltür auf, die in die angebaute Garage führte. Er schaltete das Licht ein, und Markus sah, welche Art von Proben Juss gemeint hatte.

Der ganze Raum war an den Wänden mit Eierkartons beklebt, und den Boden bedeckten mehrere verschlissene

140

Teppiche, auf denen Musikinstrumente aufgebaut waren. Dazwischen lag ein Wust an Kabeln herum.

Markus ließ seinen Blick über das Schlagzeug, die Gitarren – es mussten sieben oder acht sein – und die verschiedenen Verstärker wandern. »Hier proben wir mit unserer Band«, erklärte Juss, und fügte hinzu: »Indie-Rock.«

»Nicht schlecht«, sagte Markus, verlor aber im selben Moment das Interesse an den Instrumenten und sah Juss an.

»Wenn du nicht gewesen wärst, hätten die mich geschnappt. Danke.«

Juss machte eine wegwerfende Geste. »Schon gut, war doch 'ne geile Aktion.«

»Nein, du verstehst das nicht. Wenn die mich mitgenommen hätten, dann hätte dieses Schwein, das meine Tochter entführt hat, sie heute Nacht erst nackt auf einem Stuhl festgebunden und sie dann von mehreren Kerlen vergewaltigen lassen. Und das alles hätte er ins Internet übertragen.«

»Alter …«, stieß Juss aus, und auf seinem Gesicht zeigte sich der Ausdruck echten Entsetzens. »So ein krankes Arschloch.«

»Verstehst du jetzt?«

»Ja, schon okay. Bei dieser Sarah eben hat übrigens alles geklappt.«

»Okay, danke.«

»Die hat mich echt seltsam angeguckt, hat ziemlich verheult ausgesehen. Sie hat die Serviette genommen, und Bullen waren weit und breit keine zu sehen. Also – bis du sie dann angeschleppt hast.«

Markus schloss für einen Moment die Augen und konzentrierte sich auf das, was vor ihm lag. Er musste funktionieren, sonst hatte Leonie keine Chance.

»Sag mal, würdest du vielleicht noch eine kleine *Taxi-
fahrt* machen und dir den zweiten Fünfziger verdienen?«

»Wie jetzt?« Juss stieß ein humorloses Lachen aus. »Soll
ich vielleicht noch 'ne Serviette überbringen? Vergiss es,
ich bin bedient.«

»Nein, ich muss nach Wöllstadt, das ist doch nicht weit
von hier.«

Juss blickte an Markus vorbei und atmete tief durch, bevor er sich ihm wieder zuwandte. »Hör zu, ich find dich
echt okay, Alter, und ich glaub dir auch, dass du niemanden um die Ecke gebracht hast, aber … das war gerade
verdammt knapp, und ich hab da so'n paar Kleinigkeiten
gehabt. Gras und so. Wenn die Bullen mich jetzt bei irgendwas Illegalem erwischen, hab ich echt ein Problem.«

»Das verstehe ich. Aber das gerade eben …«

»Das war spontan. Da hab ich nicht lange überlegt und
konnte nicht anders, als dich da rauszuholen, aber jetzt …
Immerhin bist du ein gesuchter Mörder.«

»Ich bin kein Mörder, ich dachte, du glaubst mir.«

Juss stieß ein zischendes Geräusch aus. »Ich ja, aber sag
denen das mal. Ich hab ja eben gesehen, wie sie hinter dir
her sind.«

»Das habe ich doch versucht«, antwortete Markus leise.
»Das Problem ist, dass sie mir nicht glauben. Die haben
sich auf mich fixiert …«

Weiter kam er nicht, denn das Smartphone in seiner Tasche vibrierte und klingelte gleichzeitig.

Markus hob eine Hand. »Moment«, bat er Juss.

Auf dem Display wurde eine Nummer angezeigt, also konnte es nur Sarah sein, die ihn anrief.

»Hallo?«, fragte er trotzdem vorsichtig, während er ein paar Schritte zur Seite trat.

»Markus?«

»Sarah! Gott sei Dank.«

»Was ist das für eine Telefonnummer? Und wer war der Mann, der eben bei mir war, dieser Motorradfahrer?« Ihre Stimme klang dünn. Von der Verfolgungsjagd vor ihrer Haustür hatte sie offenbar nichts mitbekommen.

»Entschuldige bitte, aber ich musste mein Telefon entsorgen und wusste deine Nummer nicht. Da habe ich jemandem fünfzig Euro gegeben, damit er dir meine Telefonnummer bringt.«

»Wo hast du das neue Handy her?«

»Von dem Entführer. Damit er mit mir in Kontakt bleiben kann.«

»Der Mann, der Tina … Er telefoniert mit dir?«

»Ja. War die Polizei schon bei dir?«

»Ja, sie haben nach dir gefragt, ob du dich bei mir gemeldet hast. Ich habe gesagt, ich wüsste nicht, wo du bist. Was ja auch stimmt.«

»Und weiter?«

»Nicht viel. Sie sagten, wenn du dich bei mir meldest, müsse ich sie sofort anrufen, weil ich sonst Schwierigkeiten bekäme.«

»Okay. Ich muss jetzt versuchen, irgendwie nach Wöllstadt zu kommen. Zu diesem Rövenich. Ich melde mich später bei dir.«

»Ist gut. Lässt du dich von dem Mann mit dem Motorrad fahren?«

Markus sah zu Juss hinüber. »Das ist schwierig. Ich melde mich später. Und ... danke!«

Nachdem Markus das Telefon weggesteckt hatte, sah er Juss wieder an. »Und? Hilfst du mir?«

Juss machte einen Schritt auf ihn zu, legte Markus eine Hand auf die Schulter und sah ihn mit ernster Miene an. »Hey! Tut mir echt leid. Ich kann nicht. Ich wünsch dir viel Glück.« Damit wandte er sich ab und setzte sich auf einen kleinen Hocker, der neben einem alten Röhrenverstärker stand.

Markus überlegte kurz, ob er es noch mal versuchen sollte, entschied sich aber dagegen. Er konnte Juss ja verstehen. Warum sollte er sich für einen Fremden, der ihm irgendeine wilde Geschichte erzählte, in Schwierigkeiten bringen? Zumal er bereits Kopf und Kragen für ihn riskiert hatte.

»Nochmals danke für alles«, sagte Markus deshalb nur und verließ den Garagen-Proberaum.

Draußen orientierte er sich kurz und machte sich dann auf den Weg Richtung Wöllstadt. Er schätzte, dass er zu Fuß etwa eine Stunde brauchen würde, wenn er ein strammes Tempo vorlegte.

Mittlerweile war die Dämmerung hereingebrochen, bis er in Wöllstadt ankam, würde es vollkommen dunkel sein. Kurz drängte sich ihm die Frage auf, wo er übernachten würde, er schob den Gedanken aber beiseite. Erst musste er zu Rövenich, dann konnte er weitersehen.

Markus war etwa zehn Minuten unterwegs und lief ge-

rade auf eine Kreuzung zu, als jemand hupte. Juss kam
quer über die Straße auf ihn zugefahren, stoppte kurz vor
ihm und grinste ihn unter dem offenen Visier an.

»Nun steig schon auf.«

Markus war von Juss' plötzlichem Auftauchen so überrascht, dass ihm sogar ein Lächeln gelang. »Danke. Du bist
wirklich …«

»Ein Idiot, sonst würde ich mich jetzt im Proberaum
volllaufen lassen und ein paar abgefahrene Riffs rocken,
statt mir hier den Arsch abzufrieren, um einem Typen zu
helfen, den wahrscheinlich alle Frankfurter Bullen suchen.
Also? Wo genau soll es hingehen?«

»Ich weiß die Adresse nicht auswendig, aber ich kann dir
sagen, wie du fahren musst.«

»Dann mal los.«

Sie erreichten Wöllstadt nach zehn Minuten, in denen
Markus so sehr fror, dass er Juss zwischendurch fast aufgefordert hätte, anzuhalten.

Nachdem sie das Ortseingangsschild passiert hatten, di-
rigierte Markus Juss in die Straße, in der – so hoffte er –
Hans-Peter Rövenich noch immer wohnte. Vor dem schon
etwas in die Jahre gekommenen Einfamilienhaus ließ er
Juss anhalten.

Markus schaffte es kaum, die Beine zu bewegen, um von
der Maschine abzusteigen. Nachdem es ihm im dritten
Anlauf endlich gelungen war, rieb er sich mit den Händen
mehrmals schnell und fest über die Oberschenkel, während
er den Vorgarten des Hauses in Augenschein nahm.

Trotz der weit fortgeschrittenen Dämmerung erkannte
er, dass die Veränderung seit seinem letzten und einzigen

145

Besuch bei Rövenich ebenso offensichtlich wie erschütternd war.

Rövenich hatte ihn damals nicht einmal hereingebeten, aber an den Vorgarten erinnerte Markus sich noch.

Wo drei Jahre zuvor Blumenbeete angelegt waren und sorgsam gestutzte Hecken und Ziersträucher beidseitig eines gepflegten Weges aus hellen Steinplatten wuchsen, wucherte nun hüfthohes, verdorrtes Gestrüpp. Die Gehwegplatten waren so schmutzig, dass sie fast nicht mehr zu erkennen waren, neben dem überquellenden Briefkasten stapelten sich Bierkästen und Plastiktüten mit leeren Cola- und Limoflaschen vor der Hauswand. Die Fenster zu beiden Seiten der Tür waren von einer milchigen Schicht überzogen, hinter dem linken stand ein Topf mit einem einsamen, verdorrten Stängel darin.

»Sieht ja einladend aus«, bemerkte Juss hinter Markus. »Sicher, dass da noch jemand wohnt?«

Das war Markus nicht, aber er hoffte es.

Es dauerte eine Weile, bis er es mit seinen steifgefrorenen Fingern schaffte, den Verschluss des Helms zu lösen. Als es ihm endlich gelungen war, nahm er ihn ab, legte ihn auf den Alukoffer und bahnte sich einen Weg zwischen den wuchernden Sträuchern hindurch bis zur Haustür. Dort angekommen, atmete er tief ein und legte dann den Finger auf den Klingelknopf. Fast war er überrascht, als daraufhin ein schrilles Läuten im Haus zu hören war.

Es dauerte eine Weile, bis die Tür aufschwang.

Markus erschrak.

Hatte man Hans-Peter Rövenich auch bei Markus' letztem Besuch schon deutlich angesehen, wie sehr ihm der

Tod seiner Frau und seines Kindes zu schaffen machte, so war er nun nur noch ein Schatten seiner selbst.

Der Mann war etwa eins fünfundachtzig groß und extrem dünn, die unrasierten Wangen waren eingefallen. Markus schätzte, dass er keine siebzig Kilo mehr wog. Seine Haut wirkte grau, die bis über die Ohren reichenden Haare standen in wilden Strähnen vom Kopf ab. Das ausgeleierte dunkelrote Sweatshirt, das über seinen knochigen Schultern hing, war fleckig und zwei Nummern zu groß.

Wenn Markus es richtig in Erinnerung hatte, war Rövenich bei dem Unfall sechsunddreißig gewesen, das hieß, er war noch keine vierzig Jahre alt.

Er sah aus wie ein alter Mann.

»Kern«, stieß Rövenich verächtlich aus und schien nicht im Mindesten überrascht, Markus vor seinem Haus stehen zu sehen.

»Ich hab mich schon gefragt, wie lange es dauert, bis du hier auftauchst.«

19

Markus war von dem Empfang so überrascht, dass er nicht in der Lage war, auch nur ein Wort zu entgegnen.

»Was ist?«, blaffte Rövenich ihn an und blies Markus säuerlich riechenden Atem ins Gesicht. »Hat es dem wortgewandten Sharing-Unternehmer die Sprache verschlagen?«

»Was … soll das heißen, Sie haben sich gefragt, wann ich auftauche?«

Rövenich richtete sich auf und verschränkte die Arme vor der knochigen Brust. »Na, was wohl? Erst waren zwei Kripoleute hier, die gesagt haben, dass deine Frau gekillt worden ist.« Er stieß ein kurzes, bitteres Lachen aus. »Sie wollten wissen, wo ich gestern Nacht war. Dann kam eben die Durchsage im Radio, dass die Polizei nach dir sucht.«

Markus wurde es heiß. Sie fahndeten also schon über das Radio nach ihm.

»Wie du vielleicht bemerkt hast, hat sich mein Leben nicht gerade zum Besten verändert, seit ihr meine Frau und mein Kind umgebracht habt. Ich hab keinen Job mehr und lebe von der kleinen Lebensversicherung, die wir für meine Frau abgeschlossen hatten. Ich saufe zu viel, weil ich dieses beschissene Leben anders nicht ertrage, aber verblödet bin ich noch nicht. Klar, dass das eine mit dem anderen zusammenhängt. Und weißt du, was?« Sein Mund verzerrte sich zu einer gemeinen Fratze eines Lächelns und gab dabei den Blick auf gelblich-grau verfärbte Zähne frei. »Ich werde dich bei der Polizei verpfeifen, und wenn sie dich schnappen, werde ich lachen.«

»Ich verstehe nicht …« Markus hatte mit allen möglichen Reaktionen gerechnet, wenn er Rövenich gegenüberstehen würde, aber nicht damit. In seinem Kopf herrschte ein Chaos, das es ihm unmöglich machte, einen klaren Gedanken zu fassen.

»Ich weiß, Kern. Es ist eine Spezialität von dir, nicht zu verstehen, was du nicht wahrhaben willst.«

»Haben Sie …«, krächzte Markus und räusperte sich. »Haben Sie etwas mit dem Tod meiner Frau zu tun? Und haben Sie meine Tochter entführt?«

Auch diese Frage schien Rövenich nicht im Geringsten zu überraschen. Er machte einen Schritt auf Markus zu, und obwohl es den Anschein hatte, dass ein kleiner Schubs genügen würde, diesen Mann aus den Schuhen zu heben, wich Markus zurück.

»Wenn ich die Kraft dafür gehabt hätte, dann hätte ich mir damals eine Schrotflinte besorgt und dich und deine Sippschaft damit weggeblasen. Die hatte ich aber nicht. Und jetzt seid ihr es mir einfach nicht mehr wert, dafür in den Knast zu gehen. Aber weißt du, was? Ich glaube nicht, dass du das wirklich getan hast. Du linke Ratte hättest das niemals selbst erledigt. Du tickst anders. Es ist wie bei deinem scheiß Carsharing. Du gönnst dir alle Vorteile und sackst die Knete ein, aber die Verantwortung wälzt du auf andere ab. Nein, du hast wahrscheinlich jemanden engagiert, der die Drecksarbeit für dich macht. Ich weiß nicht, warum deine Frau dir im Weg war, und es ist mir auch egal. Aber ich finde es großartig, was gerade passiert. Ich hoffe, sie hetzen dich noch eine Weile durch die Gegend, bevor sie dich schnappen und für den Rest deines beschissenen Lebens in den Knast sperren. Und was deine Tochter betrifft … Wer immer sie gerade hat, vögelt sie hoffentlich richtig durch, bevor er ihr die Kehle durchschneidet.«

In diesem Moment geschah etwas in Markus. Ohne auch nur für den Bruchteil einer Sekunde darüber nachzudenken, warf er sich wutentbrannt nach vorn und schlug Rövenich die geballte Faust mitten ins Gesicht. Als der Mann nach hinten kippte, hörte Markus einen Schrei hinter sich, doch das kümmerte ihn nicht. Nie zuvor hatte er einen Menschen geschlagen, doch nun war es, als hätte sich ein roter Schleier über sein Bewusstsein gelegt, der verhinderte, dass sein Verstand wieder die Kontrolle über seinen Körper übernahm.

»Du verdammtes Schwein«, stieß er aus und wollte nachsetzen, wollte sich auf den am Boden liegenden Rövenich stürzen und auf ihn eindreschen, doch eine Hand packte ihn an der Schulter und riss ihn so heftig zurück, dass auch er beinahe zu Boden gegangen wäre.

»Was, zum Teufel, machst du denn da?«, herrschte Juss ihn an und schubste ihn ein Stück zur Seite, um einen Blick in den Hausflur werfen zu können. Dort rappelte Rövenich sich gerade wieder hoch. Obwohl seine untere Gesichtshälfte blutüberströmt war, setzte er, kaum dass er schwankend wieder auf den Beinen stand, ein Grinsen auf, das Markus an eine Teufelsfratze erinnerte.

»Ficken soll er sie«, stieß er so hasserfüllt aus, dass er den beiden Männern blutigen Speichel entgegenschleuderte. »Und jetzt rufe ich die Bullen.«

Bevor Markus reagieren konnte, fiel die Haustür krachend ins Schloss.

»Los, wir müssen hier verschwinden.« Die Stimme von Juss drang an Markus' Ohr, erreichte ihn aber nicht.

»Ey, Alter!« Ein Stoß in den Rücken, und Markus kam wieder zu sich. »Was ist? Ich hau jetzt ab. Wenn du hier auf die Bullen warten möchtest, okay. Aber ohne mich, klar? Also?«

Nach einem letzten Blick zur Tür wandte Markus sich schließlich ab, folgte Juss zu dessen Motorrad und setzte wie in Trance den Helm auf. Als sie kurz darauf an einer Kreuzung anhielten und Juss zu ihm nach hinten rief: »Und jetzt?«, konnte er sich schon nicht mehr daran erinnern, auf das Motorrad aufgestiegen zu sein.

»Erst mal ein Stück von hier fort«, entgegnete er. »Irgendwohin, wo es warm ist. Vielleicht eine Kneipe. Ich muss auftauen. Und nachdenken.«

»Okay, aber aus diesem Kaff hier sollten wir verschwinden.«

»Fahren wir zurück.«

Juss nickte, doch bevor er anfahren konnte, spürte Markus ein kurzes Vibrieren an seiner Seite, das von dem Smartphone in der Jackentasche stammen musste. »Warte«, rief er Juss zu und fingerte mit eisigen Händen das Handy heraus.

Es war kein Anruf, den er erhalten hatte, sondern eine WhatsApp-Nachricht von *Unbekannt*. Noch während er auf den Hinweis tippte, wunderte er sich, dass der Entführer sogar die Messenger-App auf dem Gerät installiert hatte. Als sich eine Sekunde später die Nachricht öffnete, versetzte sie ihm einen solchen Stich ins Herz, dass er das Atmen vergaß.

Die Nachricht bestand nur aus einem Foto. Seine Tochter war darauf zu sehen. Das Gesicht angstvoll verzerrt, die Augen zusammengekniffen und einen Knebel im Mund. Man hatte ihr die Arme nach hinten gebogen, die Unterschenkel mit einem silbernen Klebeband zusammengebunden und das Shirt bis unters Kinn hochgeschoben. Seiner fünfzehnjährigen Tochter.

Markus schrie auf vor Wut. Vor Hass auf denjenigen, der dafür verantwortlich war.

»Was ist?«, rief Juss, doch Markus kam nicht dazu, zu antworten, denn erneut vibrierte das Smartphone in seiner Hand. Ein Anruf, und die Nummer war unterdrückt.

Markus stieg vom Motorrad ab und schob das Telefon, so gut es ging, unter den Helm, musste aber feststellen, dass er so nicht telefonieren konnte. Also nahm er das Gespräch an und rief: »Moment!«

Diesmal schaffte er es schneller, den Helm abzunehmen.

»Was soll der Quatsch?«, sagte die bekannte Stimme, emotionslos wie immer. Unheimlich. Markus war sicher, dass auf diese Art die Klangfarbe der Stimme verwischt werden sollte.

»Ich hatte technische Probleme«, wich Markus aus und konnte die Wut in seiner Stimme selbst hören.

»Ich habe gesehen, dass du jetzt einen Chauffeur hast. Wo bist du gerade?«

Ein Gefühl von Genugtuung flackerte für einen kleinen Moment in Markus auf. Der Mistkerl hatte ihn offenbar verloren.

»Was sollte dieses Foto? Was haben Sie mit meiner Tochter gemacht?«

»Du warst sicher schon bei Rövenich, nicht wahr?« Der Anrufer ignorierte Markus' Frage. »Ich wusste, dass du es dort als Erstes versuchen würdest. Aber das ist die falsche Spur, ich bin nicht Rövenich, das hörst du doch schon an der Stimme. Und diesen Kerl mit dem Motorrad schickst du weg, verstanden?«

»Ich möchte jetzt ...«

»Halt dein verdammtes Maul!«, schrie der Mann plötzlich so laut in den Hörer, dass die Stimme sich überschlug. Der Kerl hatte also doch Emotionen.

»Ich sage es dir jetzt zum letzten Mal, Kern: Wenn du mich noch einmal unterbrichst, lege ich auf. Und dann startet die Leonie-Show. Ist das jetzt endlich klar?«

»Ja.«

»Gut. Ich melde mich später am Abend bei dir und sage dir, was du zu tun hast. Sieh zu, dass du den Anruf nicht verpasst. Ich rufe kein zweites Mal mehr an, verstanden?«

»Ja.«

»Du wolltest wissen, warum ich dir das Foto deiner Tochter geschickt habe. Ich wollte, dass du sie noch einmal so siehst. Ungeteilt und unbenutzt. Wer weiß, vielleicht ist es ja das letzte Mal. Und jetzt werde diesen Kerl los, verstanden?«

Markus hatte das Gefühl, jeden Moment an seinem Hass zu ersticken, doch die Angst um Leonie hielt ihn davon ab, dem Kerl zu sagen, was in diesem Augenblick sein brennendster Wunsch gewesen wäre. Er war so sehr mit diesem Gedanken beschäftigt, dass es eine ganze Weile dauerte, bis er bemerkte, dass das Gespräch beendet war.

»Und?«, fragte Juss, als Markus das Telefon sinken ließ.

»Das Schwein hat mir ein Foto meiner halbnackten Tochter geschickt.«

Juss streckte die Hand aus. »Zeig mal.«

»Ganz sicher nicht«, erwiderte Markus knurrend und ließ das Telefon in seiner Jackentasche verschwinden.

»Is ja schon gut. Also jetzt – wohin? Zurück in den Proberaum? Da kannst du heute Nacht pennen, wenn du willst. Ist wenigstens trocken, und Decken gibt's da auch.«

»Nein!«, entgegnete Markus, dem gerade eine Idee gekommen war, so naheliegend, dass er sich wunderte, nicht schon früher daran gedacht hatte. Andererseits waren die letzten Stunden so ereignisreich gewesen, dass er keine Gelegenheit gehabt hatte, sein weiteres Vorgehen zu planen.

»Ich muss nach Frankfurt. Weißt du, wo der Palmengarten ist?«

»Palmengarten Frankfurt? Klar, aber das sind locker dreißig Kilometer. Bis wir da ankommen, hast du dir den Arsch abgefroren in deinen dünnen Klamotten.«

»Das geht schon. Bringst du mich hin?«

»Was willst du denn da?«

»In der Nähe wohnen meine Schwiegereltern. In der Siesmayerstraße.«

»Kenn ich nicht. Ich kenn überhaupt kaum Straßennamen in Frankfurt.«

154

»Ist ja auch egal. Wenn du weißt, wie man zum Palmengarten kommt, reicht das.«

Markus zog das Geldbündel von Sarah aus der Tasche und hielt Juss alle Scheine hin. »Hier, für dich. Ein kleiner Dank für alles, was du für mich getan hast. Auch wenn man das mit Geld nicht bezahlen kann. Fährst du mich?«

Juss betrachtete die Geldscheine und schüttelte den Kopf. »Lass mal, Alter. Du brauchst die Kohle dringender als ich. Ich fahr dich dahin, auch ohne die Knete. Aber dann ist echt Schluss.«

Markus machte einen Schritt auf Juss zu. »Nimm es. Meine Schwiegereltern sind sehr vermögend. Sie werden mir geben, was ich brauche, bis diese Sache geklärt ist. Na los.«

Juss' Augen verengten sich kurz. »Alter … das glaub ich ja jetzt nicht. Bist du etwa so'n reicher Schnösel? Hätt ich echt nicht gedacht. Bist doch ganz okay.«

»Ich sagte, meine Schwiegereltern sind vermögend. Nicht ich. Also?«

Nach einem weiteren Blick auf die Scheine zuckte Juss schließlich mit den Schultern, nahm sie und steckte sie ein.

»Okay, wenn du genug von dem Zeug hast ….«

20

Im unteren Drittel der Treppe bleibt Leonie stehen, weil sie so gut wie nichts mehr sehen kann, doch sofort spürt sie wieder die Messerspitze im Nacken. Also setzt sie vorsichtig weiter einen Fuß nach dem anderen auf die Stufen, wird aber dennoch vom Ende der Treppe überrascht, so dass sie fast stürzt. Es riecht modrig. Sie hat den Geruch schon auf der Treppe bemerkt, aber hier unten ist er so intensiv, dass sie würgen muss.

Sie zuckt zusammen, als eine an der Decke hängende Neonröhre mit einem klackenden Geräusch aufflammt und den kurzen Gang, in dem sie sich befinden, in kaltes Licht taucht.

Der Gang ist etwa fünf Meter lang, die Wände sind überzogen mit Spinnweben und Flecken in allen denkbaren Schattierungen von grau bis braun. An manchen Stellen ist wie in dem Raum, aus dem sie kommt, der Putz abgeplatzt. Über ihren Köpfen verlaufen einige Rohre. Drei dicke blaue Kabel dazwischen wollen nicht recht dazu passen.

Der Gang endet an einer massiv aussehenden Stahltür, auf die sie im nächsten Moment zugeschoben wird. Ebenso wie die Kabel an der Decke scheint diese Tür noch recht neu zu sein, außerdem ist sie zu sauber für diese Umgebung. Mit einem Schlag auf die Schulter bedeutet ihr der Mann, dass sie stehen bleiben soll, dann schiebt er sich an ihr vorbei und öffnet mit einem Schlüssel die massive Tür.

Der Gang dahinter wird ebenfalls von Neonröhren beleuchtet und ähnelt dem ersten Teil, ist aber mindestens um das Dreifache länger und endet nicht vor einer Tür, sondern in einem Quergang. Auf dem Weg dorthin kommen sie an weiteren Türen und zwei Gängen vorbei, die zu beiden Seiten abzweigen.

Die Hand des Mannes legt sich wieder auf ihre Schulter und schiebt sie in die Abzweigung nach links, wo sie nach wenigen Metern in einen etwa zehn Meter langen, schmalen Raum gelangen, von dem zu beiden Seiten wiederum je zwei Gänge wegführen. Es ist das reinste Labyrinth, durch das sie minutenlang geschoben wird. Hier und da hat sie das Gefühl, an einer Stelle bereits gewesen zu sein, und als sie endlich vor einer Stahltür stehen bleiben, hat sie die Orientierung längst verloren.

Die Hand, die während der letzten Minuten auf ihrer Schulter gelegen hat, taucht neben ihr auf, um die Tür zu öffnen.

Fast ist sie erleichtert, dass dahinter kein weiterer Gang liegt, sondern ein beleuchteter Raum.

Der erneute Schlag gegen ihren Rücken ist so heftig, dass sie in den Raum stolpert, wo sie wie versteinert stehen bleibt, als sie sich wieder gefangen hat und sich umsieht.

Der Raum ist etwa fünfzehn Meter lang und zehn Meter breit und damit ungefähr halb so groß wie der, in dem sie zuvor im oberen Stockwerk gefangen war. Während jedoch oben Dreck und Unrat den Boden bedeckten, schlängelt sich hier eine Vielzahl von Kabeln am Boden entlang. Der Bereich, in dem sie gerade steht, macht gut zwei Drittel aus und wird dominiert von einem Mischpult, das auf einem Tisch vor drei großen Flachbildschirmen steht. Die Kabel auf dem Boden haben alle ihren Ursprung im rückwärtigen Teil des Pultes.

Die Trennung zum kleineren Bereich des Raumes links von

Leonie geschieht durch eine ganze Reihe Scheinwerfer, die auf Stativen in einem großen Halbkreis auf die Mitte des Raumes ausgerichtet sind. Dazwischen befinden sich zwei Kameras, die Objektive der gleichen Stelle zugewandt wie die Scheinwerfer. Alle weisen auf einen Stuhl.

Wie eine winzige, merkwürdige Bühne, denkt Leonie.

21

Während der Fahrt versuchte Markus, sich von der eisigen Kälte abzulenken, die durch seine Kleidung bis in seine Knochen drang. Er war gespannt, was sein Schwiegervater mittlerweile unternommen hatte. Sicher hatte er bereits mit Mantzke gesprochen, wahrscheinlich auch mit dem Staatsanwalt, und vielleicht war es ihm sogar gelungen, die Fahndung nach Markus einstellen zu lassen. Der Name Franz Miebach war in Frankfurt ein Begriff. Miebachs Unternehmen stellte komplizierte medizinische Geräte her, die in die ganze Welt exportiert wurden. Wenn die Polizei erfuhr, dass es Miebachs Schwiegersohn war, nach dem gefahndet wurde, würde man die Verdachtsmomente gegen ihn vielleicht noch einmal genauer überprüfen. Natürlich konnte auch sein Schwiegervater sich nicht gegen das Gesetz stellen oder Polizei und Staatsanwaltschaft dazu bringen, widerrechtlich zu handeln. Aber ein offen ausgesprochener Verdacht gegen jemanden aus Franz Miebachs Familie, der sich anschließend als falsch herausstellte, konnte für einen Frankfurter Politiker und auch für einen Staatsanwalt fatale Konsequenzen haben.

Als Juss plötzlich scharf abbremsen musste, schreckte Markus hoch. Er hatte den Kopf so weit vorgebeugt, dass der Helm gegen Juss' Rücken drückte, und ihm waren trotz der Kälte und der unbequemen Haltung tatsächlich die Augen zugefallen.

Ihm wurde bewusst, dass er in den letzten sechsunddreißig Stunden kaum geschlafen hatte. Er konnte sich nicht daran erinnern, sich jemals so ausgelaugt und kraftlos gefühlt zu haben wie in diesem Moment. Es fiel ihm sogar schwer, sich an Juss festzuhalten.

Er wandte den Kopf zur Seite und versuchte festzustellen, wo sie sich gerade befanden, doch die Autobahn, auf der sie fuhren, sah aus wie jede andere. Zumal in der Dunkelheit.

Seine Hände waren mittlerweile absolut taub, so dass er befürchtete, sich ernsthafte Erfrierungen zugezogen zu haben.

Aber was spielte das für eine Rolle? Was war überhaupt noch wichtig, außer dass er seine Tochter finden musste? Nichts.

Ihm wurde schmerzhaft bewusst, dass er noch keinen Schritt weitergekommen war. Ganz im Gegenteil, seine Lage verschlechterte sich von Stunde zu Stunde. Seine große Hoffnung, dass er bei Hans-Peter Rövenich etwas erfahren würde, das seinen Verdacht bestätigte, hatte sich nicht erfüllt. Mittlerweile war Markus auch nicht mehr so sicher, dass der Witwer tatsächlich etwas mit Bettinas Tod und Leonies Entführung zu tun hatte. Natürlich konnte es auch sein, dass der äußere Eindruck täuschte und Rövenich ein hinterhältiges Spiel mit ihm trieb. Aber vielleicht …

Markus wurde aus diesen Gedanken gerissen, als Juss abbremste und die Maschine in eine Rechtskurve drückte. Sie verließen die Autobahn.

Zehn Minuten später hatten sie ihr Ziel erreicht.

Juss hielt direkt vor dem Eingang des Palmengartens, einem langgezogenen Ziegelsteinbau mit gewölbtem Glasdach.

»Leck mich am Arsch, ist das kalt«, sagte er und klatschte in die in Lederhandschuhen steckenden Hände.

Markus brachte nur ein »Stimmt« heraus, denn obwohl während der Fahrt das Visier seines Helmes heruntergeklappt gewesen war, konnte er vor Kälte die Lippen kaum noch bewegen.

Ächzend schob er sich nach rechts vom Soziussitz herunter, hatte aber Schwierigkeiten, das linke Bein über die Alukoffer zu heben.

Juss klappte sein Visier nach oben und sah Markus eine Weile schweigend an. »Ich wünsch dir viel Glück, Alter.«

Markus nickte, während er die Hände aneinanderrieb, in der Hoffnung, die Taubheit ein wenig zu vertreiben. »Danke. Für alles. Ohne dich wäre ich nicht weit gekommen.«

»Tritt dem Wichser in die Eier und hol dir deine Tochter zurück.«

»Das habe ich vor«, entgegnete Markus und versuchte, seine Erschöpfung zu überspielen und nicht mutlos zu klingen.

»Ich geb dir meine Handynummer, falls du richtig in der Scheiße sitzt ...«

»Das ist eine gute Idee, aber meine Hände sind so steif, dass ich es wahrscheinlich nicht schaffe, die Nummer einzugeben.«

Juss streckte ihm eine Hand entgegen. »Gib schon her.«

161

Mit viel Glück schaffte es Markus, das Smartphone aus der Tasche zu ziehen, ohne es fallen zu lassen. Er reichte es Juss, der den rechten Handschuh auszog und das Telefon in die linke Hand nahm.

»PIN?«

»Viermal die Eins.«

Juss tippte eine Weile auf dem Display herum. Dann zog er sein eigenes Handy aus der Tasche und gab auch da etwas ein, bevor er Markus das Smartphone zurückgab. »Deine Nummer ist unterdrückt, habe sie jetzt aber gefunden und bei mir gespeichert. Und du findest mich in deinen Kontakten unter *Geiler Typ*.«

Mit einem schwachen Lächeln steckte Markus das Smartphone wieder ein und nickte Juss zu. »Ich muss los. Danke!« Damit wandte er sich ab und lief die Siesmayerstraße entlang auf die Villa seiner Schwiegereltern zu, die nur ungefähr zweihundert Meter entfernt lag.

Nach etwa der Hälfte der Strecke brauste das Motorrad an ihm vorbei, und Juss hob zum Abschied eine Hand.

Während er weiterging, dachte Markus darüber nach, dass er den jungen Mann unter normalen Umständen sicher nicht kennengelernt hätte. Wenn das alles vorbei war, würde er sich bei ihm melden. *Wenn das alles vorbei war …* Es fühlte sich an, als lüge er sich in die eigene Tasche.

Vor dem geschwungenen, schmiedeeisernen Tor des Miebach-Anwesens blieb Markus stehen und drückte auf den Knopf, der unterhalb der Sprechanlage und der Kamera in die Bruchsteinmauer eingelassen war. Es dauerte nur wenige Sekunden, bis die Stimme seiner Schwiegermutter aus dem kleinen Lautsprecher drang. »Ja, bitte?«

»Ich bin's, Markus.« Er legte die Hand auf den Kupferknauf des Tors, doch das erwartete Summen blieb aus. »Christel?«, fragte er. »Öffnest du mir bitte?« Weitere Sekunden verstrichen, in denen sich ein ungutes Gefühl in Markus ausbreitete, bis der Türöffner endlich betätigt wurde.

»Entschuldige«, plärrte es aus dem Lautsprecher. »Das Ding funktioniert nicht richtig.«

Markus schloss das Tor hinter sich und folgte dem breiten Weg aus Kopfsteinpflaster, der zwischen sorgsam gestutzten, immergrünen Büschen, Stein- und Kiesbeeten hindurchführte, die die dahinterliegende Rasenfläche einfassten.

Nach etwa zwanzig Metern teilte sich der Weg und führte nach links zu einer Garage, in der vier Autos Platz hatten, und rechts zur breiten, beleuchteten Haustür. Markus hatte den Eingang fast erreicht, als die Tür geöffnet wurde und sein Schwiegervater ihm mit einem undefinierbaren Blick entgegensah.

Franz Miebach hatte ein halbes Jahr zuvor seinen siebzigsten Geburtstag gefeiert, sah für sein Alter aber verblüffend gut aus. Man merkte seiner schlanken Gestalt an, dass er regelmäßig Sport trieb und auch sonst sehr auf seinen Körper achtete. Er hatte noch volles graues Haar, das sich nur an den Seiten der Stirn allmählich zurückzog. Franz Miebach gehörte zu den Menschen, die beim Betreten eines Raumes dafür sorgten, dass Gespräche leiser wurden und Blicke sich auf ihn richteten. Es war die Aura von Macht und Geld, die er verströmte, ohne auch nur ein Wort sagen zu müssen.

»Hallo«, begrüßte er Markus kühl und trat zur Seite. »Komm rein.«

Markus betrat die geräumige Diele des Hauses und blieb stehen, bis Franz die Tür geschlossen hatte.

»Die Polizei sucht nach dir«, stellte Franz sachlich fest.

Obwohl Markus seinen Schwiegervater gut genug kannte, um zu wissen, dass dieser keinerlei Schwäche zeigen würde, fand er dessen unterkühltes Verhalten angesichts der Ermordung seiner Tochter befremdlich.

»Ja. Ich hoffe, du weißt, dass das völliger Blödsinn ist. Die spinnen sich da was zusammen, weil es der bequemste Weg ist.«

Franz nickte. »So wird es sein.« Er zeigte ins offene Wohnzimmer. »Bitte.«

»Wo ist Christel?«, fragte Markus, während er auf die dunkelbraune Leder-Wohnlandschaft zuging, die ein paar Meter vor einem riesigen offenen Kamin aus Carrara-Marmor stand, der Blickfang des großen Raumes.

»Sie … fühlt sich schrecklich, wie du dir wahrscheinlich denken kannst. Sie hat sich hingelegt.«

»Ach, ich dachte nur, weil sie mir gerade die Tür geöffnet hat.« Markus setzte sich auf einen der Sessel und betrachtete seine Hände, in die das Gefühl mit heißen Nadelstichen zurückkehrte. »Franz, ich … ich brauche deine Hilfe«, kam er ohne Umwege auf den Punkt.

Sein Schwiegervater blieb stehen und nickte mit unveränderter Miene. »Ich denke, du brauchst im Moment jede Hilfe, die du kriegen kannst. Möchtest du etwas trinken?«

»Ja, gern.« Nun erst fiel Markus auf, dass er schon eine

Ewigkeit weder etwas getrunken noch gegessen hatte. »Und … wenn ihr irgendetwas zu essen dahabt, wäre das toll.«

»Komm mit!« Franz wandte sich um, und Markus folgte ihm in die angrenzende modern eingerichtete Küche, die die Größe des gesamten Wohn-Essbereichs seines Hauses hatte.

»Im Kühlschrank müsstest du etwas finden. Ich schaue mal schnell nach Christel.«

Markus nahm sich ein Stück kalten Rinderbraten und eine Flasche Bier heraus und stellte beides auf den Küchentisch. Eigentlich war ihm eher nach einer heißen Tasse Tee zumute, doch selbst der minimale Aufwand, Wasser heiß zu machen, war ihm in diesem Moment zu viel.

Nachdem er sich Besteck aus der Schublade geholt und die Flasche geöffnet hatte, setzte er sich, trank einen großen Schluck und begann dann zu essen.

Franz kehrte erst zurück, als Markus den halben Braten verzehrt hatte. Er setzte sich ihm gegenüber und stützte die Ellbogen auf die Tischplatte.

»Und?«, fragte Markus.

»Was – und?«

»Du hast doch nach Christel gesehen. Ist alles in Ordnung?«

»Ja, sie hat sich hingelegt.«

»Das ist gut.«

»Was ist passiert?«

Markus legte das Besteck auf dem Tisch ab, lehnte sich im Stuhl zurück und zuckte mit den Schultern. »Ich kann dir auch nicht mehr sagen, als du schon weißt.«

Es war noch immer unfassbar für Markus, wie beherrscht dieser Mann war. Obwohl er gerade seine einzige Tochter verloren hatte, saß er ihm gegenüber und stellte sachlich Fragen.

»Und was hat es damit auf sich, dass Leonie der Polizei gegenüber ausgesagt hat, du hättest Bettina körperliche Gewalt angetan?«

Markus schüttelte vehement den Kopf. »Nein, das war nicht so. Leonie hat uns streiten gehört und sich etwas zusammengereimt.«

»Aber sie hat gesehen, dass du Bettina gegen die Wand gestoßen hast, das hat Hauptkommissar Mantzke erzählt. Möchtest du mir sagen, dass meine Enkeltochter lügt?«

»Nein! Aber glaubst du etwa wirklich, ich wäre dazu in der Lage gewesen, Bettina etwas anzutun? Kennst du mich so wenig?« Markus wäre am liebsten aufgesprungen und hätte seinem Schwiegervater in sein beherrschtes Gesicht geschrien, dass er die Schnauze davon voll hatte, dass ihn alle Welt verdächtigte, und dass er mindestens genauso unter dem Tod seiner Frau litt wie Franz unter dem Verlust seiner Tochter. Vielleicht sogar noch mehr.

»Das habe ich nicht gesagt. Ich habe dir lediglich eine Frage gestellt und wäre dankbar, wenn du sie mir einfach beantworten könntest.«

Markus senkte den Kopf und atmete mehrmals tief durch. Er musste sich zusammenreißen. Es war wichtig, dass sein Schwiegervater auf seiner Seite stand, und im Moment hörte es sich nicht unbedingt danach an.

»Wir haben uns an diesem einen Abend gestritten. Es war wegen irgendeiner Lappalie, ich weiß ehrlich gesagt nicht einmal mehr, worum es ging, und ich habe auch nicht verstanden, warum wir uns eigentlich stritten. Jedenfalls war Bettina an dem Abend recht gereizt und wollte einfach nicht aufhören. Ich denke, sie hatte einen schlechten Tag gehabt. Irgendwann wurde es dann so abstrus, dass ich lachen musste. Das hat sie noch wütender gemacht, und sie hat mir mit den Fäusten gegen die Brust getrommelt. Da habe ich ihre Hände gepackt und sie zurückgedrückt, damit sie aufhört. Das muss Leonie gesehen haben, und mehr war nicht.«

Franz nickte, ließ Markus dabei aber nicht aus den Augen. »Gut. Bleibt noch dieser ... *Spaziergang* gestern Nacht, den du wohl vergessen hast, als die Polizei dich gefragt hat.«

»Franz ... ich hatte gerade meine Frau tot aufgefunden. Sie war schrecklich zuger...« Er verschluckte den Rest. »Entschuldige. Jedenfalls stand ich vollkommen neben mir, als mich die Polizei dazu befragt hat, wo ich am Vorabend war. Kannst du das nicht verstehen? Dass ich in der Nacht davor kurz an der frischen Luft war, war in diesem Moment so unwichtig, dass ich wirklich nicht daran gedacht habe. Ich verstehe, dass das der Polizei seltsam vorkommen muss, aber, mein Gott ... Franz, noch einmal: Wir kennen uns jetzt seit so vielen Jahren. Du kannst nicht ernsthaft glauben, dass ich so etwas Schreckliches getan habe.«

»Darum geht es nicht. Ich betrachte die Sache analytisch, Markus. Kommen wir zu Bettinas Anruf über die Notrufnummer. Welche Erklärung hast du dafür?«

Die Art, wie sein eigener Schwiegervater ihn verhörte,

erzeugte in Markus eine Mischung aus Enttäuschung und Wut.

»Auch wenn es nicht meine Aufgabe ist, dafür eine Erklärung zu finden, sondern die der Polizei – der Entführer und Mörder meiner Frau ...«

»Meiner Tochter!«

»Der Mörder *meiner Frau* hat am Telefon damit geprahlt, dass er Bettina zu dem Anruf gezwungen hat. Und das ist für mich auch die einzig plausible Erklärung.«

Franz schürzte die Lippen und zog die Mundwinkel nach unten, als wollte er sagen: *Kann sein*, während er den Blick nachdenklich auf die Tischplatte vor sich gerichtet hatte.

»Warum bist du gekommen?«

Diese Frage, so nebensächlich sie auch zu sein schien, zog Markus ein Stück weit den Boden unter den Füßen weg.

»Warum ich gekommen bin?«, fragte er ruhig. »Ich bin gekommen, weil ich deine Hilfe brauche. Weil offenbar die ganze Welt glaubt, ich hätte meine Frau ermordet und meine Tochter entführt. Weil ich nicht mehr weiß, wohin ich sonst gehen soll. Weil ich nicht nur den gleichen Schmerz empfinde wie du, sondern zusätzlich noch zu Unrecht verdächtigt werde, den beiden Menschen etwas angetan zu haben, die ich mehr liebe als alles andere auf der Welt. Mehr als mich selbst. Ich bin gekommen, weil ich fest geglaubt habe, nein, weil ich davon überzeugt war, dass du nicht infrage stellst, dass ich unschuldig bin.«

Er beugte sich nach vorn und sah seinem Schwiegervater

168

in die Augen. »Glaubst du mir, dass ich unschuldig bin, Franz?«

Franz Miebach straffte sich, während sich plötzlich ein harter Zug über sein Gesicht legte.

»Ich weiß, dass du die Polizei zweimal belogen hast, als es um die Ermordung meiner Tochter ging. Aber das ist eine Sache, die man ja vielleicht noch so erklären kann, wie du es getan hast. Ich weiß, dass meine Tochter kurz vor ihrer Ermordung bei der Polizei angerufen und gesagt hat, sie hat Angst, dass ihr Mann sie umbringt. Dass *du* sie umbringst, Markus. Auch dafür hast du eine ... mögliche Erklärung.

Ich weiß aber auch, dass sich eine Krankenschwester einer Frankfurter Klinik bei der Polizei gemeldet hat. Einer Klinik, in der meine Tochter Bettina mehrmals mit Verletzungen war, die nach ihrer Aussage ganz klar auf körperliche Misshandlungen hindeuteten. Die Frau hat die Fahndung nach dir mitbekommen und sich an den Namen erinnert. Sie wollte ihren Namen und das Krankenhaus nicht nennen, in dem sie arbeitet, weil sie gegen die Schweigepflicht verstößt, aber sie hat Bettina genau beschrieben, und sie hatte keine Zweifel daran, dass meine Tochter mehrfach misshandelt worden ist. Sie sprach von Blutergüssen und Quetschungen am ganzen Körper, von Platzwunden und Würgemalen am Hals. Was sagst du dazu?«

Markus hatte die Worte seines Schwiegervaters gehört und verstanden, aber er weigerte sich zu akzeptieren, dass das, was er gerade erlebte, etwas anderes als ein schrecklicher Albtraum sein konnte.

»Das ...«, stammelte er, »das ist unmöglich.«

Der Türgong ertönte, Markus zuckte zusammen.

»Wer ist das?«, fragte er, obwohl er die Antwort schon ahnte.

»Die Polizei«, sagte sein Schwiegervater. »Ich habe sie verständigt.«

22

Während sein Schwiegervater sich mit finsterem Blick erhob, stürzte in Markus der Rest dessen in sich zusammen, was einmal seine Welt gewesen war.

»Bleib sitzen«, knurrte Franz. »Wenn du wirklich unschuldig bist, hast du keinen Grund wegzulaufen, dann kann dir nichts passieren.« Damit wandte er sich ab und marschierte aus der Küche.

Markus sprang auf. Das sah er anders. Es konnte ihm sehr wohl etwas passieren, auch wenn er unschuldig war.

Er griff nach seiner Jacke, die er über die Lehne eines Stuhls gehängt hatte, und eilte zu der doppelflügeligen Tür. Diese führte von der Küche aus zu einer kleinen, windgeschützten Terrasse neben dem Erker des Wohnzimmers, über die er in den Garten und dann nach vorn zum Tor gelangen konnte.

Die Tür war verschlossen, der Schlüssel abgezogen.

»Mist«, stieß Markus aus und fuhr herum. Mit schnellen Schritten erreichte er die Tür, durch die sein Schwiegervater gerade den Raum verlassen hatte, und drückte sich dahinter gegen die Wand, so dass man ihn vom Wohnzimmer aus nicht sehen konnte. Er hörte Stimmen, die näher kamen.

Markus war angespannt wie die Sehne einer Armbrust.

Was er vorhatte, war riskant, aber er *musste* es einfach versuchen.

Die Stimmen waren verstummt, dafür waren die Schritte nun unmittelbar vor der Tür zu hören ... Markus hielt den Atem an. Jetzt trat ein Mann durch die Tür in die Küche. Markus schnellte nach vorn und rempelte ihn mit solcher Wucht an, dass der Mann einen gepresst klingenden Laut von sich gab. Noch während er, wild mit den Armen rudernd, zu Boden fiel, stürmte Markus durch die Tür und stieß einen zweiten Mann zur Seite. Der Weg durch das Wohnzimmer zur Haustür war frei. Aus dem Augenwinkel registrierte er das verdutzte Gesicht seines Schwiegervaters, der hinter den beiden Beamten rechtzeitig zur Seite gesprungen war, damit sein Schwiegersohn nicht auch ihn umrannte.

Markus hörte Rufe hinter sich, einen Schrei, dann riss er die Haustür auf und stürmte in Freie. Seine Gedanken überschlugen sich. Diese Polizisten gerade waren nicht Mantzke und Bauer gewesen, da war er sicher. Markus hoffte inständig, dass sie die Ersten und auch die Einzigen waren, die zum Anwesen seiner Schwiegereltern gekommen waren. Wenn sie Verstärkung mitgebracht hatten, war seine Flucht in wenigen Sekunden zu Ende. Er erreichte das schmiedeeiserne Tor. Die Polizisten hatten es ein Stück weit offen stehen lassen. Markus schlüpfte durch den Spalt und wandte sich instinktiv nach links. Der Palmengarten rechter Hand war komplett eingezäunt, dort hätte er kaum eine Möglichkeit, sich zu verstecken. In den Straßen der noblen Wohngegend rechnete er sich größere Chancen aus.

Er lief los, die von Bäumen gesäumte Siesmayerstraße entlang, und bog dann nach links in die Friedrichstraße ein, wo er nach etwa zwei Minuten an einer Kreuzung ankam, an der er kurz stehen blieb und sich umdrehte.

Ein gutes Stück hinter ihm erkannte er zwei Gestalten, die sich schnell auf ihn zubewegten. Das mussten die beiden Polizisten sein. Sie hatten also gesehen, welchen Weg er genommen hatte, und waren ihm auf den Fersen.

Ein Martinshorn war zu hören, nur wenige Sekunden später ein zweites hinter den Häusern zu seiner Linken. »Scheiße«, entfuhr es ihm. Sie kreisten ihn ein. Wenn sie ihn jetzt erwischten, war alles vorbei. Panisch nach einem Ausweg suchend, sah er sich um, bis sein Blick an einer großen Synagoge schräg gegenüber hängen blieb. Markus ging kurz seine Möglichkeiten durch, dann lief er auf direktem Weg über die Kreuzung darauf zu. Die Straße war gut beleuchtet, seine Verfolger würden ihn wahrscheinlich sehen. Der aus mehreren verschieden hohen, unbeleuchteten Gebäuden bestehende Komplex war zum Teil von einer brusthohen Mauer umgeben und wirkte düster und abweisend. Das ideale Versteck.

Das würden sich seine Verfolger wahrscheinlich auch denken. Statt das Gelände zu betreten und sich eine geeignete Ecke zu suchen, ließ Markus die Gebäude links liegen, bog kurz darauf nach rechts ab und lief dann in dieser Parallelstraße in die Richtung zurück, aus der er gekommen war.

Weitere drei bis vier Minuten später stand er schwer atmend wieder an der Siesmayerstraße gegenüber eines Cafés, an dem ein schmaler Weg vorbeiführte.

173

Markus überquerte die Straße und fand sich kurz darauf neben dem Palmenhaus am Rand eines von Bäumen umgebenen Spielplatzes wieder. Unter den Bäumen entdeckte er mehrere Büsche und zwängte sich durch eine schmale Lücke ins Innere, wo er gerade so kauern konnte, ohne von außen gesehen zu werden.

Von dem anstrengenden Lauf verschwitzt, merkte er, wie er rasch auskühlte. Nach wenigen Minuten würde er erbärmlich frieren.

Trotzdem durfte er sich nicht rühren und musste in seinem Versteck bleiben, das war ihm klar. Wenn er weiter herumrannte, war die Gefahr zu groß, einer Polizeistreife in die Arme zu laufen. Seine Begegnung vor dem Haus, in dem Sarah wohnte, steckte ihm noch in den Knochen.

Sarah! Sie war die Einzige, die ihm noch geblieben war. Außer Juss, aber der war ein Fremder, den er bereits viel zu weit in diese furchtbare Geschichte mit hineingezogen hatte. Der unerwartete Verrat seiner Schwiegereltern und die Konsequenzen daraus setzten ihm so sehr zu, dass er das Gefühl hatte, immer schneller in ein unendlich tiefes Loch zu stürzen, ohne eine Möglichkeit, sich irgendwo festzuhalten.

Er hatte sich vor allem in seinem Schwiegervater Franz einen wichtigen Verbündeten erhofft, der ihm mit seinen Verbindungen helfen konnte, seine Unschuld zu beweisen und Leonie aus der Gewalt dieses Irren zu befreien. Doch wider Erwarten hatte er nun in dem Vater seiner ermordeten Frau einen zusätzlichen mächtigen Gegner.

Markus betrachtete das Geäst der schützenden Büsche um ihn herum. Wenn der Zufall nicht ausgerechnet einen

Polizisten über ihn stolpern ließ, war er hier zumindest für den Moment halbwegs sicher.

Er spürte die Mutlosigkeit, die sich in ihm ausbreitete. Bettinas Eltern, die auch zu seiner Familie geworden waren, hatten sich gegen ihn gewandt. Jene Menschen, denen er bedingungslos vertraut und von denen er sich Hilfe erhofft hatte in dieser irrwitzigen Situation, in die er geraten war.

Von einer Krankenschwester hatte sein Schwiegervater gesprochen, einer Angestellten eines Frankfurter Krankenhauses, in dem Bettina mehrmals gewesen sein sollte. Mit Verletzungen, die auf Misshandlungen hindeuteten. Was hatte das zu bedeuten? Woher sollte seine Frau solche Verletzungen gehabt haben? Und wenn das tatsächlich stimmte – wie konnte es sein, dass er nichts bemerkt hatte?

Je mehr er über all das nachdachte, was in den letzten vierundzwanzig Stunden geschehen war, umso verworrener wurde es. Und es gab außer Sarah niemanden mehr, an den er sich wenden konnte.

Mit steifen Fingern zog er das Smartphone aus der Tasche und fragte sich, wann der Kerl sich wieder bei ihm melden würde und was er dann von ihm verlangen würde. Um zumindest den Hauch einer Chance zu haben, seine Tochter vor dem Schicksal zu bewahren, das ihrer Mutter widerfahren war. Gleichzeitig schoss ihm der Gedanke durch den Kopf, dass jeder Polizist im Umkreis von hundert Metern es hören musste, wenn in der Stille des Parks plötzlich sein Telefon klingelte. Mit ein paar hastigen Bewegungen schaltete er den Klingelton aus und wählte dann Sarahs Nummer aus der Anrufliste.

»Ja?«, meldete sie sich zaghaft.

»Ich bin's, Markus«, erklärte er leise. »Ich bin in ziemlichen Schwierigkeiten.«

»Ja, ich weiß«, antwortete Sarah und klang, als ob sie geweint hätte.

»Ich befürchte, es ist noch schlimmer, als du denkst. Ich brauche deine Hilfe. Ich bin in Frankfurt, in der Nähe der Villa meiner Schwiegereltern. Du musst mich bitte hier rausholen.«

Eine lange Pause entstand, die Markus der furchtbaren Situation zuschrieb, in der sich auch Sarah befand. Deshalb ließ er ihr Zeit, bevor er leise fortfuhr: »Aber zuerst noch etwas anderes. Mein Schwiegervater hat die Polizei gerufen, als ich bei ihm war, weil angeblich eine Krankenschwester behauptet hat, Bettina sei öfter in der Notaufnahme gewesen wegen Verletzungen, die auf körperliche Misshandlung hindeuteten. Ich kann mir das nicht erklären. Ich verstehe das alles nicht. Weißt du irgendetwas davon?«

Erneut herrschte Stille, doch dieses Mal hatte Markus keine Geduld mehr. »Sarah, bitte! Hat dir Bettina irgendetwas darüber erzählt? Oder ist dir etwas an ihr aufgefallen, das dir merkwürdig vorkam?«

»Nein«, entgegnete Sarah mit dünner Stimme. »Nicht so direkt.«

Markus straffte sich. »Was bedeutet das, *nicht so direkt*?«

»Ich … ich habe mal was an ihrem Handgelenk gesehen, eine Quetschung. Als ich sie gefragt habe, was das sei, ist sie mir ausgewichen und hat schnell das Thema gewechselt.«

»Eine Quetschung am Handgelenk?« Markus musste sich beherrschen, weiterhin leise zu sprechen. »Wann war das?«

»Ich bin mir nicht sicher, vor ungefähr zwei Monaten.«

»Davon weiß ich nichts.«

Keine Reaktion von Sarah.

»Und?«, drängte Markus, der das Gefühl hatte, auf einem Ameisenhaufen zu sitzen. »Weiter?«

»Ich habe noch ein paarmal gefragt, weil sie sich auch so komisch verhalten hat an dem Tag, und schließlich hat sie gesagt, es sei besser, wenn ich nicht weiter nachfragen würde. Sie wolle nicht, dass das Bild zerstört werde, das ich von jemandem habe.«

»Von jemandem? Wen hat sie damit gemeint?«

»Ich … weiß es nicht.«

»Verdammt!«, stieß Markus viel zu laut aus und biss sich heftig auf die Unterlippe. Plötzlich schoss ihm ein schmerzhafter Gedanke durch den Kopf.

»Sarah, ich muss jetzt etwas von dir wissen, und es ist extrem wichtig, dass du mir die Wahrheit sagst. Davon kann abhängen, ob ich meine Unschuld beweisen und Leonie befreien kann. Machst du das, auch wenn du Bettina vielleicht geschworen hast, niemandem davon zu erzählen?«

Es dauerte ein paar Sekunden, doch dann antwortete Sarah: »Ja.«

»Gut. Gab es einen anderen Mann in Bettinas Leben? Ich meine … kann es sein, dass Bettina ein Verhältnis hatte?«

»Nein, ganz bestimmt nicht. Da gab es niemanden. Das hätte ich bemerkt.«

»Aber woher, verdammt nochmal, hatte sie dann diese Verletzungen?«

»Ich … weiß es nicht.«

»Okay. Gut. Ich muss nachdenken. Kannst du mich in der Zwischenzeit abholen? Ich hocke hier in Frankfurt zwischen Büschen irgendwo im Park am Palmengarten. Die Polizei sucht nach mir, sie sind wahrscheinlich schon überall. Wir müssen überlegen, wie … «

»Markus?«, unterbrach Sarah ihn zaghaft.

»Was denn?«

»Da ist noch etwas.«

»Was? Sarah, mein Gott, nun rede schon.«

»Dieser Polizist hat mich wieder angerufen, und er hat mich noch mal gefragt, ob ich mir sicher bin, dass … dass du Tina gegenüber nicht gewalttätig warst.«

»Dieser Arsch. Ich frage mich, warum der so scharf darauf ist, mir etwas anzuhängen.«

»Die haben euer Haus durchsucht.«

»Ja, und? Das war doch klar.«

»Er sagt, sie haben im Badezimmer Medikamente gefunden.«

Die Wut über diese häppchenweise weitergegebenen Informationen schoss in Markus hoch wie eine schäumende Welle.

»Sarah, verdammt nochmal, jetzt sag mir endlich, worum es geht. Was denn für Medikamente?«

»Starke Psychopharmaka, die man Leuten gibt, die ihre Aggression nicht unter Kontrolle haben. Der Polizist sagt, sie haben bei deinen Sachen gelegen.«

178

23

Es ist nichts Außergewöhnliches an ihm. Er ist schlicht, aus Holz gefertigt und sieht recht stabil aus.

Sie weiß nicht, wie viel Zeit vergangen ist, in der sie so dagestanden, den Stuhl angestarrt und sich gefragt hat, was es damit auf sich haben könnte. Gefühlt sind Minuten vergangen, bis ihr Entführer plötzlich neben ihr steht, sie am Arm packt und sie zwischen den Scheinwerfern hindurch zu diesem Stuhl zieht. Mit beiden Händen dreht er sie um und drückt sie auf die hölzerne Sitzfläche.

Ihr Puls rast. Sie betrachtet die runden Scheinwerfer, die wie eine Horde einäugiger Zyklopen in einem Bogen um sie herumstehen und sie anglotzen, als interessierten sie sich dafür, was als Nächstes mit ihr geschieht.

Ihr Blick streift eine der beiden Kameras, die ebenfalls auf sie ausgerichtet sind, doch plötzlich trifft ein harter Schlag sie zwischen den Schulterblättern. Sie fährt zu ihrem Entführer herum, der neben ihr steht und sie anstarrt, in der erhobenen Hand wieder das Messer. Mit der anderen Hand drückt er ihren Oberkörper nach vorn und macht sich in der nächsten Sekunde an ihren Handgelenken zu schaffen.

Mit einem ratschenden Geräusch sind ihre Hände wieder frei. Sie möchte sich die schmerzenden Gelenke reiben, doch ein erneuter Schlag, dieses Mal leichter und gegen ihren Oberarm, lässt das nicht zu. Mit einer Geste, die unmissverständlich ist und gegen die ihr Verstand rebelliert, zieht der Mann im Overall sich ein imaginäres Shirt über den Kopf und deutet dann auf Leonies Brust. Als sie nicht reagiert, hebt sich die Hand mit dem Messer und richtet die Spitze gegen ihren Hals. Sie beginnt zu wimmern, woraufhin sich die Spitze ein winziges Stück in ihre Haut bohrt.

Leonies Arme fühlen sich an wie Blei, als sie ihr Shirt in einer langsamen Bewegung nach oben zieht. Tränen rinnen ihr übers Gesicht, während sie »Mama« sagt, was durch den Knebel zu einem dumpfen »Mm-mm« wird. Sie wiederholt es, als der Stoff über ihr Gesicht gleitet, sie das Shirt über die Arme abstreift und es achtlos neben sich zu Boden fallen lässt …

Die Angst vor dem, was nun mit ihr geschehen wird, ist so groß, dass sie erst spürt, dass sich ihre Blase entleert hat, als sich eine feuchte Wärme unter ihr ausbreitet.

Ihr Entführer macht zwei Schritte zurück, bis er die linke der beiden Kameras erreicht. Dort bleibt er mit hängenden Armen stehen und starrt sie an. Sie erkennt an der Bewegung seiner dunklen Augen, dass sein Blick über ihren Bauch streift, kurz auf ihrem BH verweilt und dann weiter nach oben zu ihren Augen wandert.

Sie wendet den Kopf ab und wird sich im nächsten Moment erneut bewusst, dass sie sich eingenässt hat. Trotz der wahnsinnigen Angst schämt sie sich und hofft, der Entführer hat es nicht bemerkt. Sie kann nicht anders, sie muss sich vergewissern, muss sehen, ob sein Blick auf ihren Unterleib gerichtet ist, wo sich vermutlich ein verräterischer Fleck ausgebreitet hat. Sie schaut ihn wieder an, und in diesem Moment, in dem sie ihr Gegenüber betrachtet, das höchstens drei Meter vor ihr steht, weiß sie, was

*ihr oben in dem anderen Raum aufgefallen ist. Was anders ist
als bei der Entführung aus ihrem Zimmer.*

Der Mann erscheint ihr jetzt schlanker.

24

Erneut hatte Markus das Gefühl, dass ihm der Boden unter den Füßen weggezogen wurde.

»Verdammt nochmal«, zischte er so leise wie möglich. Er war gleichzeitig fassungslos und wütend ob dieser Ungerechtigkeit, gegen die er machtlos war. Wie sollte er gegen etwas ankämpfen, das er nicht begreifen konnte? Er musste dabei zusehen, wie sich ein Netz enger und enger um ihn zog, ohne dass er auch nur den Hauch einer Chance hatte, sich daraus zu befreien.

Er musste tief durchatmen, bevor er wieder sprechen konnte. »Ich nehme keine Psychopharmaka, Sarah«, presste er hervor. »Ich besitze auch keine. Ich habe noch nie so etwas genommen, weil ich das nicht brauche. Ich bin kerngesund.«

»Aber der Kommissar sagte ...«

»Es ist mir scheißegal, was der Kommissar gesagt hat. Und dir sollte das auch egal sein, weil du mich kennst. Du bist Bettinas beste Freundin, du hast unendlich viel Zeit nicht nur mit ihr, sondern auch mit uns gemeinsam verbracht. Du hast erlebt, wie glücklich wir miteinander waren, da kannst du doch jetzt unmöglich diesen Unsinn glauben.«

Er hörte verhaltenes Schluchzen, das Telefon wurde mit

einem dumpfen Geräusch abgelegt. Kurz schnäuzte sich Sarah, dann hatte sie das Telefon wieder am Ohr.

»Ich weiß nicht mehr, was ich denken soll.«

»Du weißt es nicht?«

»Versteh mich doch!« Sie wurde lauter. »Die Verletzung an Tinas Handgelenk und ihre sonderbare Bemerkung, dass sie nichts sagen wollte, um das Bild nicht zu zerstören, das ich von *jemandem* habe. Welcher Jemand kann denn gemeint sein, wenn nicht du? Dann dein eigenartiges Verschwinden aus der Wohnung vergangene Nacht und dass Leonie gesehen hat, wie du Tina an den Handgelenken gepackt hast, und jetzt auch noch das mit diesen Medikamenten. Was würdest du denn an meiner Stelle denken, Markus?« Sarah begann erneut zu weinen. Und bei aller Wut, die Markus empfand, bei aller Ungerechtigkeit, die ihm gerade widerfuhr, musste er sich eingestehen, dass er sie verstehen konnte.

»Okay, Sarah, hör mir zu. Die halbe Frankfurter Polizei ist hinter mir her, ich verkrieche mich gerade in einem Gebüsch, friere mir den Arsch ab und weiß nicht mehr weiter. Dieser Scheißkerl hat gedroht, meine fünfzehnjährige Tochter heute Nacht im Internet nackt zu zeigen und sie vor aller Augen von mehreren Männern vergewaltigen zu lassen, wenn ich nicht alles tue, was er von mir verlangt. Das kann ich aber nicht, wenn ich auf dem Polizeipräsidium festgehalten werde oder in U-Haft sitze. Ich habe niemanden mehr, der mir hilft, sogar meine Schwiegereltern haben mich verraten. Meine einzige Chance, hier herauszukommen und meine Tochter vor einer Vergewaltigung zu bewahren, bist du. Was auch immer du denkst,

Sarah, überleg bitte, was es bedeutet, wenn du mir nicht hilfst und sich später herausstellt, dass ich unschuldig bin. So viel später, dass Leonie vielleicht schon nicht mehr am Leben ist. Willst du dafür verantwortlich sein?«

»Das … das ist nicht fair«, stammelte Sarah. »Ich bin nicht schuld, wenn Leonie etwas passiert, ich …«

»Doch, verdammt. Ich habe meiner Frau niemals etwas angetan, und das weißt du auch, weil du mich kennst. Wenn du mich jetzt im Stich lässt, triffst du allein diese Entscheidung, die dazu führen kann, dass Leonie etwas Schreckliches zustößt.«

Markus wusste, dass die Art, wie er Sarah gerade unter Druck setzte, höchst unfair war, aber er sah keine andere Möglichkeit, sie dazu zu bringen, ihm zu helfen.

»Er hat gesagt, Menschen, die diese Medikamente nehmen, haben manchmal eine … gespaltene Persönlichkeit.«

»Was? Wer sagt das?«

»Hauptkommissar Mantzke. Er sagte, es kann sein, dass dir nicht bewusst ist, was du Bettina …« Sie schluchzte hörbar. »Was du ihr angetan hast.«

»Gott!« Markus fuhr sich durch die Haare und ließ die Hand auf seiner Stirn liegen. »Das wird ja immer verrückter. Ich weiß nicht, was mit diesem …«

»Markus, bitte«, unterbrach Sarah ihn mit gequälter Stimme. »Er sagt, du bist wahrscheinlich gefährlich, weil du nicht weißt, was du tust, wenn …«

»Wenn was?«, fuhr Markus sie an, als sie schwieg, und biss sich im nächsten Moment auf die Lippe. Falls die Polizisten in seiner Nähe waren, hatten sie ihn jetzt vermutlich gehört.

184

»Markus, es tut mir leid. Ich habe Angst vor dir. Ich ... kann dir nicht helfen.« Damit beendete Sarah das Gespräch.

Markus ließ das Telefon sinken und starrte vor sich hin. Nicht einmal die Kälte spürte er. Alles in ihm war taub, sogar sein Verstand.

Medikamente ... Psychopharmaka ... *gespalten*.

Er war viel zu verwirrt, um weiter wütend zu sein. Zu enttäuscht, um sich über Sarah zu ärgern. Oder über seinen Schwiegervater.

Markus Kern, bis vor zwei Tagen noch ein glücklicher Mann mit einer Frau, die er liebte und mit der er eine florierende, nachhaltige Firma aufgebaut hatte, dessen Leben in ruhigen Bahnen verlaufen war. Genau dieser Mann kauerte nun auf der gefrorenen Erde zwischen zwei Büschen und versteckte sich vor der Polizei, die ihn wegen des Mordes an seiner Frau suchte. Die glaubte, dass er seine eigene Tochter entführt hatte. Die Medikamente in seinem Haus gefunden hatte. Psychopharmaka gegen unkontrollierbare Aggressionen. Und er hatte keinen Schimmer, wie es so weit hatte kommen können.

Nun hatten sich auch noch seine Schwiegereltern und Sarah von ihm abgewendet. Was blieb ihm noch? *Wer* blieb ihm noch? Bisher war ihm nicht in den Sinn gekommen, weniger enge Freunde zu kontaktieren und in diese schreckliche Sache mit hineinzuziehen. Bisher war er auch der Meinung gewesen, das sei nicht nötig, weil er sich auf die Menschen verlassen konnte, die Bettina und ihm nahegestanden hatten.

Liane und Thomas fielen ihm ein, ein Paar, mit dem sie

locker befreundet waren und sich ein-, zweimal im Monat zum gemeinsamen Kochen getroffen hatten, zusammen durch Frankfurter Bars gezogen waren oder ein schickes Restaurant besucht hatten.

Vielleicht … Es nutzte nichts, er musste es versuchen. Die Nummer ihres Festnetzanschlusses hatte er sogar im Kopf.

Er gab sich einen Ruck und tippte sie auf dem Zahlenfeld des Handys ein.

»Liane Meinecke«, meldete sich die vertraute Stimme nach zweimaligem Klingeln.

»Liane, ich bin's, Markus«, sagte er leise.

»Markus …« Es klang nicht so, als wäre sie froh oder gar erleichtert, etwas von ihm zu hören. »Warum rufst du hier an?« Die unmissverständliche Distanziertheit in ihrer Stimme drohte Markus auch noch die letzte Kraft zu rauben.

»Liane, bitte, hör mir zu«, sagte er. Flehte er. »Ich kann mir denken, was ihr gehört habt oder was man euch erzählt hat, aber du musst mir bitte glauben, dass ich mit Bettinas Tod nichts zu tun habe.«

»Das muss ich nicht«, erwiderte sie schmallippig, dann wurde aufgelegt.

Markus begann zu weinen. Lautlos.

Als er sich wieder beruhigt hatte, fiel ihm Phillip ein. Der Leiter ihrer internen Werkstatt war im Laufe der Jahre zu einem Freund geworden.

Er hatte Markus immer näher gestanden als Bettina, ein Männerding, wie Phillip zu sagen pflegte. Seine Telefonnummer kannte er nicht auswendig, aber Phillip hatte sich angewöhnt, die Notrufnummer der Firma, die in allen Sharing-Fahrzeugen für den Fall einer Panne oder eines Unfalls hinterlegt war, nach Feierabend auf sein Handy umzuleiten. Im Gegenzug hatten Bettina und er ihm die monatlichen Rechnungen für das Gerät bezahlt. Mittlerweile spürte Markus seine Finger vor Kälte kaum noch, aber es gelang ihm, die Notrufnummer einzutippen. Dann wartete er, bis der Klingelton sich änderte, das Zeichen, dass die Weiterleitung aktiviert war. Es dauerte nicht lange, bis Phillip das Gespräch annahm.

»Kern & Kern Carsharing, Phillip Meissner am Apparat.«

Sogar in dieser Situation macht er seinen Dienst, dachte Markus. »Phillip, ich bin's, Markus.«

»Chef …« So hatte Phillip ihn schon ewig nicht mehr genannt.

»Ich brauche deine Hilfe«, begann Markus ohne lange Vorrede. »Du hast wahrscheinlich bereits gehört …«

»Die Polizei war schon bei mir. Ein Hauptkommissar Mantzke. Eine Frau war auch dabei. Sie haben Fragen über dich gestellt. Weit sind sie aber nicht gekommen, weil dieser Mantzke einen Anruf bekommen hat und sie schnell wieder wegmussten.«

Der Anruf seines Schwiegervaters … Phillips erste Reaktion war schon mal keine Ablehnung und ließ Markus hoffen.

»Vermutlich haben sie dir erzählt, dass sie mich für den Mörder von Bettina halten. Aber das ist absoluter Unsinn.«

»Sie haben auch etwas von Medikamenten gesagt, die du gegen deine Aggressionen nimmst, und …«

»Das stimmt nicht, Phillip«, widersprach Markus. »Ich weiß nicht, was die gefunden haben und von wem das stammt, aber ich habe noch nie solche Medikamente genommen, das musst du mir glauben.«

»Ich glaube dir ja.«

»Haben sie dir auch erzählt, dass Leonie entführt worden ist und dass der Entführer mit dem Schlimmsten gedroht hat, wenn ich nicht tue, was er sagt?«

»Sie gehen davon aus, dass du selbst deine Tochter irgendwo versteckt hältst, damit sie nichts mehr sagen kann, was dich belastet.«

»Ja, das haben sie sich wirklich wunderbar zurechtgelegt. Nur dass es absoluter Bullshit ist. Phillip … ich bitte dich, hilf mir. Sonst wird Leonie sterben.«

»Dieser Kommissar sagte, wenn jemand dir hilft, macht er sich strafbar.«

»Ja«, erwiderte Markus matt und fiel innerlich in sich zusammen. Der kleine Funke Hoffnung, gerade erst aufgekeimt, war bereits wieder erloschen.

Der Nächste, dachte er resigniert. *Die Ratten verlassen das sinkende Schiff.*

»Ich verstehe. Ja, dann … mach's gut.«

Er wollte das Gespräch schon beenden, als Phillip rief: »Moment mal! Was heißt hier: Mach's gut?«

»Das, was ich gesagt habe«, entgegnete Markus, und es war ihm egal, dass die Enttäuschung deutlich in seiner Stimme zu hören war. »Ich wünsche dir, dass du immer alles richtig machst. Und dass dir nie jemand irgendwelche fingierten *Beweise* unterjubelt. Und falls doch, dass du …«

»Und woher soll ich wissen, wo ich dich abholen soll, wenn du mir nicht sagst, wo du gerade bist?«

»Wie? Ich versteh nicht.«

»Herrgott, Markus. Ich habe dir erzählt, was der Kommissar gesagt hat. Das heißt doch nicht, dass ich einen Freund im Stich lasse. Also, wo soll ich hinkommen?«

»Gott sei Dank. Ich dachte schon ...« Bei dem Gedanken an das Erlebnis bei seinen Schwiegereltern stockte Markus. Was, wenn Phillip nach ihrem Gespräch Mantzke anrief und ihm verriet, wo er sich versteckt hielt?

»Was ist?«

»Phillip ... wenn ich dir jetzt sage, wo ich bin, vertraue ich dir nicht nur meine Freiheit, sondern auch das Leben meiner Tochter an.«

»Ja, und? Deshalb hast du mich doch angerufen – oder nicht?«

Das stimmte. Er *musste* Phillip vertrauen, andernfalls konnte er ebenso gut gleich aufgeben und sich stellen.

»Ja, natürlich. Entschuldige. Ich hatte nur gerade ein ziemlich desillusionierendes Erlebnis bei meinen Schwiegereltern ... Also, hör zu.«

Markus erklärte Phillip, dass er sich in der Nähe der Siesmayerstraße am Palmengarten befand.

»Und pass auf die Polizei auf«, beendete er die Erklärung. »Die schwirren hier überall rum und suchen nach mir.«

»Ich lass mir was einfallen, wenn ich angekommen bin. Ich schätze, eine halbe Stunde musst du aber mindestens noch durchhalten. Ich melde mich, wenn ... Du hast deine Nummer unterdrückt. Wie kann ich dich erreichen?«

Erneut meldete sich kurz eine Stimme in Markus, die ihn davor warnte, Phillip die Nummer zu geben, doch er ignorierte sie. Wenn dieser Mantzke nicht vollkommen unfähig war, hatte er längst Sarahs Anrufe überprüft und würde über den Provider die Nummer sowieso bald herausfinden.

»Moment«, sagte Markus und nahm das Telefon vom Ohr, um sich die Nummer noch mal anzeigen zu lassen. Nachdem Phillip sie notiert hatte, beendeten sie das Gespräch.

Nun musste er warten und hoffen, dass er in der Zwischenzeit nicht entdeckt wurde.

Markus ließ den Kopf sinken und schloss die Augen. Er fühlte sich so ausgelaugt und müde wie noch nie zuvor in seinem Leben. Die Kälte setzte ihm immer mehr zu und begann, seine letzten Kräfte aufzuzehren.

Er dachte an das vergangene Wochenende, das sie gemeinsam als Familie verbracht hatten. Abends hatten sie es sich mit Salzstangen und Chips vor dem Fernseher gemütlich gemacht und sich zum x-ten Mal *Dirty Dancing* angeschaut. Bettina hatte stolz verkündet, den Film schon über zehnmal gesehen zu haben, was Leonie mit einem Augenrollen quittiert hatte. Familienidylle. Glück …

Gefühlt hatte er keine zwei Minuten in diesen glücklichen Erinnerungen geschwelgt, als das Smartphone vibrierte und ihn in die kalte Realität zurückkriss. Zum Glück hatte er den Klingelton ausgeschaltet. Die Nummer war unterdrückt.

Er rief an.

25

Das Telefonat war ebenso kurz wie überraschend.

»Sieh zu, dass du aus dem Park und von den Bullen weg-kommst«, sagte die emotionslose Stimme. »Und halte dich bereit. Die große Sharing-Show wird bald beginnen.«

»Was?«, entgegnete Markus entsetzt. »Sie haben mir zugesichert, wenn ich tue, was Sie sagen, wird Leonie nichts geschehen.«

»Es ist ihr auch noch nichts geschehen. Ich habe sie nur vorbereitet.«

»Was soll das heißen? Was haben Sie mit ihr gemacht?«

»Sieh selbst und halte dich bereit.« Ein Dauerton war zu hören. Das Gespräch war beendet.

Dass der Kerl wusste, wo er sich befand, wunderte Markus nicht mehr. Was aber hatte er damit gemeint, als er sagte: *Sieh selbst?* Was sollte er selbst sehen, hier, zwischen Büschen in einem Park? Die Antwort kam nur Sekunden später. Sie wurde mit einem einmaligen Vibrieren des Smartphones angekündigt und stellte sich als Link heraus, den Markus, ein flaues Gefühl im Magen, anklickte.

Es öffnete sich eine App namens *Onion-Browser,* was in Markus eine dumpfe Ahnung auslöste. Das Display wurde schwarz, und ein sich drehendes Rad zeigte an, dass sich eine Verbindung aufbaute.

Bei dem, was wenige Sekunden später auf dem Display zu sehen war, stöhnte Markus auf und ballte die freie Hand zur Faust.

Wie in der Nacht zuvor Bettina saß nun seine fünfzehnjährige Tochter auf dem Stuhl, die Hände über dem Kopf gefesselt, die Beine gespreizt, angestrahlt von Scheinwerfern und völlig verängstigt, was ihr umherirrender Blick bewies.

Im Unterschied zu der Szene mit seiner Frau war Leonie wenigstens nicht nackt, sondern noch mit ihrer Jeans und ihrem BH bekleidet. Eine weitere Abweichung war das Flipchart, das einen Meter neben dem Stuhl aufgebaut war und auf dem in Druckbuchstaben stand:

NEUE SHOW!
FINALE AB
3.00 UHR
SHARING STUFE 1
AB 22.00 UHR

Das schlimmste Detail an dieser Szene war jedoch eine sich stetig verändernde Ziffernfolge am linken unteren Rand. Markus kannte sie von der Nacht zuvor. Diese Besucherzahl stand im Moment auf 31 243. Und die *Show* sollte erst in einigen Stunden beginnen.

Einen Screenshot!, soufflierte ihm eine innere Stimme. *Mach einen Screenshot!*

Mit zitternden Fingern tastete er die seitlichen Ränder des Smartphones ab, fand die leichten Erhebungen schmaler Tasten und drückte darauf herum. Er versuchte alle

192

denkbaren Kombinationen, doch das erwartete Klicken, mit dem ein Bildschirmfoto gemacht wurde, blieb aus. Markus versuchte es am oberen Rand, fand auch dort eine Taste und spielte die Möglichkeiten erneut durch. Ohne Erfolg. Mit einem leisen Fluch richtete er den Blick wieder auf das Flipchart.

Was er sich unter der *Show* vorzustellen hatte, wusste er bereits, und es raubte ihm fast den Verstand, die Ankündigung dazu auf dem Display zu sehen. Aber *Sharing Stufe 1 ab 22.00 Uhr* ... was hatte das zu bedeuten?

Das erneute Vibrieren des Smartphones erschreckte Markus so sehr, dass es ihm aus der Hand glitt und zu Boden fiel. Hastig hob er es auf und nahm das Gespräch an.

»Wie du siehst, beginnt die Leonie-Show um drei heute Nacht. Jetzt ist es elf Minuten vor zehn. Dir bleiben also etwas mehr als fünf Stunden, um deine Tochter zu finden und zu befreien. Ich werde dir bald ...«

»Um Himmels willen ... bitte ...«

»Unterbrich mich nicht! Du bekommst bald eine erste Aufgabe von mir. Mit ihrer Erledigung erhältst du einen Hinweis. Es sind vier Aufgaben zu bewältigen. Und um nicht zu vergessen, dass es bei alldem um dein Lieblingsthema *Sharing* geht, werden ab zweiundzwanzig Uhr deine Bewegungsdaten auf der Website geteilt, und alle zahlenden Gäste können verfolgen, wo du dich gerade befindest.

In Stufe zwei sehen dann alle zahlenden Nutzer auch, wie weit du noch von deiner Tochter entfernt bist. Zu Stufe drei wirst du mehr erfahren, wenn es so weit ist. Aber du kannst dich freuen. So intensiv hast du dich noch nie mit deinem geliebten Thema beschäftigt.«

»Was? Das ist doch vollkommen irre!«

»Nein, das ist *Sharing* in aller Konsequenz. Du hast in der vergangenen Nacht ja bereits einen Vorgeschmack darauf bekommen, wie schmerzhaft es sein kann, wenn man alles teilt, ohne sich darum zu scheren, dass andere darunter leiden. Ich wusste zwar von deinen Neigungen, aber dass du selbst die Sache mit deiner Frau zu Ende bringst, das hat sogar mich überrascht, mir allerdings auch einen zusätzlichen Kick verschafft.«

»Was reden Sie da? Welche … *Neigungen?* Ich *habe* nichts zu Ende gebracht, verdammt. *Sie* waren es, der …«

»Ich glaube dir mittlerweile sogar, dass du sie nicht gekillt hast. Und weißt du auch, warum? Weil du so besessen bist von dem Gedanken, alles zu teilen, dass du irgendwann deinen Verstand in einen kranken und einen gesunden Teil aufgespalten hast. Ich schätze mal, in deiner Kindheit ist etwas gehörig schiefgelaufen. Vielleicht hat deine Mama dich auf eine spezielle Art *geteilt?*«

Markus' Kehle schnürte sich zusammen, so dass ihm das Atmen schwerfiel.

»Du verdammtes Schwein«, stieß er heiser aus. »Lass meine tote Mutter aus dem Spiel.«

»Natürlich weißt du nichts davon, weil der gesunde Teil deines Verstandes gerade die Oberhand hat. Aber lassen wir das, das ist nicht mein Problem. Darum soll sich der Gefängnispsychiater kümmern, wenn ich mit dir fertig bin. Kehren wir zurück zum eigentlichen Thema. Lass dir nicht einfallen, das Smartphone wegzuwerfen oder irgendjemandem unterzujubeln. Ich werde dich in unregelmäßigen

Abständen anrufen. Wenn ich dich nicht erreichen kann, beginnt die Leonie-Show sofort. Hast du das verstanden?«

»Das können Sie …«

»Ich frage ein letztes Mal: Hast du das verstanden?«

»Ja«, presste Markus mühsam zwischen den Zähnen hervor. Er befürchtete, an der Verzweiflung und Wut, nein, an dem *Hass* jeden Moment zu ersticken. »Wie lautet diese Aufgabe?«

»Das wirst du erfahren, wenn es an der Zeit ist. Noch sechs Minuten, dann beginnt Stufe eins. Verpass den Start nicht, der Zugang ist nur noch bis eine Minute nach zehn freigeschaltet. Danach ausschließlich für zahlende Kunden, zu denen du ja nicht gehörst. Es haben sich übrigens rund fünfzigtausend Gäste aus der ganzen Welt angemeldet. Ich stelle fest: Du hattest recht. Mit Sharing lässt sich eine Menge Geld verdienen, wenn man sich nicht um die Gefühle anderer schert. Also – gib dein Bestes. Ach, fast hätte ich vergessen, es zu erwähnen: Ab jetzt verliert deine Tochter in jeder Stunde ein Kleidungsstück. Schuhe, Strümpfe, Jeans … du weißt, wie es weitergeht. Fünf Stunden, fünf Kleidungsstücke. Um drei Uhr ist sie dann bereit für die Show. Und noch etwas: Wie du sicher schon bemerkt hast, sind Bildschirmfotos auf dem Smartphone nicht möglich. Ich habe diese Funktion irreparabel beschädigt. Du siehst, ich denke an alles.«

Klick.

In Markus' Kopf schwirrte es wie in einem Bienenstock. Um drei Uhr würde seine Tochter vollkommen nackt sein. Vor den Augen Tausender perverser Spanner. Der Gedanke legte sich wie ein rotes Tuch über Markus' Bewusstsein und drohte, seinen Verstand zu lähmen und ihn handlungsunfähig zu machen. Das durfte er nicht zulassen. Mit aller Willenskraft verdrängte er diese Vorstellung und konzentrierte sich auf die anderen Dinge, die der Mistkerl gesagt hatte.

Vielleicht hat deine Mama dich auf eine spezielle Art geteilt.

Das war so ungeheuerlich, dass Markus das Gefühl hatte, allein das Nachdenken darüber könne dazu führen, dass er vollkommen den Verstand verlor. Den Verstand, der angeblich sowieso schon nicht mehr gesund war. Er dachte an die Psychopharmaka, die Sarah erwähnt hatte und von denen er nichts wusste.

Nein, das war unmöglich. Dieser Mistkerl hatte sich auf die Fahne geschrieben, ihn zu vernichten, und versuchte, ihm etwas einzureden. Aber jetzt musste er diese Überlegungen beiseiteschieben und sich voll und ganz auf die kommenden Stunden konzentrieren.

Sharing und Leid, das dadurch erzeugt wurde … Immer wieder ritt Leonies Entführer auf diesem Thema herum. Es gab definitiv nur einen Mann, der – zumindest soweit er wusste – durch die Folgen des Carsharings Leid erfahren hatte, und das war Hans-Peter Rövenich.

Markus hob das Smartphone hoch, entsperrte es und öffnete den *Onion-Browser,* wo die Seite noch immer aktiv war, auf der seine Tochter einer abartigen Gruppe von Betrachtern vorgeführt wurde. Er wollte aufschreien beim Anblick seines auf den Stuhl gefesselten und nur mit Jeans und BH bekleideten Kindes. Er sah die Zahl am unteren Rand, die anzeigte, wie viele dieser perversen Schweine sich an Leonies Anblick und ihrer Angst aufgeilten. Er erstickte fast an seiner Wut, während er sich noch immer wie ein gejagtes Tier vor der Polizei versteckte.

Es war vier Minuten vor zehn. Noch war die Seite frei erreichbar.

Mantzke! Wenn er ihn jetzt sofort anrief, würde der Kommissar sehen, dass Markus die Wahrheit gesagt hatte. Dann *musste* er ihm glauben. Wenn er doch nur ein Bildschirmfoto machen könnte … aber das nutzte jetzt nichts, er musste handeln. Mit einer hastigen Wischbewegung war der Browser vom Display verschwunden, doch noch während er auf die Telefon-App tippte, fiel ihm ein, dass Mantzkes Nummer auf diesem Handy nicht in der Anrufliste stand.

Drei Minuten vor zehn. Seine Gedanken überschlugen sich. Es gab nur eine Möglichkeit. Er tippte auf Sarahs Namen in der Liste und drückte das Telefon an sein Ohr. Er atmete so heftig, als hätte er gerade einen Lauf hinter sich gebracht.

»Ja?«, meldete sie sich knapp.

»Sarah, bitte leg nicht auf. Ich brauche dringend Mantzkes Nummer. Kannst du sie mir bitte geben?«

»Markus … ich sagte dir doch schon …«

»Ich will doch nur eine Telefonnummer, verdammt«, zischte Markus und konnte sich nur mühsam zusammenreißen, sie nicht anzubrüllen.

»Also gut«, sagte sie nach einer kurzen Pause. »Moment.«

Eine Minute vor zehn. »Ruf mich bitte nicht mehr an, wenn ich dir die Nummer gegeben habe, okay? Ich hätte nie gedacht, dass du zu so etwas …«

»Sarah! Die Nummer!«

Sie nannte ihm Mantzkes Telefonnummer, die Markus mit geschlossenen Augen ein paarmal in Gedanken wiederholte.

»Danke«, sagte er knapp, legte auf und tippte sofort danach die Zahlenfolge in den nummerischen Block der Telefon-App.

»Ja?«, meldete sich der Kommissar auf die gleiche Art, wie Sarah es zuvor getan hatte.

»Hier spricht Markus Kern. Bitte, hören Sie mir nur zu. Es zählen Sekunden.«

»Herr Kern! Sagen Sie mir, wo Sie sind.«

»Ich schicke Ihnen …«

»Herr Kern, sie müssen …«

»Nein. Bitte. Es ist enorm wichtig. Ich schicke Ihnen einen Link über WhatsApp«, stieß Markus hastig aus. »Öffnen Sie ihn sofort. Jede Sekunde zählt.«

Er nahm das Telefon vom Ohr und leitete den Link an Mantzkes Nummer weiter.

»Haben Sie ihn?«

»Moment … ja.«

»Schnell. Öffnen Sie ihn.« Die Uhr des Handys zeigte zehn Uhr und siebzehn Sekunden. Markus wechselte zum Browser und starrte auf das Bild, das sich ihm bot. Der Bildschirm war nun geteilt. Auf zwei Dritteln der Fläche war noch immer Leonie zu sehen, im anderen Drittel war ein Stadtplan von Frankfurt und der näheren Umgebung eingeblendet. Und darauf, gleich neben der Grünfläche mit der Beschriftung *Palmengarten*, blinkte ein roter Punkt. Das war *er*. Wenn Mantzke die Seite rechtzeitig aufrief, würde er sehen, wo er sich versteckte. Aber das war egal, denn dann würde er auch Leonie sehen.

Markus blickte wieder auf die Uhrzeit. Zehn Uhr und neunundvierzig Sekunden. Hastig hielt er sich das Smartphone wieder ans Ohr. »Und? Sehen Sie es?«

»Ich sehe nichts«, entgegnete Mantzke mürrisch. »Das ist ein Link aus dem Darknet, den kann ich mit meinem Handy nicht öffnen.«

»Haben Sie keinen Onion-Browser?«, rief Markus entsetzt.

»Nein, nicht auf meinem Smartphone. Dazu muss ich an mein Notebook. Aber zuerst möchte ich wissen, was das Ganze soll.«

»Gleich, aber bitte …« Es war eigentlich schon zu spät, aber vielleicht konnte man trotzdem noch etwas sehen. »Moment!«

Erneut ließ Markus das Handy sinken, tippte auf das Display, wechselte zum Browser und … starrte auf einen schwarzen Bildschirm mit einer Eingabemaske in der Mitte, unter der stand: *Passwort.*

Markus ließ den Kopf hängen.

Vorbei!

26

Die Scheinwerfer waren derart hell gewesen, dass das Licht ihr in den Augen brannte, wenn sie versuchte, die Lider zu öffnen. Offenbar hatte ihr Entführer das bemerkt und die Helligkeit so weit heruntergedimmt, dass Leonie zwar immer noch geblendet wird, wenn sie die Augen öffnet, es ihr aber keine Schmerzen mehr bereitet.

An den beiden Kameras leuchten nun rote Lämpchen, was bedeutet, dass sie angeschaltet wurden. Sie wird gefilmt, und verrückterweise empfindet sie die Tatsache, dass der Mann im Overall ihre Beine auseinandergezogen und festgebunden hat, noch schlimmer als ihren fast nackten Oberkörper. Wer auch immer sich das ansieht, kann ihr zwischen die Beine schauen und wird den nassen Fleck auf ihrer Jeans sehen. Und jeder wird wissen, dass sie sich in die Hose gemacht hat.

Sie hat die Versuche aufgegeben zu erkennen, was hinter den Scheinwerfern geschieht.

Ihre Gedanken springen zu dem Moment zurück, als ihr Entführer vor den Scheinwerfern gestanden hat und ihr aufgefallen war, dass er deutlich schlanker ist als derjenige, der sie aus ihrem Zimmer entführt hat. Sie hat es also mit zwei Entführern zu tun.

Sie wendet den Kopf und liest zum wiederholten Mal die Wörter auf dem Flipchart, ohne sie zu verstehen.

Als sie aus dem Augenwinkel eine Bewegung zwischen den Scheinwerfern wahrnimmt, zuckt ihr Kopf herum. Ihr Entführer – einer *ihrer Entführer* – kommt auf sie zu. Er hat sein Aussehen verändert. Der schlanke Körper steckt nach wie vor in dem blauen Overall, doch statt der Haube mit dem Sehschlitz bedeckt nun eine Maske aus schwarz glänzendem Material den Kopf, in der lediglich zwei Löcher für die Augen frei sind. Die Stelle, unter der sich der Mund befindet, ist mit einem metallenen Reißverschluss verschlossen.

Es sieht so angsteinflößend aus, dass sie einen wimmernden Laut ausstößt.

Der Mann postiert sich neben ihr und dreht ihren Kopf so, dass sie in die Kameras blickt. Als er dann plötzlich eine Hand hebt, sie mit einem Abstand von wenigen Zentimetern vor Leonies rechte Brust hält und so tut, als würde er zudrücken, wird Leonies Wimmern zu einem dumpfen Schrei.

27

Mittwoch, 22.04 Uhr

»Herr Kern?«

Markus hörte die Stimme kaum. Erst einige Atemzüge später hielt er sich das Smartphone wieder ans Ohr.

»Ja.« Seine Stimme klang so leer, wie er sich fühlte.

»Wie lautet das Passwort?«

»Ich weiß es nicht.«

»Sie wissen es nicht? Und warum sollte ich dann unbedingt diese Seite öffnen?«

Markus atmete frustriert aus. »Bis eine Minute nach zehn konnte man die Seite noch ohne Passwort erreichen. Meine Tochter war darauf zu sehen. Sie ... war auf einem Stuhl festgebunden. Wie meine Frau in der letzten Nacht. Nur, dass sie nicht ganz nackt war. Noch nicht.«

»Haben Sie das inszeniert?«

Selbst diese irrsinnige Frage erzeugte in dem Moment keine Emotionen in Markus.

»Natürlich nicht. Hätte ich Sie sonst angerufen?«

»Herr Kern, noch ist Zeit, das Schlimmste zu verhindern. Stellen Sie sich, dann werden wir ...«

»Zum hundertsten Mal: Ich habe weder meine Frau ermordet noch meine Tochter entführt. Der Entführer hat mich gerade eben angerufen und damit gedroht, meiner Tochter um drei Uhr heute Nacht vor laufender Kamera das Gleiche anzutun wie meiner Frau, und ich werde ganz bestimmt nicht in ihrem Präsidium herumsitzen und blödsinnige Fragen beantworten, während die Zeit abläuft. Sie werden sich für Ihr Verhalten verantworten müssen. Wenn meiner Tochter etwas geschieht, weil Sie zu borniert sind, auch nur in Betracht zu ziehen, dass ich nicht der Täter sein könnte, sondern das Opfer, und die halbe Frankfurter Polizei nach *mir* suchen lassen statt nach meinem entführten Kind, werde ich keine Ruhe geben, bis Sie dafür zur Rechenschaft gezogen werden, das schwöre ich Ihnen. Sie …« Das Signal für einen ankommenden Anruf ließ Markus stocken. »Ich muss auflegen.«

Ohne zu zögern, beendete er das Gespräch und nahm den Anruf an.

»Na, war der Herr Kommissar zu langsam?«

Der Mistkerl bekam also tatsächlich jede Aktion auf dem Smartphone mit.

»Ja, aber das war ja wohl auch so gedacht.«

»Deine erste Aufgabe ist ganz einfach. Sie trägt den Titel: *Der Beginn der Selbsterkenntnis.* Ruf dein Profil bei Instagram auf, poste ein Foto eures Firmenschildes und schreibe dazu einen Text, in dem du dich damit brüstest, mit Sharing eine Menge Geld zu verdienen und dass es dir dabei vollkommen gleichgültig ist, wie viel Unglück und Leid du dadurch bei anderen verursachst. Und … sei überzeugend, sonst verliert deine Tochter ein Kleidungsstück.«

»Instagram? Aber ich habe kein Profil dort.«

»Wie gesagt, es geht um *Selbsterkenntnis.* Du *hast* ein

203

Instagram-Profil, und du solltest keine Zeit verlieren. Ich melde mich.«

Wie viel Unglück und Leid du dadurch bei anderen verursachst ...

Markus war sicher, es gab nur einen Menschen, der diese verdrehte Sichtweise hatte, und das war Hans-Peter Rövenich.

Markus nahm das Smartphone vom Ohr und starrte es ratlos an.

Instagram ... Er wusste, dass man dort Fotos posten und mit einem Text versehen konnte und dass es auf der Plattform von Influencern wimmelte, die mit einer Kombination aus Selbstinszenierung und Produktplatzierung Geld verdienten, aber er hatte dort kein Profil und es somit auch noch nie genutzt.

Einer Eingebung folgend, wischte er auf dem Display nach links und betrachtete die installierten Apps. Das bunte Icon ganz oben sprang ihm sofort ins Auge.

Instagram.

Markus öffnete die App, woraufhin er aufgefordert wurde, seinen Benutzernamen, die Mailadresse oder die Telefonnummer und sein Passwort einzugeben.

Ruf dein Profil bei Instagram auf ... sein Profil.

Einen Benutzernamen hatte er nicht, also tippte er seine private E-Mail-Adresse ein und zögerte dann beim leeren Feld für das Passwort.

Ein Geräusch in seiner Nähe ließ ihn zusammenfahren. Er hielt den Atem an, lauschte ... Da war es wieder, ein Rascheln in dem Busch vor ihm. Erleichtert stellte er fest, dass es zu leise war, um von einem Menschen zu stammen.

204

Zudem entfernte es sich schnell. Ein Tier. Er widmete sich wieder dem Smartphone.

Das Passwort. Auch wenn es ihm unsinnig erschien, tippte er sein Standard-Passwort ein, das er überall dort nutzte, wo er sich im Internet anmelden musste, und bestätigte die Eingabe. Er erhielt eine Fehlermeldung.

»Logisch!«, zischte Markus leise.

Du hast ein Instagram-Profil, hatte der Scheißkerl gesagt. Aber Markus war sicher, dass das nicht stimmte. Wie also sollte er sich bei einem verdammten Profil anmelden, das nicht existierte?

Es war zum Verrücktwerden. Er zermarterte sich den Kopf.

Da gab es noch ein zweites Passwort, das er aber ausschließlich für seinen Zugang zum Online-Banking nutzte. Er hatte es für diese sensible Anwendung bewusst kompliziert gestaltet mit Groß- und Kleinbuchstaben, Ziffern und Sonderzeichen. In der Gewissheit, dass es nicht funktionieren konnte, bestätigte er die Eingabe und ... war angemeldet.

Irritiert blickte Markus auf den Bildschirm, auf dem ihm gerade ein Foto von einem Benutzer namens *Django-King* gezeigt wurde, auf dem ein zähnefletschender Pitbull zu sehen war. Der Text darunter bestand lediglich aus den Wörtern: *Neue Kampfmaschine!*

Wie, zum Teufel, war es möglich, dass er ein Instagram-Profil hatte? Mit dem Passwort, das er für nichts anderes nutzte als seinen Bankzugang und das niemand außer ihm kannte? Und warum wurde ihm als Erstes das Foto eines Pitbulls gezeigt? Hatte der Entführer das Profil angelegt? Doch woher sollte er dieses spezielle Passwort kennen?

Wie auch immer, Markus war zum ersten Mal auf dieser Plattform angemeldet, da war er sicher, und er hatte jetzt nicht die Zeit, sich darüber den Kopf zu zerbrechen. Das konnte er später tun.

Er ließ den Blick über den kleinen Bildschirm wandern und versuchte, sich zu orientieren. Ein Plus-Zeichen oben rechts schien das zu sein, was er brauchte, um diesen bescheuerten Beitrag zu schreiben. Fehlte ihm noch ein Foto ihres Firmenschildes, aber das würde er sich von der Website besorgen.

Im unteren Bereich ganz rechts gab es ein winziges, rundes Foto von ihm selbst, bei dessen Anblick ihm trotz der frostigen Temperaturen eine heiße Welle durch den Körper schoss. Er klickte darauf, woraufhin sich eine neue Seite öffnete, auf der das Foto größer zu sehen war, was jeden noch vorhandenen Zweifel ausräumte: Es handelte sich um einen Schnappschuss aus ihrem USA-Urlaub im vorletzten Jahr, den Bettina auf einer Shooting-Range gemacht hatte. Markus posierte darauf mit einem großkalibrigen Revolver.

»Scheiße«, entfuhr es ihm. Dieses Foto hatte er noch nie jemandem gezeigt, geschweige denn irgendwo gepostet.

Als Nächstes sprang ihn der Name an, der fettgedruckt oben links stand und der offensichtlich der Benutzername war.

no.mercy stand dort. Keine Gnade.

Das Bild begann, vor seinen Augen zu verschwimmen. Markus starrte zu den dunklen Büschen, von denen er umgeben war, und suchte einen Punkt, an dem sein Blick sich festhalten konnte.

Wer konnte dieses Profil angelegt haben? Wie war derjenige an das private Foto gekommen, und woher kannte er sein Passwort? Nicht einmal Bettina hatte es gekannt.

Markus schüttelte den Kopf. Es gab jetzt Wichtigeres, über das er sich Gedanken machen musste. Leonie. Er musste sich darauf konzentrieren, seiner Tochter zu helfen.

Mit einem tiefen Atemzug pumpte er kalte Luft in seine Lungen, dann wechselte er auf dem Smartphone zum Browser und hatte kurz darauf ein Foto des Firmenschildes von ihrer Website heruntergeladen und auf dem Smartphone gespeichert. Zumindest das funktionierte.

Zurück auf Instagram, klickte er auf das Plus-Zeichen, bestätigte das Foto, das ihm automatisch angezeigt wurde, und begann, seinen Text zu schreiben.

Hiermit gebe ich zu, dass ich mit unserer Firma viel Geld …

Er stockte. *Einen Text, in dem du dich damit brüstest, mit Sharing eine Menge Geld zu verdienen*, hatte der Kerl gefordert. Und überzeugend solle er sein.

Markus löschte die Eingabe und überlegte, wie er diesen Text formulieren konnte. Sein Trost war, dass das Profil nicht unter seinem Namen lief. *no.mercy* … das hatte nichts mit ihm zu tun. Als sein Blick wieder auf das Foto ihres Firmenschildes fiel, erkannte er seinen Irrtum. *Kern & Kern Carsharing.* Deutlicher konnte der Nutzername ja wohl nicht einem realen Namen zugewiesen werden. Und genau das war es, was der Mistkerl wollte. Aber auch diese Überlegungen waren jetzt unwichtig. *Sei überzeugend, sonst verliert deine Tochter ein Kleidungsstück …*

Markus pustete auf seine Finger, um sie zu wärmen. Sie waren mittlerweile so kalt, dass er sie kaum noch bewegen konnte. Schließlich gelang ihm das Tippen nach und nach wieder:

Hi zusammen!
Ich muss es einfach mal loswerden. Ich verdiene eine ganze
Menge Geld mit Carsharing. Ja, ihr lest richtig. Ich
stelle euch eine Reihe alter Autos zur Verfügung und lasse
euch viel Geld dafür zahlen, damit ihr sie nutzen könnt.
Okay, hier und da knallt es mal, aber das ist mir ziemlich
gleichgültig.
Hauptsache, die Kasse stimmt. In diesem Sinne …

Nachdem er die Sätze mit einem flauen Gefühl im Magen noch einmal durchgelesen hatte, klickte er auf *Teilen* und hoffte, dass sein Text überzeugend genug war.

Ein Blick auf die Uhr zeigte, dass es 22.26 Uhr war. Es konnte nicht mehr lange dauern, bis Phillip auftauchte. Bald nicht mehr allein zu sein, das war so ziemlich der einzige Grund, dass Markus noch durchhielt, abgesehen vom Gedanken an die Situation, in der sich seine Tochter befand.

Bevor er die Instagram-App schloss, warf er noch einen Blick auf das Profil und entdeckte dabei einen Link unter dem Foto. Der kryptische Name sowie die Endung *.onion* deuteten auf eine weitere Seite im Darknet hin. Schon wieder.

Zum wiederholten Mal stellte Markus sich die Frage, was das alles zu bedeuten hatte. Was bezweckte der Kerl, der erst seine Frau und dann seine Tochter entführt hatte, mit diesen Spielchen? Ging es ihm wirklich nur darum, sich an ihm – wofür auch immer – zu rächen? Oder steckte noch etwas anderes dahinter? Aber was?

Selbsterkenntnis. Auf diesem Instagram-Profil gab es rein gar nichts, was mit ihm zu tun hatte. Worin also sollte seine Selbsterkenntnis bestehen? Hatte es etwas mit diesem Link zu tun, den er offenbar entdecken sollte?

Es gab nur eine Möglichkeit, das herauszufinden: Markus kopierte den Link in den Onion-Browser des Smartphones, woraufhin sich eine Seite öffnete, auf der erneut die Eingabe eines Usernamens und eines Passworts verlangt wurde. Darüber stand in geschwungenen Lettern: *INEXORABILIS.*

Markus hatte auf dem Gymnasium zwar das große Latinum gemacht, doch die Bedeutung dieses Wortes hatte er entweder nie gekannt oder aber vergessen.

Er überlegte, seinen Namen als Benutzernamen einzugeben, entschied sich dann aber für *no.mercy* und das Banking-Passwort. Es funktionierte auf Anhieb. Als sich die nächste Seite öffnete, klärte sich auch, was das lateinische Wort bedeutete.

28

Mittwoch, 22.31 Uhr

Bei der Seite handelte es sich offensichtlich um ein Forum, und die Überschrift sowie die Art der Posts ließ auch erahnen, welcher Geisteshaltung die ausschließlich männlichen Mitglieder waren.

INEXORABILIS – Die Unerbittlichen

Der Inhalt der Posts, die auf der Startseite angezeigt wurden, war derart primitiv sexistisch, frauenverachtend und gewaltverherrlichend, dass es Markus bei dem Gedanken, einen Account dort zu haben, fast schlecht wurde.

Oben links gab es einen Button mit der Beschriftung *Eigene Beiträge*. Als würde er magisch davon angezogen, wanderte Markus' Finger zu der Stelle und klickte sie an.

Eine lange Liste mit Überschriften wurde ihm angezeigt, die alle angeblich von ihm veröffentlicht worden waren. Nervös klickte Markus wahllos eine davon an. Der Beitrag war etwa sechs Wochen alt und trug die Überschrift: *Einfach auf die Fresse*. Der Text beschrieb mit vulgären Begriffen, die keinesfalls von ihm stammten, wie der Verfasser angeblich seine Frau – *Bettina* – misshandelte, nachdem sie es gewagt hatte, ihm zu widersprechen. Die zustimmenden Kommentare darunter waren entsprechend ekelhaft.

Markus riss sich von den unerträglichen Beschreibungen exzessiver Gewalt los und kehrte zurück zu der Liste. Sein Magen zog sich krampfartig zusammen.

Die Datumsangaben am rechten Rand der Zeilen reichten bis fast ein Jahr zurück, wie er beim schnellen Durchscrollen feststellte.

Erneut versuchte Markus, sich einen Reim darauf zu machen, was das alles zu bedeuten hatte, allerdings erfolglos.

Wer machte sich die Mühe, über einen Zeitraum von fast einem Jahr solch schreckliche Dinge in einem Account zu posten, der mit seinem geheimen Passwort erstellt worden war? Und warum hatte …

Ein eingehender Anruf lenkte Markus von seinen Überlegungen ab. Es war Phillip.

»Wo genau bist du?«, wollte er wissen. »Ich parke etwa fünfzig Meter neben dem Eingang des Palmengartens.«

»Ja, gut«, erwiderte Markus, froh darüber, die Stimme seines Freundes zu hören. »Ich bin ganz in der Nähe. Siehst du irgendwo Polizei?«

»Nein, kein Mensch in Sicht, und auch auf dem letzten Stück hierher habe ich niemanden gesehen.«

Sollten sie tatsächlich aufgegeben haben? Oder waren sie davon ausgegangen, dass er sich möglichst weit vom Haus seiner Schwiegereltern entfernen und nicht in die Nähe zurückkehren würde?

»Okay, warte da, ich komme.«

Markus widerstand der Versuchung, noch einen Blick auf das Forum zu werfen, speziell auf das Profil *seines* Accounts, und steckte das Smartphone ein. Darum würde er sich später kümmern müssen. Vielleicht entdeckte er ja etwas, das ihn weiterbrachte.

Als er sich mit beiden Händen auf dem eiskalten Boden abstützte und sich hochdrückte, fuhr ihm ein heftiger Schmerz in den Rücken und die Beine. Er stöhnte auf und verharrte einen Moment in gebeugter Haltung, bevor er sich vorsichtig aufrichtete.

Nachdem er ein paarmal durchgeatmet hatte, bahnte er sich einen Weg zwischen den Büschen hindurch zu dem schmalen Pfad, über den er gekommen war. Mit einigen Schritten erreichte er einen Baum, blieb daneben stehen und lauschte mit angehaltenem Atem. Außer dem weit entfernten Motorengeräusch eines vorbeifahrenden Autos war alles still.

Markus ging um den Baum herum und machte sich auf den Weg. Kurz darauf erreichte er die Straße, die am Eingangsgebäude des Palmengartens vorbeiführte, und lief in Richtung des Gebäudes.

Der Golf stand am Rand eines Parkplatzes an einer wenig beleuchteten Stelle. Phillip war nur als dunkler Schemen im Inneren zu erkennen, als Markus sich dem Wagen näherte.

Nachdem er sich ein letztes Mal umgesehen hatte, stieg er auf der Beifahrerseite in das Auto und zog die Tür behutsam zu.

»Alles okay?«, fragte Phillip mit ernster Miene.

»Nein, alles andere als das.« Markus griff nach dem Gurt und schnallte sich an. »Aber danke, dass du gekommen bist. Du bist meine letzte Rettung, das werde ich dir nie vergessen.«

»Schon okay, das ist doch selbstverständlich.«

Markus schüttelte den Kopf. »Nicht, wenn man als vermeintlicher Mörder von der Polizei gesucht wird. Da ist man ganz schnell sehr allein.«

»So ein Quatsch. Jemand, der dich kennt, kann doch nicht ernsthaft glauben, dass du zu so was fähig wärst.« Und nach einem kurzen, humorlosen Lachen fügte Phillip hinzu: »Ich hoffe allerdings, dass ich dich nicht falsch einschätze.«

»Nein, das tust du nicht. Aber einige andere schon. Auch das werde ich nicht vergessen«, erwiderte Markus bitter.

»Also: Wo fahren wir jetzt hin?«

Markus musste nicht lange nachdenken. »Nach Wöllstadt«, entgegnete er grimmig. »Ich muss jemandem einen Besuch abstatten.«

Wortlos startete Phillip den Motor und fuhr los. Das erste Stück legten sie schweigend zurück, und Markus beobachtete konzentriert die Umgebung auf der Suche nach Polizei. Als sie das Gebiet um den Palmengarten endlich hinter sich gelassen hatten, sah Phillip zu Markus herüber. »Stehst du mit diesem Kerl noch in Verbindung?«

»Ja, er ruft mich an und sagt mir, was ich als Nächstes zu tun habe.«

»Und? Bringst du mich auf den aktuellen Stand?«

»Ja, klar«, entgegnete Markus und erzählte Phillip in Kurzform alles Wichtige, das er in den letzten Stunden erlebt hatte. Lediglich das Forum verschwieg er, ohne selbst genau zu wissen, warum.

»Puh! Das ist ja echt heftig«, kommentierte Phillip. »Und du denkst, dieser Rövenich steckt hinter alldem?«

213

»Er ist der Einzige, der mir einfällt. Und so, wie der Kerl am Telefon immer wieder auf dem Carsharing herumritt, kann es niemand anderes sein. Auch die Idee mit diesem schwachsinnigen Text, den ich bei Instagram schreiben musste, passt zu ihm. Es ging ihm schon damals, gleich nach dem Unfall, nur darum, uns öffentlich bloßzustellen.«

»Und du denkst, er macht dich immer noch für den Unfall verantwortlich, und seine Wut ist noch so groß, dass er dafür einen Mord begeht und ein Kind entführt? Nach über zwei Jahren?«

»Ja. Ich glaube, der würde mich am liebsten tot sehen.«

»Aber ihr konntet nichts dafür, das muss er doch einsehen. Ich meine, die Fahrzeuge wurden bereits damals genauso sorgfältig geprüft und regelmäßig in Fachwerkstätten gewartet wie heute.«

»Natürlich. Aber wenn man so einen Schicksalsschlag erlebt, denkt man nicht mehr logisch. Ich habe ihm damals seine Beschuldigungen nicht übelgenommen. Der Mann hat seine Frau und sein kleines Kind verloren …« Markus musste schlucken, bevor er leise weitersprach. »Ich weiß ja jetzt, wie schrecklich sich das anfühlt.«

Nach einer erneuten Pause, die auch Phillip nicht unterbrach, fuhr Markus fort: »Wir wollten ihn nach dem Prozess ein wenig finanziell unterstützen, aber nicht weil wir ein schlechtes Gewissen gehabt hätten, sondern weil er uns leidgetan hat und wir ihm einfach über die erste schwere Zeit hinweghelfen wollten, damit er zumindest keine finanziellen Schwierigkeiten hat. Aber er war so voller Hass … Und nach dem, was ich heute bei dem kur-

214

zen Gespräch mit ihm erlebt habe, ist klar, dass sich daran nichts geändert hat. Zudem hat er angefangen zu trinken.«

»Ja, okay, aber trotzdem … einen Mord?«

Markus zuckte mit den Schultern. »Er weiß, dass er juristisch nichts erreichen kann, und machte auf mich den Eindruck, als wäre ihm mittlerweile alles egal, auch sein eigenes Leben. Ich denke, ihm ist diese Sache durchaus zuzutrauen.«

»Und was ist mit … wie hieß dieser Motorradfahrer noch mal?«

»Juss.« Markus dachte kurz nach und stieß dann ein zischendes Geräusch aus. »Seinen richtigen Namen kenne ich nicht, aber der ist wirklich okay. Ich war froh, dass er mir geholfen hat. Ich kann aber auch sehr gut verstehen, dass er sich ausgeklinkt hat. Irgendwann hört auch beim nettesten Kerl die Hilfsbereitschaft einem Fremden gegenüber auf. Zumal, wenn der als Mordverdächtiger gesucht wird und man sich strafbar macht, wenn man ihm hilft, wie du ja weißt.«

Phillip verzog den Mund zu einem bitteren Lächeln.

»Außerdem habe ich ihm versichert, dass ich tatkräftige Hilfe von meinem Schwiegervater bekommen würde. Das dachte ich zu diesem Zeitpunkt zumindest.«

Markus richtete den Blick durch das Seitenfenster auf die von der Straßenbeleuchtung erhellten Gebäudefassaden, die an ihm vorbeizogen. Geschäfte, Restaurants, Bürogebäude, Banken … Sie erschienen abweisend und kalt mit ihren dunklen Glasflächen, die nur hier und da von einem einsamen Licht erhellt wurden.

Obwohl ihm diese Welt der Banken und Finanzdienstleister im Herzen Frankfurts schon immer fremd gewesen war, kamen ihm in diesem Moment sogar die seelenlosen Betongebäude wie eine heile, normale Welt vor, zu der er nicht mehr gehörte.

»Hast du dir schon überlegt, wo du übernachtest?«, erkundigte sich Phillip.

»Nirgends. Heute Nacht wird die Entscheidung fallen, wie mein Leben weitergeht.«

Phillip hielt vor einer roten Ampel an und wandte sich Markus zu. »Heute Nacht? Sicher?«

»Ja. Wenn ich bis drei Uhr nicht alles so erledigt habe, wie das Schwein es erwartet, wird er meine fünfzehnjährige Tochter vor laufender Kamera vergewaltigen lassen. Wenn ich aber Glück habe, finde ich sie und ihren Entführer vorher.«

»Und dann?«

Markus gab ihm darauf keine Antwort, sondern richtete den Blick wieder aus dem Seitenfenster. Er war erschrocken über seine Gedanken, die wispernde Stimme in seinem Kopf.

29

Sie hat keine Vorstellung davon, wie lange sie schon auf diesem Stuhl sitzt, angestrahlt von den Scheinwerfern und beobachtet von den Kameras. Die roten Lämpchen kommen ihr wie die Augen winziger boshafter Dämonen vor, die auf den Gehäusen hocken und sie beobachten, als warteten sie nur auf eine Chance, über sie herzufallen.

Als plötzlich ein Schatten zwischen den Scheinwerfern auftaucht und auf sie zukommt, zuckt sie erschrocken zusammen.

Kurz vor ihr bleibt der Mann im Overall stehen, betrachtet sie einen Moment lang und kniet sich dann auf den Boden. Mit beiden Händen packt er ihr rechtes Fußgelenk und drückt das Bein ein Stück weit nach oben, so dass das Seil schmerzhaft durch den Stoff der Jeans in ihre Haut schneidet. Bevor sie versteht, was geschieht, wird ihr ein Schuh vom Fuß gezogen und achtlos zur Seite geworfen, kurz darauf der andere. Sie stöhnt auf, bäumt sich ebenso verzweifelt wie vergeblich auf in dem Versuch, sich von den Fesseln zu befreien. Warum hat der Kerl ihr die Schuhe ausgezogen? Kommt als Nächstes ihre Jeans dran? Wird er sie jetzt ganz nackt ausziehen? Und dann vielleicht ... Sie brüllt mit aller Kraft gegen den Knebel in ihrem Mund an, wirft den Kopf hin und her und reißt an den Fesseln an ihren Handgelenken. Ihr Blick sucht den Entführer, und sie erstarrt. Sie keucht, und ihr Herz hämmert ihr gegen die Brust.

Er hat ihr den Rücken zugedreht und verschwindet in diesem Moment wieder in der Dunkelheit hinter den Scheinwerfern. Offenbar begnügt er sich damit, ihr die Schuhe ausgezogen zu haben. Zumindest für den Moment.

Aber die Aktion hat sie aus der Lethargie gerissen, in die sie verfallen war. Sie war dem Grauen der Realität entflohen und hatte sich in ihre Erinnerungen an eine Zeit zurückgezogen, in der noch alles gut war.

Nun ist ihr Bewusstsein wieder in dem Kellerraum, in dem sie gefangen gehalten wird. In dem bald irgendetwas Schlimmes mit ihr geschehen wird, das ahnt sie.

»Mm-mm«, schreit sie gegen den Knebel. »Mama.«

30

Mittwoch, 23.21 Uhr

Sie fuhren gerade auf der B3 an Bad Vilbel vorbei, als der Kerl wieder anrief.

»Du hast Hilfe«, begann er ohne Umschweife.

»Ja. Sie haben nichts davon gesagt, dass ich allein bleiben muss«, rechtfertigte sich Markus und rechnete damit, dass der Mann von ihm verlangen würde, Phillip sofort wegzuschicken.

»Ich habe es nicht für möglich gehalten, dass jemand, der dich kennt, dir tatsächlich noch helfen würde«, entgegnete der Mörder seiner Frau und Entführer seiner Tochter stattdessen. »Aber das ist mir egal. Somit gilt für euch beide ab jetzt: Ein Wort zur Polizei, und deine Tochter ist zwei Minuten später die Attraktion einer Show. Du hast deine erste Aufgabe erfüllt, kommen wir zur zweiten.«

»Was sollte das mit dem Instagram-Profil und diesem ekelhaften Forum?«

»Was denkst du?«

»Das haben Sie angelegt, um mich zu diskreditieren.«

»Falsch. Wie ich schon sagte: Es ging um *Selbsterkenntnis*. Alles andere musst du selbst herausfinden. Deine zweite Aufgabe lautet: Finde Irina beim Russen am Hamburger Fluss.«

»Was?«, stieß Markus verwirrt aus.

»Beeil dich.«

Klick.

»Und?«, fragte Phillip, als Markus wortlos vor sich hinstarrte. »Was sagt er?«

»Er überwacht das Handy und weiß, dass du bei mir bist.«

»Ja, das hörte sich so an. Und?«

»Ich soll eine Irina finden. Bei einem Russen am Hamburger Fluss.«

»Wer ist Irina?«

»Keine Ahnung. Und noch weniger weiß ich, wer dieser Russe am Hamburger Fluss sein soll.«

»Die Elbe!«

»Die Elbe?«

Phillip zuckte mit den Schultern. »Ja, der Hamburger Fluss ist die Elbe.«

»Er kann ja kaum wollen, dass wir nach Hamburg fahren.«

»Das nicht, aber vielleicht gibt es hier in der Nähe irgendwas, das mit der … Was ist mit der Elbestraße? Die ist in Frankfurt. Rotlichtviertel.«

»Hm … das könnte sein. Einen Russen kann ich mir da gut vorstellen, und eine Irina …«

»Soll ich umkehren?«

Markus dachte an Rövenich und dass er ihn unbedingt noch einmal zur Rede stellen wollte. Wenn sie nun aber nach Frankfurt zurückfuhren …

220

»Wir brauchen nur noch zehn Minuten bis Wöllstadt«, erwiderte er.

Phillip sah ihn an. »Aber du hast doch gesagt, er kann nachverfolgen, wo wir sind. Denkst du nicht, er wird sauer, wenn er merkt, dass wir in die entgegengesetzte Richtung fahren?«

»Wir müssen ja nicht gleich erraten haben, dass wir nach Frankfurt müssen. Könnte doch sein, dass wir in Wöllstadt nach dem Russen und Irina suchen.«

»Okay, wie du meinst.«

»Vielleicht schickt er mich genau deshalb nach Frankfurt«, spekulierte Markus. »Weil er gesehen hat, dass ich auf dem Weg zu ihm bin.«

»Hm …« Phillip schürzte die Lippen. »Wie gesagt – deine Entscheidung. Ich würde versuchen, den Mistkerl so wenig wie möglich zu reizen und schnell diesen Russen zu finden. Es geht um deine Tochter.«

Markus sah ein, dass das ein gutes Argument war, obwohl es ihn in den Fingern juckte, Rövenich noch mal gegenüberzustehen und ihm in die Augen zu sehen, wenn er ihm auf den Kopf zusagte, dass er derjenige war, der Leonie irgendwo vor einer Kamera auf einen Stuhl gefesselt hatte.

»Okay«, willigte Markus schließlich ein. »Kehr um. Wir fahren zurück.«

Eine Viertelstunde später waren sie wieder in der Frankfurter Innenstadt, nach weiteren fünf Minuten bog Phillip vor einem Hotel am François-Mitterrand-Platz von der Mainzer Landstraße ab, brachte den Wagen zum Stehen und deutete nach vorn zu einer Kreuzung. »Da beginnt die Elbestraße.«

Markus betrachtete die dicht an dicht geparkten Autos zu beiden Seiten des Straßenrandes und die bunte Leuchtreklame, die für *Eros-Center*, *Club-Bars* und *Table-Dance* warb. Rechts und links auf den Bürgersteigen standen trotz der Kälte kleine Gruppen von Leuten – meist Männer – zusammen, rauchten und unterhielten sich. Hinter der Kreuzung hockte ein verwahrlost aussehender junger Mann vor einer Hauswand auf dem Boden und starrte vor sich hin.

Sie überquerten die Kreuzung und fuhren durch die Elbestraße.

»Wie sollen wir hier einen Russen finden?«, fragte Markus, während sein Blick über die Häuserfronten wanderte.

»Das ist vielleicht ganz einfach«, murmelte Phillip und deutete auf ein Gebäude rechts vor ihnen. »Schau mal da.«

Markus sah in die Richtung, betrachtete die Leuchtreklame über einer Tür an einer schmutzig grauen Fassade und stieß gleich darauf ein »Wow!« aus.

Dort stand in fetten roten Buchstaben: ZUM ROTEN RUSSEN.

»Dann sehen wir mal zu, dass wir einen Parkplatz finden.« Phillip beugte sich ein Stück nach vorn und suchte die langen Fahrzeugreihen auf beiden Seiten der Straße ab, während er den Wagen langsam weiterrollen ließ.

Nach etwa hundert Metern fanden sie schließlich eine Lücke, die gerade groß genug für den Golf war.

Als sie aus dem Wagen stiegen, betrachtete Markus kurz die herumstehenden Männer, doch dann konzentrierte er sich auf ihr Ziel, den *Roten Russen*. Was immer ihn dort erwarten würde, es kam von dem Entführer und konnte somit nichts Gutes sein.

»Okay«, sagte Phillip, nachdem er den Wagen abgeschlossen hatte. »Dann wollen wir mal. Und wie immer die da drin reagieren, wenn wir anfangen, Fragen zu stellen – wir müssen ruhig bleiben. Lass dich nicht provozieren, die Typen hier fackeln nicht lange.«

Markus sah Phillip an, die Stirn gerunzelt. »Das ist mir klar, ich war hier früher abends auch ab und an mal unterwegs. Also los, gehen wir rein.«

Der Eingangsbereich des *Roten Russen* bestand aus einem in schummriges Licht getauchten Vorraum, in dem eine grellgeschminkte Frau mit grotesk voluminöser blonder Perücke und in einem viel zu weit ausgeschnittenen goldenen Glitzershirt hinter einem Tresen saß und ihnen gleichgültig entgegensah. Markus schätzte ihr Alter auf irgendetwas zwischen sechzig und siebzig.

Der Kerl, der zwei Meter neben ihr am Eingang zum eigentlichen Lokal auf einem Barhocker saß, war, im krassen Gegensatz zu ihr, komplett in Schwarz gekleidet und hatte eine Glatze. Seine Statur ließ auf eine langjährige Karriere als Bodybuilder schließen, sein Gesichtsausdruck wirkte versteinert. Durch den schwarzen Vorhang, der den Eingang zum Lokal verhängte, drang gedämpft ein alter deutscher Schlager.

»Guten Abend, Jungs«, begrüßte die Frau sie mit rauchiger Stimme, wobei ihr Blick für Markus' Geschmack einige Sekunden zu lange auf ihm ruhte, bevor sie sich zu dem Glatzkopf umwandte und ihn fragend ansah. Erst, als der kaum merklich nickte, wandte sie sich wieder an Markus und Phillip.

»Ich hätte gern sechzig Euro von jedem. Zwei Drinks inklusive. Getränke für die Ladys müssen extra gezahlt werden.«

Markus fiel siedend heiß ein, dass er das Geld von Sarah komplett an Juss weitergegeben hatte. Er wandte sich zu Phillip um und sagte leise: »Kannst du das übernehmen? Du bekommst alles zurück.«

Phillip nickte, zog eine Geldbörse aus der Tasche und zählte ein paar Scheine auf den Tresen, die die Alte wortlos einstrich, bevor sie zum Eingang wies.

»Viel Spaß.« Dabei musterte sie Markus noch einmal eindringlich.

Der Bodybuilder zog den Vorhang zur Seite und sah Markus ausdruckslos an. Nach einem letzten Blick in das bunte Gesicht der Alten ging Markus an dem Muskelberg vorbei und betrat, gefolgt von Phillip, das Lokal.

Er blieb kurz stehen, bis seine Augen sich an die Lichtverhältnisse gewöhnt hatten.

Der Raum war nicht sonderlich groß und fast leer. Die einzigen Gäste außer ihnen waren zwei Männer, die zusammen mit drei spärlich bekleideten jungen Frauen an einem Tisch saßen und Markus und Phillip nicht beachteten. Die leeren Sessel an den restlichen Tischen machten sogar in dem rötlichen Schimmer, der von kleinen Tischlampen mit roten Schirmen verbreitet wurde und über allem lag, einen schmuddeligen Eindruck.

Der rechteckige Thekenbereich nahm gut ein Drittel des Lokals ein, dahinter stand ein Kerl, der dem am Eingang zum Verwechseln ähnlich sah. Er blickte von seinem Handy auf und legte es hinter dem Tresen ab, als Markus

224

sich in Bewegung setzte und auf ihn zuging. Kurz bevor er ihn erreicht hatte, verzogen sich die Mundwinkel seines Gegenübers angewidert nach unten. »Toni! Is schon 'ne Weile her. Du bist entweder mutig oder verrückt, hier wieder aufzutauchen.«

»Bitte?«, entgegnete Markus und blieb zwischen zwei Hockern stehen.

»Du weißt schon, was ich meine.« Der Barkeeper knallte zwei Bierdeckel auf die Theke. »Was soll's denn sein?«

»Jack Daniel's Cola«, bestellte Phillip, der hinter Markus getreten war.

»Entschuldigung, aber wie haben Sie mich gerade genannt?« Markus' verständnisloser Blick ruhte noch immer auf dem Barmann.

»Der Herr ist heute wohl förmlich unterwegs. Ich hab dich beim Namen genannt, oder heißt du jetzt plötzlich nicht mehr Toni? Also, was trinkst du?«

»Ehm … Bier. Und nein, das war noch nie mein Name. Wie kommen Sie darauf?«

Der Barkeeper stemmte die Hände in die Hüften, wobei sich sein Gesichtsausdruck auf eine Art veränderte, die eine Alarmglocke in Markus zum Klingen brachte. »Sag mal, willst du mich verarschen? Das solltest du besser bleiben lassen. Schon gar nicht nach deinem letzten Auftritt hier.«

Bevor Markus antworten konnte, trat Phillip ihn gegen den Fuß. Nicht fest, aber so, dass er verstand.

»Nein, nein, alles okay. Wie gesagt, ich nehme ein Bier.«

Damit schien der Kerl zufrieden zu sein, denn er wandte sich ab und begann damit, das Mixgetränk für Phillip fertig zu machen.

Markus verstand nicht, was hier gerade ablief. Warum fragte ihn dieser Kerl, ob er ihn *verarschen* wolle? Warum hatte er ihn Toni genannt, und was hatte es mit dieser Andeutung auf *das letzte Mal* auf sich?

Mit einem unguten Gefühl tauschte Markus einen Blick mit Phillip, zog einen Hocker zu sich heran und setzte sich darauf. Nachdem Phillip sich neben ihm niedergelassen hatte, beugte er sich zu Markus herüber und raunte: »Scheint nicht dein erster Besuch hier zu sein.«

»Ich war noch nie in dieser Bar, verdammt. Ich habe keine Ahnung, was für eine Scheiße hier läuft.«

Phillips Gesichtsausdruck veränderte sich plötzlich, während sein Blick an Markus vorbei auf etwas hinter ihm gerichtet war. Eine Hand tauchte neben Markus auf und strich ihm kurz über den Unterarm. Markus wandte sich zur Seite und blickte in das hübsche Gesicht einer höchstens fünfundzwanzigjährigen Frau, die neben ihm auftauchte.

Wie bei den drei Damen, die mit den beiden anderen Gästen am Tisch saßen, bestand ihre einzige Bekleidung aus Spitzendessous, halterlosen Strümpfen und High Heels. »Hallo«, sagte sie und wandte sich dann Phillip zu. »Mein Name ist Fabienne.«

»Phillip«, stellte Phillip sich vor.

»Darf ich euch ein wenig Gesellschaft leisten?«

Als Phillip Markus einen fragenden Blick zuwarf, sagte der: »Ich würde gern mit Irina sprechen. Ist sie da?«

Noch bevor die junge Frau antworten konnte, schaltete sich der Barkeeper ein, der offenbar zugehört hatte.

»Sie will dich nicht sehen. Du hast ja echt Nerven, nach ihr zu fragen, nachdem du sie so zugerichtet hast.«

»Sie will mich nicht … Moment … zugerichtet? Hören Sie, hier muss ein Irrtum vorliegen. Ich kenne Irina nicht, und sie kennt mich mit Sicherheit auch nicht, ebenso wenig, wie *Sie* mich kennen können. Ich heiße auch nicht Toni, Sie verwechseln mich mit jemandem. Ich war noch nie hier. Man hat mir nur gesagt, ich soll hierherkommen und nach Irina fragen.«

Kommentarlos stellte der Kerl das leere Bierglas ab, das er in der Hand gehalten hatte, verließ den Tresenbereich und baute sich vor Markus auf. Dass die junge Frau, die sich Fabienne genannt hatte, fluchtartig verschwand, registrierte Markus nur am Rande.

»Jetzt pass mal auf, mein Freund. Wenn es nach mir gegangen wäre, hätte ich dir schon beim letzten Mal die Fresse poliert, als du Irina als Punchingball benutzt hast. Du hattest echt Glück, dass dem Chef die Knete wichtiger war, die du ihm geboten hast. Mir ist aber Irina wichtiger. Ich mag sie nämlich, und der Gedanke an das, was du mit ihr gemacht hast, macht mich so richtig sauer. Ich hab dir gesagt, wenn du noch einmal in Irinas Nähe kommst, verlierst du nicht nur deine Zähne, egal, was der Boss dazu sagt. Verpiss dich jetzt also besser ganz schnell, und lass dich nicht mehr blicken. Sonst passiert hier gleich was.«

Die Bewegung war so schnell, dass Markus sie nicht kommen sah. Der kurze Schlag, den er wie aus dem Nichts vor die Brust bekam, war so heftig, dass er alle Luft aus seinen Lungen presste. Markus kippte nach hinten und wäre fast vom Hocker gefallen. Noch während er damit beschäftigt war, sich an der Theke abzustützen und wieder aufzurichten, wurde er am Arm gepackt und auf die Beine

gezogen. »Los, verschwinde, bevor ich dir den Hals um-
drehe, du abartige Drecksau.«

Jetzt bekam Markus einen Schlag gegen den Rücken
und taumelte nach vorn. Es gelang ihm gerade noch,
einen Sturz zu verhindern. Am Ausgang blieb er stehen
und wandte sich um. Der Barmann stand noch immer vor
dem Tresen und starrte ihn an, und während Phillip vom
Hocker rutschte und auf ihn zukam, stieg etwas in Markus
hoch, das er nicht kontrollieren konnte. Die verzweifelte
Wut angesichts dessen, was in den letzten Stunden mit
ihm geschehen war, schaltete die Zentren seines Gehirns
aus, die für den Fluchtreflex und die Angst zuständig waren. Mit einem Mal war es ihm scheißegal, wie muskulös
und kampferfahren dieser Kerl war, es war ihm egal, dass
es die dümmste Idee war, die man haben konnte, sich in
einem Puff mit einem Schläger anzulegen, und dass er
wahrscheinlich die Prügel seines Lebens beziehen würde,
wenn er nicht augenblicklich verschwand. Er dachte nur
noch an das, was man mit seiner Frau gemacht hatte, an
ihren geschundenen und misshandelten Körper, und dass
derjenige, der ihn in diesen Drecksladen geschickt hatte,
das Gleiche mit seiner fünfzehnjährigen Tochter vorhatte.
Und er spürte, dass sich alles, was sich in den letzten Stunden ihn ihm angestaut hatte, entladen musste. In genau
diesem Moment.

31

Irgendwann haben ihre Gedanken sich verändert.

Lange waren sie ausschließlich von Angst erfüllt und drehten sich nur darum, was mit ihr geschehen würde und warum man ihr das alles antat. Wer ihre Entführer sind, ob sie Lösegeld für ihre Freilassung verlangen würden und ob ihr Vater dieses Lösegeld zahlen könnte. Dann, im Laufe der … Stunden? …, ist sie ruhiger geworden.

Während sie immer wieder die Augen vor dem grellen Licht geschlossen und bemerkt hat, dass die Helligkeit sogar durch ihre Lider dringt und dabei seltsame Muster erzeugt, hat sie sich gefragt, ob diese aufwendige Technik für ein Entführungsvideo aufgebaut wurde. Ein Film, der als Beweis an ihren Vater geschickt werden soll und der zeigt, wie sie nur mit Jeans und BH bekleidet auf einen Stuhl gefesselt dasitzt und sich vor Angst sogar in die Hose macht. Oder ob die grellen Scheinwerfer und die Kameras für die Show gedacht sind, die auf dem Flipchart angekündigt wurde, mit einem Finale um drei Uhr.

Als ihr Entführer ihr dann aber wortlos die Schuhe ausgezogen hat, ist ihr klargeworden, dass sie die Show ist. Dann hat sie sich erinnert, dass sie etwas gehört hat, als die Polizeibeamten bei ihnen zu Hause gewesen waren, um mit ihrem Vater zu reden. Dass ihre Mutter in der Nacht, in der sie ermordet wurde, im Internet gezeigt worden ist. Nackt.

Ohne den Gedanken auszuformulieren, hat sie gewusst, dass sie auch nackt sein wird in dieser Show. Weil der Kerl im blauen Overall ihr zuerst das Shirt und dann die Schuhe ausgezogen hat. Und sie weiß, dass ihre Mama nach der Show tot war.

Diese Erkenntnis hat eine zerstörerische Panik in ihr ausgelöst. Sie hat sich erneut gegen die Fesseln gestemmt, den Kopf hin und her geworfen und gegen den Knebel geschrien. Doch dann ist plötzlich etwas ganz Seltsames geschehen. Etwas fast schon Wunderbares.

Von einem Moment zum nächsten ist alle Angst verflogen. Einfach so. Sie hat aufgehört, sich gegen die Fesseln zu wehren und zu schreien, und ist nur noch ruhig dagesessen, hat die Muster innen auf ihren Augenlidern betrachtet und festgestellt, wie schön sie waren. Wie beruhigend.

Und dann haben ihre Gedanken sich verändert. Die Art ihrer Gedanken hat sich verändert. Sie hat nicht mehr in Worten gedacht, sondern in Bildern. Wie in einem inneren Kino hat sie ihre Mama gesehen und sich selbst. Sie hat sich tatsächlich selbst dabei beobachtet, wie sie als kleines Baby dagelegen und gestrampelt und strahlend gelächelt hat, als ihre Mama sie auf die kleinen Füße küsste und die winzigen Hände. Dann hat sie sich auf dem Dreirad beobachtet, das ihre Oma Christel ihr geschenkt hat. Ihre Mama hat sie angefeuert, als sie die erste Runde im Wohnzimmer gefahren ist, und die Oma hat in die Hände geklatscht. Und so haben sich ihre Gedanken in ihrem Kopf abgespult wie ein nicht enden wollender Film über ihr Leben, der nur kurz unterbrochen wurde, als der Mann ihr auch die Strümpfe von den Füßen gezogen und zur Seite geworfen hat.

Jetzt denkt sie den Film weiter. Sie ist am Tag ihrer Einschulung angekommen, als ihr inneres Auge sich in dem Gedan-

kenfilm umschaut und Mama sieht und Oma, sogar den Opa
Franz, der seine Videokamera vor dem Gesicht hat und sie dabei
filmt, wie sie ihre mit Süßigkeiten gefüllte, schwere Schultüte
tapfer festhält. Aber eine Person fehlt immer, in dem gesamten
Gedankenfilm, in dem sie so vielen Verwandten und Freunden
und Bekannten begegnet ist.

Wen sie bisher noch kein einziges Mal gesehen hat, ist ihr
Papa.

32

Donnerstag, 00.17 Uhr

Noch bevor Markus auf den Muskelberg zustürmen konnte, stellte sich Phillip ihm in den Weg. »Nicht!«, zischte er und deutete zum Ausgang. »Lass uns verschwinden, bevor wir nicht mehr auf unseren eigenen Füßen hier rausgehen können.«

Ein Blick in das Gesicht des Barkeepers bestätigte Markus, dass Phillip recht hatte. Noch immer aufgewühlt, wandte er sich ab und schob den Vorhang zur Seite. Als er – am Türsteher vorbei – den Vorraum betrat, hielt er jedoch so abrupt an, dass Phillip von hinten gegen ihn prallte.

Vor ihm stand eine junge, schlanke Frau mit schulterlangen schwarzen Haaren. Anders als die Frauen im Lokal trug sie eine Jeans und ein weißes T-Shirt. Sie hatte hohe Wangenknochen und war nicht hübsch im Sinn des klassischen Schönheitsideals, strahlte aber etwas aus, das Markus anziehend fand. Sie sah ihn an, und der Blick aus ihren dunklen Augen traf ihn bis ins Mark.

»O-ha!«, flüsterte Phillip dicht an seinem Ohr.

Der Mund der jungen Frau öffnete sich, doch es vergingen noch zwei, drei Sekunden, bevor sie sagte: »Was willst du schon wieder hier?« Sie sprach mit einem osteuropäischen Akzent, und ihre Stimme klang derart kalt, dass augenblicklich jegliche Anziehungskraft verflogen war.

»Irina«, sagte Markus intuitiv. »Sie müssen Irina sein.«

Ihre Mundwinkel zogen sich verächtlich nach unten, was ihrem Gesicht einen ordinären Ausdruck verlieh. »Hast du was geraucht, oder bist du wieder besoffen? Ja, ich bin Irina, die du zusammengeschlagen und fast erwürgt hast, du Wichser.«

»Das ist ein Irrtum«, behauptete Markus, wurde aber durch den Türsteher abgelenkt, der sich von seinem Barhocker erhob. »Verpiss dich!«, knurrte er und verschränkte die Arme vor der massigen Brust. »Ich sag's dir nur ein Mal.«

Markus nahm zur Kenntnis, dass er es ebenso ernst meinte wie gerade der Barkeeper. Aber dennoch …

Beschwichtigend hob er die Hand. »Ich gehe sofort, aber bitte … Jemand hat letzte Nacht meine Frau getötet und heute meine Tochter entführt. Er sagte, ich soll hierherkommen und nach Irina fragen. Ich weiß wirklich nicht, mit wem Sie mich verwechseln, aber dass Sie jemand anderen meinen, ist sicher. Ich war definitiv noch nie hier.«

Der Schlag fühlte sich wie eine Explosion an. Er stürzte zu Boden. Jemand neben ihm stieß einen überraschten Laut aus, im nächsten Moment wurde Markus von Phillip unter den Achseln gepackt, auf die Beine gezerrt und gestützt. Ihm war schwindlig, und sein Kieferknochen schickte einen dumpfen, pochenden Schmerz durch den ganzen Kopf, die Zähne in der rechten Gesichtshälfte fühlten sich an, als wären sie allesamt gelockert.

»Komm jetzt!«, zischte Phillip ihm ins Ohr und schob ihn auf den Ausgang zu.

»Deine Alte hast du selber fertiggemacht, du Arschloch«, kreischte Irina hinter ihm her. »Das hast du schon angekündigt, als du dich an mir abreagiert hast.«

Noch immer völlig benommen, registrierte Markus, dass die Tür der Bar nach außen aufschwang. Sekunden später standen Phillip und er auf der Straße.

»Komm, weiter«, befahl Phillip in einem Ton, der keinen Widerspruch duldete, und zog ihn in Richtung Auto.

»Verdammte Scheiße«, stieß Markus aus und stöhnte auf. Jedes Wort bereitete ihm Schmerzen. Er hob die Hand und rieb sich vorsichtig über die Wange. »Dieses Arschloch hat mir fast den Kiefer gebrochen. Ich sollte ihn anzeigen.«

»Ja, das könntest du, wenn die Polizei dich nicht gerade wegen Mordes suchen würde.«

Sie erreichten den Golf. Phillip öffnete die Beifahrertür und drückte Markus' Kopf vorsichtig nach unten. »Steig ein, damit wir hier wegkommen, bevor denen noch was anderes einfällt, das du angestellt hast.«

Willenlos ließ Markus sich auf den Beifahrersitz schieben und starrte vor sich hin, als die Tür zugeschlagen wurde. Nach einer Weile fragte er sich, warum Phillip nicht einstieg, doch schon wurde die Fahrertür geöffnet, und sein Freund ließ sich auf den Fahrersitz fallen.

»Mann, Mann, Mann«, knurrte Phillip und startete den Motor. »Was war das denn für eine Scheiße?«

»Ich habe keine Ahnung«, erwiderte Markus. »Ich weiß überhaupt nicht, wovon die da gesprochen haben.«

Phillip setzte den Blinker und fuhr aus der Parklücke.

»Was hast du gerade gemacht, bevor du eingestiegen bist?«

»Ach, ich dachte, auf der anderen Straßenseite jemanden gesehen zu haben, den ich kenne. Hab mich aber geirrt. Sag mal … das hörte sich ja wirklich so an, als wärst du schon häufiger in diesem Schuppen gewesen.«

»Das war ich nicht, verdammt«, widersprach Markus vehement und verzog das Gesicht vor Schmerzen. »Ich schwöre dir, ich war noch nie in diesem Laden, und ich kenne auch niemanden dort. Weder die beiden Bodybuilder-Idioten noch diese Irina. Dieser … *Toni* scheint mir einfach nur ähnlich zu sehen.«

»Hm …« Phillip bog nach rechts ab in eine weitere Straße mit eindeutiger Leuchtreklame an den Bars und Etablissements. »Aber warum schickt der Entführer deiner Tochter dich dann ausgerechnet hierher? Zu dieser Irina, die glaubt, dich zu erkennen, und die du als Toni angeblich misshandelt haben sollst? Das kann ja wohl kein Zufall sein.«

»Eben. Das ist alles gefaked. Das hat er so eingefädelt, damit es aussieht, als wäre ich ein Frauenschläger.«

Phillip nickte nachdenklich. »Das kann natürlich sein. Aber eine Frage stellt sich trotzdem. Der Kerl konnte ja nicht wissen, dass ich dich begleiten würde, stimmt's?«

»Er weiß zwar *jetzt*, dass du bei mir bist und mir hilfst, was ihn anscheinend wenig interessiert, aber es stimmt, das konnte er vorher nicht wissen. Ich hab's ja selbst vor zwei Stunden noch nicht gewusst.«

»Genau. Wenn er das vorher geplant und inszeniert

hat – und das müsste er ja getan haben –, musste er davon ausgehen, dass du allein in dem Laden auftauchst, richtig?«

»Ja, aber worauf willst du hinaus?«

»Ganz einfach. Wenn du allein dort auftauchst – für wen dann das ganze Theater? Für wen sollte es so aussehen, als ob du ein Frauenschläger bist?«

»Das … weiß ich nicht«, gab Markus zu. Phillip hatte recht. Wie hatte er etwas so Offensichtliches übersehen können? Anscheinend funktionierte sein Verstand in dieser außergewöhnlichen Situation nicht mehr richtig.

»Phillip?«, sagte Markus nach einer Weile, während sie schweigend, und ohne den Blick von der Straße abzuwenden, weitergefahren waren.

»Ja?«

»Sei ehrlich: Was denkst du?«

»Worüber? Über das, was wir gerade in diesem Laden erlebt haben?«

»Auch. Was denkst du über mich?«

»Das habe ich dir doch schon gesagt, Markus. Ich glaube nicht, dass du Bettina etwas angetan und Leonie entführt hast.«

Markus nickte mehrmals. »Das ist gut. Aber ich habe dir noch nicht alles erzählt, und das ist nicht fair. Im Profil dieses Instagram-Accounts, bei dem ich mich mit meinem Passwort anmelden konnte, das definitiv niemand außer mir kennen kann, gab es einen Link. Über den bin ich in einem Forum gelandet, in dem ich angeblich mindestens seit einem Jahr Mitglied bin und wo auch regelmäßig unter *meinem* Anmeldenamen gepostet wird. Auch dort konnte ich mich mit meinem Passwort anmelden. Dieses Forum

236

ist ein Sammelbecken widerwärtiger Frauenhasser, und was ich dort angeblich geschrieben habe, ist so ekelhaft, dass mir allein beim Gedanken daran speiübel wird. Es geht immer wieder darum, Frauen auf verschiedene Arten, von denen jede Einzelne an Widerwärtigkeit kaum noch zu übertreffen ist, zu quälen und zu misshandeln. Was sich ja mit dem deckt, was die in dem Laden behauptet haben. Nur der Name Toni taucht dort nicht auf.«

Markus bemerkte, dass Phillip mehrmals kurz zu ihm herüberblickte, sah ihn aber nicht an.

»Und dein richtiger Name? Taucht der irgendwo dort auf?«

»Nein. Der Nickname bei Instagram ebenso wie in diesem Forum ist *no.mercy*.«

»No Mercy ... in einem Forum von Frauenhassern.« Phillip stieß ein zischendes Geräusch aus. »Das ist so klischeehaft, dass es schon fast lächerlich wirkt.«

»Ja, vielleicht, nur dass ich darüber nicht lachen kann.«

»Entschuldige, so meinte ich das nicht.«

»Schon gut, ich weiß. Jetzt also noch mal die gleiche Frage: Was denkst du über mich?«

Phillip setzte den Blinker, bremste ab und kam, zwei Räder auf dem Bürgersteig, zum Stehen. Markus betrachtete die Umgebung und erkannte, dass sie sich bereits am äußeren Stadtrand von Frankfurt in einer verhältnismäßig ruhigen Gegend befanden.

Phillip wandte sich Markus zu. »Fangen wir mal mit diesem Forum an, in dem du dich mit deinem supergeheimen Passwort angemeldet hast. Ich habe gefragt, ob dein echter Name dort irgendwo auftaucht, weil sich da die gleiche

Frage stellt wie bei der Aktion in diesem Bumsschuppen. Wenn der Kerl das inszeniert hat, um dir zu schaden und dich als Frauenhasser darzustellen – was bringt es ihm, wenn niemand diese ekelhaften Texte mit dir in Verbindung bringen kann? Das ergibt doch keinen Sinn.«

Markus hatte das Gefühl, als würde der letzte Rest an Energie aus ihm herausfließen.

»Scheiße«, flüsterte er leise. »Du hast recht. Ich … ich weiß nicht, was ich sagen soll.«

Phillip hob die Hand. »Moment. Schieben wir das mal kurz beiseite und kommen zu deiner Frage zurück, was ich über dich denke. Ich kann andere Menschen meistens sehr gut einschätzen. Das hat sich schon öfter gezeigt, wenn in meinem Umfeld neue Freundschaften entstanden sind und ich jemanden anders gesehen habe als der Rest meiner Freunde. Vielleicht nicht so positiv. Wenn ich mit jemandem darüber geredet habe, wurde ich meist ausgelacht, man hat mir sogar nachgesagt, neidisch auf den neuen Typen zu sein, weil der so sympathisch ist. Aber in fast allen Fällen hat sich nach kurzer Zeit herausgestellt, dass ich recht hatte und dass diese Person vielleicht nicht so ehrlich oder zuverlässig war, wie es zunächst den Anschein hatte. Was ich damit sagen möchte, ist, dass ich mir einbilde, über eine ganz gute Menschenkenntnis zu verfügen. Und die sagt mir, dass du weder deine Frau ermordet noch deine Tochter entführt hast. Wenn ich das anders sehen würde, wäre ich jetzt nicht hier.« Er machte eine kurze Pause, in der er nachdenklich an Markus vorbei nach draußen sah. »Ich muss allerdings auch gestehen, dass ich mir auf diese Toni-Geschichte und die Sache mit dem Forum absolut keinen Reim machen kann. Aber noch einmal: Ich glaube dir, wenn du mir sagst, dass du von alldem keine Ahnung hast.«

»Danke! Das ist mir sehr wichtig, denn damit stehst du wahrscheinlich ziemlich allein da.«

Phillip legte ihm kurz eine Hand auf den Arm. »Das macht nichts. Und jetzt? Wöllstadt?«

»Ja. Versuchen wir's. Mal sehen, ob der Kerl uns wieder woanders hinschickt, kurz bevor wir Wöllstadt erreichen.«

Während Phillip den Wagen aus Frankfurt hinauslenkte, dachte Markus darüber nach, wie erleichtert er war, dass Phillip ihn nicht im Stich ließ wie alle anderen. Trotz dem, was sie gerade in dieser Bar erlebt hatten.

Ich glaube dir, wenn du mir sagst, dass du von alldem keine Ahnung hast … Obwohl Phillip ihm damit versicherte, ihm zu glauben, und obwohl er ihm half und gerade erst riskiert hatte, wegen ihm sogar zusammengeschlagen zu werden, war da irgendetwas, das Markus störte. Er wusste nur nicht, was es war, und er hoffte, dass er sich irrte.

33

Donnerstag, 00.43 Uhr

Tatsächlich klingelte das Smartphone, als sie kurz vor Bad Vilbel waren.

»Du hast Irina also getroffen«, begann der Mörder seiner Frau. »Ja, und was sollte das?«, blaffte Markus. »Was wollten Sie mit diesem Schmierentheater erreichen?«

Aus einem Impuls heraus nahm er das Handy vom Ohr, wechselte mit einem Tippen auf dem Display zum Lautsprecher und warf Phillip schnell einen Blick zu.

»Ich weiß mehr über dich als du selbst«, behauptete der Mann mit der emotionslosen Stimme. »Viel mehr … Und jetzt schalt sofort den Lautsprecher aus, sonst lege ich auf, und die Leonie-Show beginnt in einer halben Stunde.«

Wortlos schaltete Markus wieder um und drückte sich das Smartphone ans Ohr. »Der Lautsprecher ist aus. Ich dachte, weil Sie ja sowieso wissen …«

»Halt den Mund und hör zu. Betrachte es als kleinen Nebeneffekt, dass du dich heute Nacht besser kennenlernst.«

»Das ist doch Schwachsinn. Was hat dieser Quatsch in der Bar …«

»Du hast es tatsächlich noch immer nicht verstanden,

oder?«, wurde er harsch unterbrochen. »Also gut, dann klär ich dich auf. Hör zu und lerne. In dieser Nacht schlage ich zwei Fliegen mit einer Klappe. Erstens verdiene ich gerade ein Vermögen mit der Website, was zugegebenermaßen neben meiner brillanten Idee auch dem Darstellungstalent deiner Tochter zuzuschreiben ist. Du müsstest es sehen. Sie leidet und windet sich, man kann die Panik in ihren Augen erkennen ... Wirklich ganz großes Kino. Ich gebe es zu, die Show mit deiner Bettina war nur ein Appetizer für die User vor dem Event mit Leonie. Versteh mich nicht falsch, sie hat das auch richtig gut gemacht, als meine Freunde sie unter sich *geshared* haben und ich die Show wiederum mit den zahlenden Besuchern der Seite teilte. Sie hat richtig gelitten und vor Schmerz geschrien, ganz so, wie diese Leute es gern haben.«

Markus freie Hand ballte sich schmerzhaft zu einer Faust. Er wollte gleichzeitig weinen und brüllen vor maßloser Wut.

»Aber mal ehrlich – was ist eine Primel wie deine Frau gegen die junge Blüte einer Fünfzehnjährigen? Wie auch immer – es war jedenfalls eine gute Werbung und hat sich im Web herumgesprochen. Du glaubst gar nicht, wie viele zahlende User jetzt schon vor den Monitoren sitzen und bereits beim Anblick deiner leidenden Tochter voller Vorfreude an sich herumspielen, während sie ganz nebenbei beobachten können, wo ihr verzweifelter Vater gerade herumirrt.«

»Sie sind ein abartiges Schwein.«

Sogar das Lachen des Kerls klang emotionslos. »Nein, denn ich tue genau das, was ihr die ganze Zeit getan habt.

Ich verdiene ein kleines Vermögen mit *Sharing*. Ohne Rücksicht auf Verluste. Du erkennst zudem die Ironie des Ganzen nicht, Kern. All diese Kerle vor ihren Computern ticken ganz genauso wie du. Nur, dass sie es sich eingestehen, während du dir immer noch in die eigene Tasche lügst und dadurch in Wahrheit noch viel schlimmer bist als sie.«

»Ich korrigiere mich«, stieß Markus heiser aus. »Sie sind ein vollkommen geisteskrankes Schwein.«

»Der Nebeneffekt, von dem ich gesprochen habe, ist der, dass ich dir deine Scheinheiligkeit in aller Deutlichkeit vorführen kann. Ich habe großen Spaß dabei, dir die Augen Stück für Stück zu öffnen. Genauso wie du die Leute mit deinem Sharing-Scheiß ausnimmst und ihnen dabei vormachst, dir ginge es um das Allgemeinwohl, Umweltschutz und Klimawandel, machst du dir selbst nämlich auch vor, du wärst ein anständiger Kerl. Aber das bist du nicht. Ich wiederhole: Du bist viel schlimmer als die meisten Nutzer meiner Website. Was wird das für ein Erlebnis, wenn du dich selbst plötzlich in deiner ganzen Schäbigkeit erkennst.«

Markus zwang sich, die Worte an sich abprallen zu lassen, denn er spürte genau, was der Scheißkerl beabsichtigte: Er wollte ihn dazu bringen, an sich selbst zu zweifeln.

»Wenn es Ihnen darum geht, mich fertigzumachen und damit Geld zu verdienen, warum haben Sie dann meine Frau ermordet, als sie ihren … *Zweck* für Sie erfüllt hatte? Sie hatten mir versprochen, sie leben zu lassen.«

»Siehst du, das ist genau das, was ich meinte, als ich davon sprach, dass du dir selbst etwas vormachst, und das mit einer Konsequenz, die zugegebenermaßen beachtlich ist.

Du glaubst *wirklich*, ich habe sie umgebracht, nicht wahr? Weil du es so sehr glauben möchtest.«

»*Sie* haben sie umgebracht«, presste Markus heraus. »Denken Sie denn tatsächlich, Sie könnten mir einreden, *ich* wäre das gewesen? Dann sind Sie noch irrer, als ich geglaubt habe.«

»Ich sehe schon, das führt zu nichts. Wenden wir uns deiner nächsten Aufgabe zu.«

»Ja, sicher. Bevor ich Wöllstadt doch noch erreiche und Sie zur Rede stellen kann, nicht wahr, *Herr Rövenich*?«

»Wie gesagt – kommen wir zu deiner nächsten Aufgabe.« Der Kerl ignorierte die Bemerkung. »Wohnungen sind im Großraum Frankfurt knapp und werden immer teurer, die Mieten sind für viele Leute kaum noch bezahlbar. Aber da gibt es eine Wohnung in optimaler Lage, die Innenstadt von Frankfurt ist schnell erreicht, öffentliche Verkehrsmittel halten fast vor der Haustür, und die Miete ist für Frankfurter Verhältnisse geradezu obszön günstig. Diese Wohnung steht nun schon seit über zwei Monaten leer, aber sie ist noch immer nicht vermietet. Viele Leute haben sie sich angesehen und waren begeistert, letztendlich hat sie aber niemand gemietet. Deine Aufgabe lautet: Finde den Fehler. Liegt es daran, dass die Wohnung keinen Kellerraum hat? Oder daran, dass sie gar nicht vermietet werden soll? Finde den Fehler.«

Wie gelähmt hielt Markus das Smartphone weiterhin gegen sein Ohr gedrückt und ignorierte den Dauerton, der zeigte, dass der Anrufer aufgelegt hatte.

Der Kerl hatte von ihrer Wohnung gesprochen, in der er Bettina gefunden hatte. Tot.

243

»Markus? Alles klar?« Nun erst ließ Markus das Telefon sinken und schien einen ziemlich verwirrten Eindruck zu machen, denn nach einem kurzen Seitenblick wiederholte Phillip: »Ist alles okay?«

»Ja … nein. Ich …« Markus' Gedanken wirbelten durcheinander, so dass er Schwierigkeiten hatte, sie zu Sätzen zu formulieren. »Er hat viel Mist geredet. Er wollte mich verwirren und mir einreden, ich hätte Bettina ermordet. Und dann sagte er, ich solle darüber nachdenken, warum eine Wohnung in unserem Mehrfamilienhaus nicht vermietet ist. Ich soll den Fehler finden.«

»Das versteh ich nicht«, gestand Phillip. »Was denn für einen Fehler?«

Markus wiederholte, was Leonies Entführer gesagt hatte.

»Das ist die Wohnung, in der er Bettina …«

»Ja, ich weiß«, brummte Phillip. »Zwei Monate. Seltsam ist das allerdings schon.«

»Ja, klar ist das seltsam. Wir haben uns auch schon darüber gewundert. Vor allem Bettina. Sie hat sogar bei ein paar Interessenten angerufen, die die Wohnung zuerst mieten wollten, dann aber abgesagt haben. Sie war total verwundert über die dummen Ausreden, die sie sich von einigen anhören musste, und hat kein Wort davon geglaubt. Sie konnte sich aber auch keinen Reim darauf machen. Ja, das war seltsam, aber was soll ich denn für einen *Fehler* finden? Außer, dass später die Leiche meiner Frau in der Wohnung auf dem Boden gelegen hat.«

»Keine Ahnung.«

Ein Schild am Straßenrand zeigte, dass es bis Wöllstadt noch sieben Kilometer waren.

Markus dachte an Rövenich, der nach wie vor derjenige war, der am ehesten als Initiator dieser ganzen Sache infrage kam. Er warf einen Blick auf die Anzeige des Smartphones. Kurz vor ein Uhr. Noch maximal zwei Stunden, was verdammt wenig war, wenn er bedachte, dass er noch nicht den Hauch einer Ahnung hatte, wo Leonie festgehalten wurde.

Markus musste sich eingestehen, dass die Zeit zu kostbar war, um Rövenich erneut gegenüberzutreten. Im Moment bestand die größte, nein, die *einzige* Chance, die er hatte, wahrscheinlich darin, das zu tun, was dieser Irre von ihm verlangte.

»Okay, wir müssen in die Wohnung.«

»Also nach Bad Vilbel? Da sind wir ja fast.«

»Ja.«

»Okay. Bist du dir sicher, dass du die Wohnung schon wieder betreten kannst?«

»Keine Ahnung. Aber ich muss wohl.«

Erneut hörte Markus die emotionslose Stimme, die sagte: *Ich habe großen Spaß dabei, dir die Augen Stück für Stück zu öffnen.*

Und da war noch eine andere Stimme, die aus einem Winkel seines Verstandes kam und ihm zuflüsterte, dass in den vergangenen Stunden schon einige Dinge geschehen waren, die darauf hindeuteten, dass es ihm nicht gefallen würde, was er zu sehen bekam, nachdem ihm die Augen geöffnet worden waren. Und noch etwas sagte diese Stimme ihm: *Geh nicht in die Wohnung.*

34

Als der Kerl im Overall dieses Mal zu ihr kommt, löst er ihr die Fesseln an den Beinen.

Als sie registriert, was geschieht, löst das in ihr spontane Erleichterung aus, dass sie ihre taub gewordenen Beine bewegen kann, und auch die Hoffnung, dass ihr Papa vielleicht ein Lösegeld bezahlt hat und sie nun freigelassen wird. Gleichzeitig wird aber die Angst immer größer, dass die Wartezeit vorbei ist und die angekündigte Show nun beginnt und womöglich darin besteht, dass irgendetwas Schlimmes mit ihr gemacht werden soll.

Als die Hände in den groben Handschuhen zu ihrem Hosenbund wandern und damit beginnen, sich an den Knöpfen zu schaffen zu machen, zerplatzen Erleichterung und Hoffnung wie Seifenblasen, und zurück bleibt die blanke Panik vor dem, was jetzt geschieht.

Die Hände greifen hinter ihrem Rücken in den Hosenbund, heben sie hoch und zerren die Jeans nach unten.

Mit letzter Kraft versucht sie, die Beine zusammenzupressen und den Po nach unten zu drücken, doch die Muskeln, verkrampft durch das lange Sitzen in der unnatürlichen Position, gehorchen ihr nicht. Sie möchte gegen den Knebel anbrüllen, aber auch ihre Stimme gehorcht ihr nicht mehr. Sie kann nur noch wimmern.

Der Hosenbund gleitet mit einem Ruck über ihren Po. Ent-

setzt spürt sie, dass ihr Slip mitsamt der Jeans nach unten gerutscht ist. Gleich wird sie mit nacktem Unterleib vor ihm sitzen, er wird ihr zwischen die Beine starren können und wer weiß was mit ihr machen.

Ihr wird schwindlig, sie spürt, wie ihr Bewusstsein versucht, sich zurückzuziehen, doch es gelingt nicht, die Panik hält sie wach, und sie fühlt, dass eine Hand sich von ihrer Jeans löst und an etwas herumfingert. Im nächsten Moment spürt sie, wie der dünne Stoff des Slips wieder über ihren Po nach oben gleitet. Noch bevor sie darüber erleichtert sein kann, wird ihr die Jeans mit einem kräftigen Ruck über die Knie bis zu den Unterschenkeln und gleich darauf über die nackten Füße gezogen.

Dann richtet sich der Kerl wieder auf.

Reflexartig presst Leonie die Beine zusammen und schaut angsterfüllt zu dem unter der Maske verborgenen Gesicht auf, versucht, in den Augen etwas zu erkennen. Ein Zeichen von Menschlichkeit vielleicht oder gar Mitgefühl.

Nur wenige Sekunden wird ihr Blick erwidert, dann geht ihr Entführer in die Hocke, packt ihren rechten Unterschenkel und drückt ihn zur Seite. Leonie presst die Beine weiterhin zusammen und rutscht dabei seitlich weg, so dass ihr die Fesseln an den Handgelenken ins Fleisch schneiden.

Sie stöhnt auf, als die rauen Handschuhe ihre Beine auseinanderdrücken und sich gleich darauf das Seil wieder unterhalb ihres Knies zusammenzieht und ihr Bein festhält.

Als kurz danach das zweite Seil um den anderen Unterschenkel gebunden ist und der Kerl so lange daran zieht, bis sie wie zuvor mit weit gespreizten Beinen dasitzt, wobei jetzt nur noch das kleine Stück Stoff ihres Slips ihre Scham bedeckt, fällt sie in eine dumpfe Schwärze.

35

Donnerstag, 01.04 Uhr

Phillip bremste vor dem Gebäude ab und setzte den Blinker, doch Markus schüttelte den Kopf. »Nein, fahr noch ein Stück weiter. Wenn uns einer der Mieter vor dem Haus parken sieht und mich erkennt, wird er die Polizei verständigen.«

Phillip rollte langsam an dem Gebäude vorbei und parkte den Golf dann auf einem von fünf markierten, freien Parkplätzen vor einer Massagepraxis.

Die letzten Minuten der Fahrt hatten sie schweigend verbracht, und Markus hatte intensiv darüber nachgedacht, was er in der Wohnung machen wollte. Oder besser gesagt, was er nach der Vorstellung des Entführers dort machen *sollte*.

Als Phillip den Motor ausstellte und ihn ansah, war Markus mit seinen Überlegungen noch kein Stück weitergekommen.

»Und jetzt?«

Markus zuckte mit den Schultern. »Lass uns erst mal reingehen, dann sehen wir weiter. Aber wir müssen leise sein und aufpassen, dass uns niemand sieht. Wenn wir jemanden im Haus wecken, wird es schwierig.«

248

»Okay.« Sie stiegen aus und gingen, die Hände tief in den Taschen ihrer Jacken vergraben, auf das Haus zu. Sie hatten den seitlichen Eingang fast erreicht, als Markus plötzlich stehen blieb und sich mit der Hand gegen die Stirn schlug. »Verdammter Mist«, zischte er und fügte leise hinzu: »Ich habe keinen Schlüssel. Wieso fällt mir das jetzt erst ein?«

»Weil du in einer Ausnahmesituation bist, ganz einfach.« Phillip hatte ebenfalls die Stimme gesenkt. »Gibt es noch eine andere Möglichkeit, ins Haus zu gelangen?«

»Tagsüber vielleicht, wenn du irgendwo unter einem Vorwand klingeln würdest, aber nicht mitten in der Nacht. Außerdem kämen wir dann immer noch nicht in die Wohnung.«

»Hat denn niemand einen Ersatzschlüssel?«

»Der Mieter von gegenüber, Meinhardt, hat, bis die Wohnung wieder vermietet ist, einen Schlüssel. Für den Fall, dass jemand sie besichtigen möchte und Bettina und ich keine Zeit haben. *Hatten.*«

»Das ist doch schon mal was.«

»Nicht, wenn mitten in der Nacht ein gesuchter Mordverdächtiger den Schlüssel haben möchte.«

»Stimmt. Und jetzt?«

Markus' Gedanken rasten.

Ein Satz des Entführers fiel ihm ein. *Liegt es daran, dass die Wohnung keinen Kellerraum hat?*

Woher auch immer der Kerl das wusste – Markus hatte beim Auszug des vorherigen Mieter-Ehepaares den Kellerraum, der eigentlich zur Wohnung gehörte, ein wenig umgestaltet, damit er ihn als Lagerraum nutzen konnte.

Die Wohnung war recht großzügig bemessen und hatte neben Küche, Wohn- und Schlafzimmer noch zwei weitere kleine Räume, von denen man einen gut als Abstellkammer benutzen konnte. Markus kümmerte sich selbst um kleine Reparaturen, die im Haus anfielen, und konnte den Kellerraum sehr gut gebrauchen, um dort Ersatzteile und Werkzeug zu lagern.

Da der Kerl den Raum explizit erwähnt hatte, würde Markus dort vielleicht etwas finden, das ihn weiterbrachte. Aber all diese Überlegungen halfen ihm nicht, wenn sie nicht ins Haus gelangten.

»Wir könnten einfach überall klingeln und hoffen, dass jemand aufmacht«, schlug Phillip vor, doch Markus schüttelte den Kopf und sah ihn ungläubig an. »Phillip, noch einmal: Es ist ein Uhr in der Nacht. Ich kann dir sagen, was passiert, wenn wir klingeln. Innerhalb von fünf Minuten steht die Polizei vor der Tür. Nein, ich sehe nur eine Möglichkeit.«

Hastig zog er Philip mit sich zurück in Richtung Auto. Als sie wieder im Wagen saßen, zog Markus sein Telefon aus der Jacke, suchte eine Nummer aus der Liste und tippte darauf.

Ganze acht Mal klingelte es, bevor endlich abgehoben wurde.

»Ja, bitte?« Eine verschlafen klingende Stimme.

»Sarah«, sagte Markus leise und fügte hastig hinzu: »Bitte, leg jetzt nicht auf. Es ist lebenswichtig für Leonie, dass du mich anhörst.«

Eine Pause entstand, in der Markus' Puls raste. Falls sie auflegte, war wahrscheinlich alles vorbei.

250

»Was willst du, Markus? Um diese Zeit. Ich habe dir doch gesagt, ich möchte nicht …«

»Ja, ich weiß, aber bitte, hör mich einfach nur an. Eine Minute, okay?«

»Was willst du?«

Fast hätte er vor Erleichterung einen Schrei ausgestoßen. »Danke, dass du mir zuhörst. Ich werde von Leonies Entführer schon die ganze Nacht durch die Gegend gejagt, um irgendwelche schwachsinnigen Aufgaben zu erfüllen. Wenn ich nicht mitspiele, tut er ihr sonst was an und überträgt das auch noch im Internet. Bitte, Sarah, egal, was du über mich denkst, ich brauche dringend deine Hilfe, für Leonie. Ich schwöre bei meinem Leben, ich habe Bettina nichts angetan, und ich schwöre dir, wenn das hier vorbei ist, werde ich mich der Polizei stellen, damit meine Unschuld bewiesen werden kann. Aber zuerst muss ich tun, was er verlangt. Und dazu brauche ich deine Hilfe.«

Wieder verging eine gefühlte Ewigkeit, in der Markus Sarah aber nicht drängte. Schließlich hörte er, wie sie laut den Atem ausstieß. »Und was soll ich tun?«

»Er verlangt, dass ich in unsere freie Mietwohnung gehe. Wo ich Bettina gefunden habe. Ich habe aber keinen Schlüssel. Ich weiß, es ist verdammt viel verlangt, aber würdest du bitte zu unserem Haus fahren, meinen Schlüsselbund holen und mir bringen?«

»Jetzt. Mitten in der Nacht.«

»Wenn ich bis drei Uhr nicht alles erfüllt habe, was er verlangt, wird er damit beginnen, Leonie zu quälen. Und ich fürchte, er …« Markus musste schlucken. »Ich glaube, er wird sie von mehreren Männern vergewaltigen lassen.«

»O mein Gott.«

»Bitte hilf mir!«

»Wie soll ich denn in euer Haus kommen?«

Die Hoffnung in Markus wuchs. »Ganz links am Haus, da, wo die Mülltonnen stehen, gibt es zwei kleine Beete. In dem linken Beet, etwa in der Mitte, liegt ein Bruchstein. Darunter findest du den Ersatzschlüssel.«

»Und du bist bei eurem Mietshaus?«

»Ein Stück weiter ist auf der rechten Seite eine Massagepraxis, da stehen wir mit einem silbernen Golf. Du kannst uns nicht verfehlen.«

»Wir?«

»Ja, ein Freund hilft mir.« Er verkniff sich zu sagen: *Der mich im Gegensatz zu dir nicht im Stich gelassen hat.*

»Und er ist vertrauenswürdig?«

»Wie ich schon sagte, Sarah, er hilft mir.« Diese kleine Spitze konnte er sich dann doch nicht verkneifen.

»Also gut. Aber ich tue das nicht für dich, sondern für Leonie. Ich glaube immer noch, dass mit dir etwas nicht stimmt und dass du Bettina nicht gut behandelt hast, aber dass du deine eigene Tochter entführt haben sollst, das kann ich mir nicht vorstellen. Ich hoffe, ich mache keinen Fehler.«

»Ganz sicher nicht. Ich danke dir, Sarah, und ich kann verstehen, dass du …«

»Lassen wir das. Ich mache mich jetzt auf den Weg. Wo finde ich den Schlüsselbund?«

»In einer Schale in der Diele liegt der für den Hauseingang. Und der Wohnungsschlüssel hängt im Schlüsselkasten darüber. Wohnung zwei steht auf dem Schild. Ach, und sei bitte vorsichtig. Vielleicht beobachtet die Polizei das Haus.«

»Das auch noch. Falls die Polizei mich erwischt, werde ich denen sagen, dass du mich angerufen hast. Ich werde sie nicht anlügen und mich damit strafbar machen.«

»Wenn es so sein sollte, sag ihnen bitte nicht, wo ich bin, sonst kommt für Leonie jede Hilfe zu spät.«

»Hoffen wir, dass das nicht passiert.«

Damit legte sie auf, und auch Markus ließ das Handy sinken.

»Sie holt den Schlüssel.«

»Na, das ist doch mal was Positives.«

»Das wird sich zeigen.«

»Wieso? Immerhin können wir dann ins Haus rein.«

»Ja. Vorausgesetzt, sie ruft nicht doch die Polizei an. Dann werden wir beide aufs Präsidium gebracht, und Leonie wird …«

»Markus! Sie wird die Polizei nicht anrufen.«

»Wie kannst du dir da so sicher sein?«

»Das sagt mir mein Gefühl.«

36

Donnerstag, 01.36 Uhr

Während sie im Auto auf Sarah warteten, redeten sie kaum miteinander. Markus stellte die Rückenlehne seines Sitzes ein Stück nach hinten. »Ich versuche, mich ein bisschen auszuruhen, bis Sarah hier ist, okay?«

»Ja, mach das«, sagte Phillip und öffnete seine Tür. »Ich muss eh mal raus zum Pinkeln.«

Markus legte den Kopf zurück und schloss die Augen. Als Phillip sich nach einer Weile wieder ins Auto setzte, roch er nach Rauch.

Als Lichtkegel von Scheinwerfern neben ihnen auftauchten und gleich darauf Sarahs Wagen neben der Beifahrerseite hielt und der Motor abgestellt wurde, öffnete Markus die Tür und stieg aus. Sarah blieb im Auto sitzen und sah ihn durch die Seitenscheibe skeptisch an, bevor sie diese herunterließ.

»Hat es geklappt?«, fragte er unsinnigerweise.

»Ja, hier.« Sie reichte ihm den Schlüsselbund und einen einzelnen Schlüssel. »Ich habe niemanden in der Nähe des Hauses gesehen.«

Einerseits war Markus froh darüber, andererseits wunderte er sich, dass sein Haus nicht überwacht wurde, obwohl er auf der Flucht war und die halbe Frankfurter Polizei nach ihm suchte. Er nahm ihr die Schlüssel aus der Hand. »Ich danke dir, Sarah. Und ich bin sicher, es wird sich bald alles aufklären und herausstellen, dass ich nichts mit alldem zu tun habe.«

»Ja, vielleicht«, erwiderte sie. »Ich wünsche dir und mir, dass es so ist.«

»Okay. Ich werde jetzt ins Haus gehen und …«

»Nein, nicht. Ich möchte gar nicht wissen, was du vorhast.«

Mit einem summenden Geräusch fuhr die Scheibe wieder nach oben, Sekunden später startete Sarah den Motor. Dann setzte sie zurück und verschwand aus seinem Blickfeld, ohne ihn noch einmal angesehen zu haben.

»Alles klar?«, wollte Phillip wissen, nachdem auch er ausgestiegen war.

»Ja, ich habe die Schlüssel. Wollen wir mal hoffen, dass niemand aufgewacht ist.«

Nebeneinander gingen sie wieder auf das Haus zu.

»Und was machen wir, wenn wir drin sind?«, fragte Phillip leise.

»Das weiß ich noch nicht, aber irgendetwas muss es dort geben, das dem Kerl wert ist, mich hierherzuschicken.«

»Ist die Wohnung denn möbliert?«

»Nein, sie ist vollkommen leer bis auf die Einbauküche.«

»Hm … vielleicht finden wir ja dort was. Oder im Keller.«

Als sie sich der Haustür näherten, hörten sie auf zu sprechen. Markus schloss behutsam auf, und sie betraten den

255

Eingangsbereich. Nachdem er die Tür vorsichtig wieder zugezogen hatte, stiegen sie leise die Treppe nach oben und blieben vor der Tür zu Wohnung Nummer zwei stehen. Markus legte einen Finger auf die Lippen und deutete mit der anderen Hand zur gegenüberliegenden Tür, hinter der Meinhardt wohnte, dann schob er den einzelnen Schlüssel ins Schloss und dachte an die fast identische Situation keine zwanzig Stunden zuvor. Da hatte er noch daran geglaubt, seine Frau gleich in die Arme nehmen zu können.

Dann standen sie nebeneinander im Flur der leeren Wohnung. Markus schaltete das Licht an und wollte weitergehen, doch eine unsichtbare Kraft schien ihn an Ort und Stelle festzuhalten. Er fixierte mit starrem Blick die Stelle hinter dem Eingang zum Wohnzimmer, an der seine tote Frau gelegen hatte.

»Geht's?«, fragte Philip besorgt.

»Nein«, antwortete Markus wahrheitsgemäß und deutete mit dem Kinn nach vorn. »Da hat sie gelegen. Nackt und fürchterlich zugerichtet. Die Bilder sind gerade wieder da. Ich … brauch einen Moment.«

»Klar, kein Problem, nimm dir …«

Der Klingelton an Markus' Smartphone war zwar noch immer ausgeschaltet, doch das Vibrieren schien plötzlich überlaut zu sein. Das Geräusch löste ihn aus seiner Starre. Als er einen Blick auf das Handydisplay warf, stand da *Geiler Typ*.

Verwirrt nahm Markus das Gespräch an. »Hallo?«

»Hör zu«, begann Juss mit leiser Stimme. »Wenn ich dir jetzt gleich was sage, dann bleib völlig cool, klar? Geh am besten ein paar Meter zur Seite, damit der Typ, der bei dir ist, nichts mitbekommt.«

»Was? Aber …«

»Vertrau mir, Alter, es geht um dein Leben.«

Noch während Markus zu verstehen versuchte, was los war, sagte er, an Phillip gewandt: »Moment«, und ging ins Wohnzimmer, vorbei an der Stelle, an der Bettina gelegen hatte, und dann zum Fenster. Dort drehte er sich um und lehnte sich gegen die Fensterbank. »Okay, schieß los.«

»Gut. Noch mal. Achte auf dein Face. Nichts anmerken lassen, okay?«

»Ja.«

»Ich weiß nicht, wer der Fiffi ist, den du bei dir hast, und warum er bei dir ist, ich schätze mal, er ist ein Kumpel, stimmt's?«

»Ja, klar«, antwortete Markus.

»Okay. Er ist ein Scheißkumpel. Ich verfolge dich schon, seit du bei deinen Schwiegereltern die Biege gemacht hast. Frag mich nicht, warum, aber ich mag dich, und irgendwas hat mir gesagt, ich sollte in deiner Nähe bleiben. In diesem Park konnte ich nichts tun, weil überall die Bullen rumgeschwirrt sind, und als sie abgezogen sind, kam dein Buddy mit dem Golf an und stellte sich an die dunkelste Stelle auf dem Parkplatz. Ich dachte mir gleich, dass der entweder ein Kumpel von dir oder ein Zivilbulle sein muss, und habe ihn im Auge behalten. Er hat die ganze Zeit telefoniert, während er auf dich gewartet hat. Sag mal wieder was, sonst fällt es auf.«

»Ja, also … Ich weiß nicht, was ich dazu sagen soll.«

Markus sah hinüber zu Phillip, der am Eingang zum Wohnzimmer stand und ihn beobachtete.

»Sehr gut. Ich bin euch nachgefahren. Was in diesem Puff gelaufen ist, weiß ich nicht, aber offensichtlich hat dir da drin jemand die Nase verbogen. Nachdem dein Kumpel dich ins Auto verfrachtet hat, hat er wieder telefoniert, bevor er eingestiegen ist. Nicht lang, vielleicht eine halbe Minute.«

»Ja, verstehe«, sagte Markus und versuchte, sich das Entsetzen nicht anmerken zu lassen, das sich langsam in ihm ausbreitete.

»Und jetzt kommt's. Als ihr eben im Auto auf die Tussi gewartet habt, ist er ausgestiegen und hat schon wieder telefoniert. Dumm für ihn war nur, dass er dabei so nahe an mein Versteck herangekommen ist, dass ich jedes Wort verstanden habe, das er sagte. Und jetzt behalt deine Gesichtszüge im Griff, Alter, okay?«

»Ja, ich werd's versuchen«, antwortete Markus und befürchtete, Phillip könnte hören, wie heftig sein Herz gegen die Rippen trommelte.

»Okay. Der Schnulli sagte: *Wir sind an seinem Mietshaus.* Dann war Pause, und er sagte: *Ja, kein Problem, ich bin die ganze Zeit bei ihm und habe ihn im Griff.* Ich hoffe, du stehst noch.«

»Ja, doch. Klar«, stammelte Markus und war kaum noch in der Lage, das Telefon am Ohr zu halten.

»Und dann hat er noch gesagt, dass er sich bald wieder meldet. Also, ich weiß ja nicht, wie du das siehst, aber der Vogel ist eindeutig ein verdammter Scheißkumpel. Frage: Hast du ihm von mir erzählt?«

»Ja …« Markus musste sich räuspern, weil irgendetwas ihm die Stimmbänder blockierte. »Ja, habe ich.«

»Okay, dann bedank dich jetzt brav bei mir und sag, dass das alles ganz lieb von mir ist, dass du aber ohne meine Hilfe klarkommst, weil dein Kumpel dir hilft. Und dann erzählst du ihm, dass ich angerufen habe, weil mir die Sache keine Ruhe lässt, und dass ich angeboten habe, dir weiterhin zu helfen. Erfinde noch ein bisschen was drum herum, weil ich so lange geredet hab, und sag ihm, dass du abgelehnt hast. Ich denke, es wäre keine gute Idee, wenn er merkt, dass du ihm auf die Schliche gekommen bist, denn für wen auch immer er dich leimt, der sollte weiterhin glauben, dass du ahnungslos bist. Right?«

»Was?«

»Mann, Alter … Siehst du das auch so?«

»Ähm … ja, absolut.«

»Gut. Versuch dich ihm gegenüber genauso zu verhalten wie zuvor, klar? Ich bleibe in deiner Nähe. Und jetzt leg los.«

Markus musste sich kurz sammeln. »Das … finde ich wirklich toll von dir«, sagte er und bemerkte selbst, dass es etwas hölzern klang. »Vor allem, wenn man bedenkt, dass du mich ja so gut wie gar nicht kennst. Das rechne ich dir hoch an.« Das war schon besser. »Aber ich habe jetzt einen Freund bei mir, der mir hilft. Noch mal, das ist echt prima, und ich bin dir sehr dankbar, aber es wäre nicht fair, dich noch weiter mit reinzuziehen.«

»Ey, das machst du klasse. Bist ein Talent.«

»Nein, wirklich. Aber danke. Ich muss jetzt auflegen, du weißt ja …«

»Wie ich schon sagte: Ich bin in deiner Nähe.«

»Ja. Gut. Also, wenn das alles vorbei ist, treffen wir uns mal auf ein Bier.«

Markus legte auf und blickte zu Phillip hinüber, der ihn jetzt fragend ansah. »Wer war denn das?«

»Das war Juss. Der Motorradfahrer, ich habe dir ja von ihm erzählt. Er hat sich erkundigt, ob ich noch mal seine Hilfe brauche.«

Phillip schürzte die Lippen. »Wow! Für jemanden, der dich überhaupt nicht kennt, finde ich das beachtlich.«

»Sehe ich auch so. Aber jetzt komm, lass uns schauen, ob wir hier auf irgendwas stoßen, uns läuft die Zeit davon.«

37

Vor einer gefühlt ewig langen Zeit hat ihre Wahrnehmung an-
gefangen, verrückt zu spielen. Seitdem ist alles auf eine seltsame
Art ineinandergeflossen.

Die Scheinwerfer vor ihr und die dunkle Wand dahinter ha-
ben sich zu einem schwarz-weißen Brei vermengt, der sich um
Bilder aus ihrer Vergangenheit legt, deren Konturen ausgefranst
sind und undeutlich. Sogar die Zeit spielt verrückt und scheint
Sprünge zu machen wie bei einem Schluckauf. Leonie kichert.
Wie bei einem Schluckauf. Die Zeit. Witzig.

Aber ein besserer Vergleich fällt ihr nicht ein. In einem Mo-
ment starrt sie auf das kleine, rot glimmende Lämpchen einer
Kamera, und – zack – im nächsten Moment hat sie die Au-
gen geschlossen, den Kopf sinken lassen und sieht Bilder. Schöne
Bilder.

Sie fühlt sich beschwingt, ihr ist nach Singen zumute. Das
Dumme ist nur, dass ihr kein Lied einfällt, das sie singen könnte.
Aber kaum, dass sie daran denkt, tauchen schon die nächsten
Bilder auf, nein, ein Film, und er zeigt ihr, wie sie im Garten
auf der Schaukel sitzt, die Papa schon vor ein paar Jahren abge-
baut hat, und wie sie sich mit den Händen an den Seilen festhält
und vor und zurück schwingt. Höher und immer höher, und sie
jauchzt dabei vor Freude. Und um sie herum stehen viele Kin-
der, die begeistert in die Hände klatschen und sie anfeuern. »Ja,

Leonie, höher!«, rufen sie. »Höher, Leonie, weiter.« Und sie schwingt immer höher und fühlt sich dabei wie ein Vogel, und sie ist so glücklich, dass sie gar nicht mehr aufhören kann zu lachen. Und als sie sich auspendeln lässt, kommt ihre Mama auf sie zu mit einem großen Geschenk auf den Armen. Und Mama lacht sie an und ist genauso glücklich wie Leonie. Als Mama vor ihr stehen bleibt und Leonie es gar nicht mehr erwarten kann, das bunte Papier von ihrem Geschenk abzureißen und nachzusehen, was in dem Karton steckt ... wird das Bild schwarz.

Etwas Raues legt sich unter ihr Kinn und drückt ihren Kopf nach oben. Sie öffnet die Augen und blickt in die schreckliche schwarze Maske, die nur ein paar Zentimeter von ihrem Gesicht entfernt ist. Wenige Sekunden nur, dann zieht der Kopf sich zurück, und der Mann im blauen Overall richtet sich auf. Er steht so dicht vor Leonie, dass er ihr größer vorkommt als zuvor und klobig wie ein Monster.

Dann scheint es, als hätte die Zeit schon wieder Schluckauf. Leonie hat die Augen nur für einen winzigen Moment geschlossen, doch als sie sie wieder öffnet, blickt sie auf die Klinge eines Messers, das der Kerl ihr vors Gesicht hält.

Panik steigt in Leonie auf, als sich die kalte Klinge zwischen die Körbchen ihres BHs schiebt. Sie hört ein ratschendes Geräusch und spürt, dass die Stoffteile nur noch lose herabhängen.

Als Nächstes zerschneidet die Klinge erst den linken, dann den rechten Schulterträger.

Dass die Einzelteile ihres BHs gleich darauf neben ihrer Jeans landen, nimmt Leonie nur noch am Rande wahr.

38

Donnerstag, 01.51 Uhr

»Also los. Sehen wir mal nach, warum der Mistkerl mich hierhergeschickt hat.«

Markus ging an Phillip vorbei in die Küche und begann damit, jede Schranktür zu öffnen und jede Schublade zu durchsuchen, während seine Gedanken unentwegt um das Telefonat mit Juss kreisten.

Phillip hatte ihn also auch fallenlassen. Mehr noch, wenn es stimmte, was Juss ihm gerade erzählt hatte – und Markus sah keinen Grund, daran zu zweifeln –, war Phillip von all denjenigen, die Markus in den letzten Stunden im Stich gelassen hatten, mit Abstand der Schlimmste. Markus schaffte es kaum, sich so weit zusammenzureißen, dass er ihm nicht sofort die Faust ins Gesicht schlug. Phillip hatte sich seine Geschichte angehört und mitbekommen, wie sehr Markus litt und wie groß seine Sorge um Leonie war. Was Markus zu der alles entscheidenden Frage brachte: War Phillip der Drahtzieher hinter der ganzen Sache, war er lediglich ein Handlanger des Entführers oder hatte er ihn *nur* an die Polizei verraten wie sein Schwiegervater? Allerdings stellte sich dann die Frage, warum das Haus nicht schon längst von Polizei umstellt war, immerhin war

Phillips letztes Telefonat bereits etwa eine halbe Stunde her. Wenn Mantzke wüsste, wo er sich aufhielt, würde er keine Sekunde zögern, da war Markus sicher. Blieb also nur die andere Möglichkeit, so sehr diese Erkenntnis auch schmerzte.

Markus ließ von dem Hängeschrank ab, dessen Regalböden er abgetastet hatte, stützte die Hände auf die Arbeitsplatte, schloss die Augen und senkte den Kopf, während er versuchte, gegen die unbeschreibliche Wut anzuatmen, die in seinem Inneren tobte.

»Ist was?«, fragte Phillip hinter ihm scheinheilig.

»Nein, es … es ist nur ein bisschen viel im Moment«, presste Markus hervor. Sein Hals fühlte sich an, als lägen zwei kräftige Hände darum und drückten gnadenlos zu. »Und ich fühle mich ziemlich im Arsch.«

»Das kann ich mir gut vorstellen.« Phillip deutete auf den Boden. »Vielleicht setzt du dich besser für einen Moment?«

Markus schüttelte den Kopf und rieb sich mit beiden Händen über das Gesicht. »Nein, es geht schon wieder. Ich hab keine Zeit zum Ausruhen.« Er zog das Smartphone aus der Tasche und warf einen Blick darauf. »Scheiße! Es ist schon fast zwei Uhr. Nur noch eine Stunde.«

»Dann sollten wir uns beeilen.«

Fragt sich nur, warum, dachte Markus. *Damit euer Plan funktioniert?* Doch dann wischte er diese quälenden Überlegungen beiseite, so schwer es ihm auch fiel. Im Moment gab es nichts Wichtigeres als Leonies Rettung. Warum und an wen Phillip ihn verraten hatte, würde er wahrscheinlich noch früh genug erfahren.

Finde den Fehler, hatte der Entführer gesagt, und dabei war es darum gegangen, dass die Wohnung nicht vermietet ist. *Vielleicht wegen des Kellerraums.*

Der Kellerraum! Markus wandte sich an Phillip und musste erneut dagegen ankämpfen, ihm ins Gesicht zu schlagen. »Er hat vom Kellerraum gesprochen. Ich denke, es ist am besten, wenn wir uns aufteilen, um schneller voranzukommen. Während du die Küche und den Rest der Wohnung durchsuchst, schaue ich mal unten nach, ob ich was entdecke.«

Er wollte sich schon abwenden, als Phillip sagte: »Ich weiß nicht, ob das so eine gute Idee ist. Hier oben in der leeren Wohnung werden wir kaum etwas finden, sonst hätte er doch den Keller nicht extra erwähnt. Wie du schon sagtest, die Zeit wird langsam knapp. Sollen wir nicht besser beide nach unten gehen?«

Damit du beobachten kannst, was ich tue, um es deinem Meister – oder deinem Gehilfen – anschließend mitzuteilen, dachte Markus bitter. Aber Juss hatte recht, es war besser, wenn Phillip weiterhin glaubte, dass Markus ahnungslos war.

»Hm … also gut, lass uns gehen.«

Als sie die Wohnung verließen und Markus' Blick auf die Tür gegenüber fiel, die zu Meinhardts Wohnung führte, blieb er stehen.

Meinhardt hatte die Polizei gerufen, nachdem er angeblich durch die offene Wohnungstür gesehen hatte, wie Markus neben dem nackten Körper seiner Frau auf dem Boden lag.

Markus hatte sich schon gefragt, wie der Mörder es geschafft hatte, ins Haus und in die Wohnung zu gelangen, um Bettina dort abzulegen …

Warum hatte er das bei dem Gespräch mit Mantzke vergessen? Der Gedanke war doch naheliegend. Meinhardt hatte einen Schlüssel für die leerstehende Wohnung. Aber vielleicht hatten Mantzke und Bauer ihn auch schon befragt?

Meinhardt würde vermutlich behaupten, die ganze Nacht schlafend in seinem Bett gelegen zu haben, was angesichts der Tatsache, dass er allein wohnte, auch glaubhaft war. Aber vielleicht würde er sich auch durch irgendetwas verraten oder sich in Widersprüche verstricken, wenn man ihn ein wenig unter Druck setzte. Dumm war nur, dass es mitten in der Nacht war und Markus ihn nicht einfach aus dem Bett holen konnte. Vor allem, da ihm die Zeit davonlief.

»Markus?«

Er schrak zusammen und sah in Phillips fragendes Gesicht.

»Was ist? Du siehst aus, als wäre dir gerade ein Geist begegnet.«

»Nein, ich …« Markus schüttelte den Kopf und ging auf die Treppe zu. »Schon gut, ich bin einfach durch den Wind.«

Der ehemalige Kellerraum von Wohnung zwei war das hinterste von vier nebeneinanderliegenden Abteilen. Den Schlüssel dazu hatte Markus am Schlüsselbund.

Als die Tür nach außen aufschwang, blieb Markus im Eingang stehen und betrachtete die etwa vier Meter tiefe und zweieinhalb Meter breite Kammer. Was er sah, unterschied sich in nichts von dem gewohnten Anblick. Auf der rechten Seite standen nebeneinander drei doppeltürige graue Blechschränke, in denen er Ersatzteile für die Heizungs- und Belüftungsanlage, Glühlampen in verschiedenen Größen, Kisten mit Kleinkram – Ersatzsicherungen und Dichtungen – sowie gängiges Werkzeug untergebracht hatte. An der Wand gegenüber lehnten Gartengeräte, in der Ecke parkte ein alter Rasenmäher, der noch intakt, aber nicht mehr im Einsatz war.

»Und?«, fragte hinter ihm Phillip. »Ist irgendetwas anders als sonst?«

»Nein, zumindest nicht auf den ersten Blick.« Markus betrat den Raum, blieb vor dem ersten Schrank stehen und öffnete ihn. Die Uhr tickte, er musste sich beeilen.

Sein Blick glitt von oben nach unten über die Regale, und er stellte fest, dass alles so aussah wie immer. Auch im zweiten Schrank konnte er nichts Außergewöhnliches entdecken. Er schloss die Türen, wandte sich dem letzten Schrank zu und stutzte.

»Was ist?« Phillip trat neben Markus und folgte dessen Blick.

»Das Schloss da ... das habe ich nicht angebracht.«

»Das ist ja seltsam. Bist du sicher?«

»Natürlich bin ich sicher. Ich weiß doch, was ich tue und was nicht. Das ist nicht nur seltsam, das ist ... eigentlich unmöglich. Niemand außer mir hat den Schlüssel zu diesem Raum.«

»Hm ... und es gibt nur diesen einen Schlüssel?«

Markus riss den Blick von dem massiven Bügelschloss los, mit dem die beiden Blechtüren verschlossen waren, und sah Phillip an. »Ja. Ich wollte schon seit längerem einen nachmachen lassen, habe es aber immer wieder vergessen.«

»Und du hast keine Idee, wo der Schlüssel zu diesem Schloss sein könnte?«

»Nein.«

»Was ist mit deinem Schlüsselbund?«

»Nein, verdammt«, brauste Markus auf, woraufhin sich auf Phillips Stirn ein paar Falten bildeten.

»Ich versuche nur, dir zu helfen. Kein Grund, mich so anzublaffen. Du hast auch einen Instagram-Account, von dem du nichts wusstest, und bist Mitglied in einem Forum …«

Markus unterbrach ihn. »Du hast ja recht. Okay, ich schaue mal nach, auch wenn ich sicher weiß, dass ich keinen Schlüssel zu diesem Schloss habe.«

Er zog den Schlüsselbund aus der Jackentasche und begann, einen Schlüssel nach dem anderen zu betrachten und auf dem Ring weiterzuschieben. Beim vierten stockte er. »Verdammt …«

Phillip sah ihn fragend an. »Was ist? Hast du doch einen?«

»Keine Ahnung, aber den hier kenne ich nicht.« Markus deutete auf den Schlüssel, der zu klein für eine Tür war und durchaus zu einem Hängeschloss passen konnte, wie es an den Schranktüren angebracht war.

Er wandte sich dem Schrank zu, steckte den Schlüssel ins Schloss und drehte ihn um. Mit einem klickenden Geräusch sprang der verchromte Bügel heraus und klappte zur Seite. Das Schloss war offen.

Obwohl er nach den Erlebnissen der letzten Stunden fast schon befürchtet hatte, dass genau das passieren würde, gab Markus einen überraschten Laut von sich. »Was für eine verdammte Scheiße läuft hier?«

Phillip blickte ihn betreten an und zuckte wortlos mit den Schultern. »Ich kann es dir nicht sagen. Vielleicht hattest du in letzter Zeit einfach ein bisschen zu viel Stress und hast es bloß vergessen? Solche Dinge passieren mir auch immer wieder. Ich werde mit einer Situation konfrontiert, bei der ich denke, das kann doch nicht ...«

Markus hörte ihm nur mit einem Ohr zu, während er den offenen Bügel anstarrte und versuchte, eine logische Erklärung zu finden. Eine Erklärung, mit der er leben konnte und die nicht bedeutete, dass er den Verstand verloren hatte und nicht mehr wusste, was er tat.

Es kostete ihn einige Überwindung, das Schloss von den Türen abzunehmen und zur Seite zu legen. Er bemerkte, dass seine Hände leicht zitterten, als er die beiden Türen mit Daumen und Zeigefinger an den Laschen packte und gleichzeitig aufzog.

Als er dann den Inhalt sah, verstand er gar nichts mehr.

39

Donnerstag, 02.09 Uhr

»Wow!«, stieß Phillip aus, während Markus' Blick fassungslos über die Gegenstände wanderte, die in den Regalfächern des Schranks lagen. In der Mitte thronte eine Videokamera, die aufgrund ihrer Größe bereits veraltet war. Ein solches Modell hatte Markus nie besessen. Daneben waren verschieden große Lampen aufgereiht, wie er sie aus Fotostudios kannte. Die dazugehörenden Stative lagen zusammengeklappt daneben.

Das Notebook im Fach darunter hatte Markus bisher ebenso wenig gesehen wie alles andere, doch diese Geräte waren es nicht, die seinen Puls in die Höhe trieben, sondern der Inhalt der restlichen Fächer.

Neben Handschellen in mehreren Ausführungen fanden sich dort Peitschen, Riemen und Seile, Ledermasken und irgendwelche Kleidungsstücke aus glänzendem schwarzem Latex. Und das waren noch die harmloseren Utensilien. Im Fach darunter entdeckte Markus ein ganzes Arsenal an Messern, Schlagringen, Knüppeln und Stöcken.

»Was, zur Hölle ...«, stieß er aus, und obwohl er Phillip kurz zuvor noch am liebsten an die Gurgel gegangen wäre, spürte er das dringende Bedürfnis, ihm zu erklären, dass die Dinge in diesem Schrank nicht ihm gehörten.

»Ich … weiß nicht, wo dieses Zeug herkommt«, stammelte Markus, ohne den Blick von den bizarren Gegenständen abwenden zu können. »Diesen ganzen Krempel habe ich noch nie gesehen.«

»Wenn ich mir diese Ausrüstung betrachte«, sagte Phillip und deutete auf die Kamera, »sieht das doch ganz danach aus, als hätte jemand etwas gefilmt und auf dem Notebook gespeichert. Vielleicht sollten wir da mal reinschauen. Wenn ich nicht völlig falschliege, dann wollte der Entführer deiner Tochter, dass du das hier findest.«

Ja, dachte Markus, *und vielleicht wolltest du, dass ich das finde, und machst deshalb genau diesen Vorschlag.*

Obwohl ihm alles andere als wohl dabei war, nickte er. »Wir können's zumindest versuchen, und wir sollten uns beeilen, es ist gleich Viertel nach zwei.«

Er nahm das Notebook aus dem Fach, legte es auf einem brusthohen Regalbrett ab, das an der gegenüberliegenden Wand befestigt war, und klappte es auf.

Nach ein paar Sekunden wurde der Bildschirm hell. Ein Eingabefeld für ein Passwort war zu sehen, unter dem ein Name stand, der Markus einen Schlag in den Magen versetzte. *Toni.*

»Toni«, sagte er leise. »Das darf doch alles nicht wahr sein. Hört dieser Albtraum nie auf?«

»Hast du eine Idee, wie das Passwort lauten könnte?«

»Nein. Aber wenn wir nicht in ein paar Minuten wissen, warum ich hier bin …«

Markus legte die Hände auf die Tastatur, tippte intui-

271

tiv sein Onlinebanking-Passwort ein und zögerte nur kurz, bevor er es mit der Entertaste bestätigte. Als sich daraufhin tatsächlich der Desktop des Betriebssystems zeigte, war er nicht überrascht. Das alles folgte einer gewissen Logik.

»Wow!«, wiederholte Phillip und betrachtete – ebenso wie Markus – die vielen Icons, die anhand des kleinen Symbols als Videos erkennbar waren. Die Dateinamen darunter erzeugten ein ungutes Gefühl in Markus. Es waren allesamt Frauennamen, wobei es sich auf den ersten Blick um zwei handelte, denen Datumsangaben angehängt waren. Conny und … Irina.

Ohne lange darüber nachzudenken, klickte Markus auf eine der Irina-Dateien, deren Datum etwa sechs Wochen zurücklag.

Ein Mediaplayer öffnete sich, in dem gleich darauf beginnenden Video war eine schwarzhaarige Frau im Profil zu sehen. Doch das genügte, damit Markus trotz der dunklen Schlieren von verschmierter Wimperntusche, die sich über die eine Wange zogen, wusste, dass es sich um die Frau handelte, die sie im Vorraum des *Roten Russen* gesehen hatten.

»O mein Gott«, sagte Phillip so leise, dass es nicht mehr als ein Flüstern war.

Die junge Frau war nackt. Zusammengekrümmt wie ein Fötus lag sie auf einem Bett, ihre Schultern zuckten krampfhaft. Ihr ganzer Körper war mit blutigen Striemen und dunkelroten Flecken überzogen, die Handgelenke steckten in glänzenden Handschellen und sahen wundgescheuert aus.

»Scheiße!« Markus ließ die Hände sinken und starrte

auf den furchtbar zugerichteten Körper, während das Bild in Bewegung geriet, als die Kamera um das Bett herumgeführt wurde. Derjenige, der sie bediente, schien sich an den Qualen der Frau zu ergötzen. Die Sequenz dauerte nur etwa zwei Minuten, dann wurde das Fenster schwarz. Das Video war zu Ende.

»Wer immer dieser Toni ist«, sagte Phillip und warf einen Blick auf das Schrankfach mit den Messern und Schlagringen. »Ich wünschte, er stünde jetzt vor mir, damit ich ihm klarmachen könnte, was ich von ihm halte.«

Markus reagierte nicht auf die Bemerkung. Der Name *Toni* schwirrte ihm durch den Kopf, ebenso die entsetzliche Erkenntnis, wie sehr dieser Name mit seiner Person verknüpft zu sein schien. Er musste diese Gedanken mit aller Gewalt unterdrücken, damit er nicht den Verstand verlor.

Noch eine knappe Dreiviertelstunde, dann war es drei Uhr morgens. Er *musste* etwas finden, ganz egal, was. Nichts konnte im Moment wichtiger sein, als Leonie vor dem zu bewahren, was dieser Mistkerl mit ihr vorhatte. Auch die wispernde innere Stimme, die sich hämisch in ihm regte und die Frage stellte, wie er auf die Idee kam, dass dieses Schwein tatsächlich auf die Einnahmen aus der Live-Übertragung mit Leonie verzichten würde, ignorierte er. Damit durfte er sich jetzt nicht befassen, denn wenn er die Möglichkeit der Rettung seiner Tochter infrage stellte, konnte er sich genauso gut eines der Messer aus dem Schrank ins Herz rammen.

Wie ein Roboter bewegte er den Mauszeiger auf eine der Conny-Dateien und klickte sie an. Sekunden später startete das Video.

Conny war deutlich älter und fülliger als Irina. Vielleicht war sie vierzig Jahre alt, vielleicht fünfzig, das konnte Markus schlecht einschätzen. Ihr Gesicht war mit Lippenstift und Wimperntusche verschmiert. Ein großflächiges Hämatom zierte ihre rechte Wange, die Lippe schien aufgeplatzt zu sein.

Anders als Irina im vorherigen Video war sie bekleidet und nicht gefesselt, was die Situation allerdings nicht weniger verstörend machte, denn ihre angstgeweiteten Augen starrten panisch in die Kamera, während sie wie ein Mantra immer wieder die Worte wiederholte: »Ich bin ein Nichts, ich habe Bestrafung verdient. Ich bin ein Nichts …«

Als ein Schatten von der Seite auftauchte und eine Hand klatschend in ihrem Gesicht landete, wackelte die Kamera kurz, dann war das Video zu Ende.

»Was ist das nur für ein Mensch«, sagte Markus schockiert.

»Ein Mensch?«, stieß Phillip verächtlich aus. »Das ist kein Mensch, das ist ein Stück Scheiße.«

Markus klickte wortlos auf die Datei daneben. Diese schrecklichen Filme hatten ihn bisher noch kein bisschen weitergebracht.

Es handelte sich wieder um ein Video mit Conny, das sich aber deutlich von dem ersten unterschied. Nun war sie ebenfalls nackt. Anders als zuvor Irina lag sie allerdings nicht in Embryohaltung auf einem Bett, sondern saß, gegen einen Heizkörper gelehnt, auf dem kahlen Boden. Schon bei diesem Anblick meldete sich alarmiert eine Stimme in Markus, die er aber erst mal ignorierte.

Connys Arme waren nach hinten gebogen, die Hände

vermutlich hinter ihrem Rücken an die Heizung gefesselt. Feuchte Strähnen ihrer schulterlangen blonden Haare klebten ihr an Stirn und Wangen. Ihr Gesicht zeigte einige Blessuren mehr als zuvor, doch noch schlimmere Verletzungen wiesen ihre Brüste auf. Sie schienen stark gequetscht worden zu sein und waren überzogen mit dünnen, blutigen Striemen.

»Was ist das denn für ein perverser Wichser?«, schrie Phillip so unvermittelt, dass Markus zusammenfuhr. Dennoch konnte er den Blick keine Sekunde von dem Video abwenden. Dieser Fußboden … der Heizkörper …

Plötzlich ruckelte das bisher ruhige Bild, gerade so, als wäre die Kamera von einem Stativ abgenommen worden. Es folgte ein Schwenk, so dass ein Teil des Raumes zu sehen war.

Und genau in diesem Moment stieß Markus ein heiseres »Nein!« aus. Noch während die Kamera sich nun leicht schwankend auf die Frau zubewegte, fügte er fassungslos hinzu: »Das … das ist die Wohnung. Erkennst du es? Da, die Wand mit dem Fenster, wo ich eben gestanden habe. Das ist hier oben gefilmt worden, in der freien Wohnung, aus der wir gerade … Das kann doch nicht sein.«

Immer näher kam die Kamera der Frau, deren Augen angsterfüllt weit aufgerissen waren, bis das verschmierte Gesicht höchstens noch einen Meter vom Objektiv entfernt war. Die geschwollenen Lippen bewegten sich, dann war ihre krächzende Stimme zu hören. »Bitte nicht. Bitte, Toni, tu mir nicht mehr weh.« Sie schloss die Augen und ließ den Kopf sinken, doch im nächsten Moment schob sich eine in einem schwarzen Gummihandschuh steckende

Hand neben ihr ins Bild, zwei Finger legten sich unter ihr Kinn und drückten es mit einem brutalen Ruck nach oben. Als sie die Augen wieder öffnete, bemerkte Markus etwas, das ihn endgültig an seinem Verstand zweifeln ließ.

40

Zum ersten Mal in ihrem Leben fühlt sie sich nicht mehr wie ein Kind. Natürlich hat sie in letzter Zeit – gerade ihrem Papa gegenüber – immer darauf gepocht, eine junge Erwachsene zu sein und auch entsprechend behandelt zu werden. Und das hat sie in diesen Momenten auch ernst gemeint. Aber ihre intimsten Gedanken beschäftigen sich oft eher mit dem Gegenteil. Wenn sie allein in ihrem Zimmer ist und aus einer Laune heraus aus der Kiste hinten im Schrank ihre Puppen holt und sie miteinander reden lässt. Kindische Dinge eben, die nicht mehr so recht zu einer Fünfzehnjährigen passen. Nach solchen Momenten, wenn sie die Puppen wieder im Schrank verstaut hat, fragt sie sich jedes Mal, ob mit ihr etwas nicht stimmt. Ob sie in ihrer Entwicklung zurückgeblieben ist. Dann befürchtet sie manchmal, dass sie nie so erwachsen und verantwortungsvoll werden wird wie andere. So vernünftig.

Sie hat sich schon oft vorgenommen, mit Mama über diese Gedanken zu reden, aber was hätte Mama wohl gedacht, wenn sie erfahren hätte, wie babyhaft sie sich manchmal benimmt, wenn sie allein ist?

Jetzt ist es zu spät, sich mit Mama über irgendetwas zu unterhalten.

Nein. Nicht an Mama denken. Nicht jetzt.

Jedenfalls hat sie festgestellt, dass es ihr mittlerweile ziemlich egal ist, dass sie mit nacktem Oberkörper dasitzt, und auch, dass sie nur noch ihren Slip trägt und ihre Beine gespreizt sind, ist nicht mehr so wichtig angesichts der Vorstellung, was als Nächstes passieren wird. Wie die Reihenfolge der Ereignisse logisch fortgeführt wird.

Erst hat der Kerl ihr das Shirt ausgezogen, dann die Schuhe, die Strümpfe, die Jeans und den BH. Als Nächstes wird der Slip folgen. Und danach? Dieses Danach ist es, das ihr eine solche Angst einjagt, dass ihr ihre Nacktheit immer weniger ausmacht.

Was Papa wohl jetzt gerade tut?

Haben ihre Entführer Lösegeld von ihm gefordert? Wird er es bezahlen können? Eine heiße Welle zieht durch ihren Körper, als ein anderer Gedanke sich aufdrängt: Wird er überhaupt Lösegeld für sie bezahlen wollen, nachdem sie ihn so reingeritten hat bei der Polizei? Komisch, dass sie erst jetzt daran denkt. Vielleicht hat sie es die ganze Zeit verdrängt, weil sie sich deswegen schlecht fühlt. Aber was hätte sie denn tun sollen? Sie musste der Polizei doch die Wahrheit sagen. Und die Wahrheit war, dass sie gesehen hat, wie Papa die Hände von Mama gepackt und sie gegen die Wand geschubst hat. Dass sie das der Polizei gesagt hat, heißt doch nicht, dass sie Papa nicht gern hat, aber … jetzt ist Mama tot. Jemand hat sie ermordet, und …

Ihr Verstand weigert sich, den Gedanken zu Ende zu bringen. Der Schmerz darüber, dass sie Mama nie wiedersehen wird, nie wieder mit ihr reden und mit ihr lachen kann, überrollt sie mit einer solchen Wucht, dass sie zurückgeschleudert wird in die Realität, in die Situation, in der sie sich befindet, mit den vielen Scheinwerfern und den beiden Kameras, mit der Angst vor dem, was kommen wird.

Sie weint.

41

Donnerstag, 02.16 Uhr

»Was ist?«, fragte Phillip. »Du bist ganz blass geworden.
Vielleicht schaust du dir diese Videos besser nicht an.«

Markus hörte die Worte, doch er war nicht in der Lage,
auch nur einen einzigen Ton von sich zu geben. Wie gebannt starrte er auf den Arm, den schwarzen Gummihandschuh und auf das Handgelenk des Kerls, den alle Toni
nannten. Und während sein Herz sich nicht entscheiden
konnte, ob es weiter gegen seine Rippen hämmern oder
ganz einfach stehen bleiben sollte, klebte Markus' Blick an
der Armbanduhr, die dieser Toni trug. Sie war ein Unikat, von einem Uhrmacher aus Mainz namens Gerhard
in Handarbeit gefertigt, und es gab keinen Zweifel – sie
gehörte ihm. Mit einer langsamen Bewegung hob Markus
den Arm und blickte auf sein Handgelenk, um das er – so
wie fast jeden Tag – genau diese Uhr trug.

»Markus, was ist denn los?«

»Das ist …«, setzte Markus zu einer Erklärung an, überlegte dann, dass es nicht gut war, Phillip zu erzählen, was
er gerade entdeckt hatte, und redete dennoch weiter, ohne
sich bewusst dafür entschieden zu haben. »Die Uhr an seinem Handgelenk … sie gehört mir.«

Verdammt, dachte er im selben Moment. *Warum habe ich ihm das gesagt?*

»Bist du sicher?«, fragte Phillip zögernd.

Statt einer Antwort hob Markus erneut den Arm und zeigte Phillip die Uhr, woraufhin dessen Augen sich weiteten.

»Sie ist ein Unikat. Bettina hat sie von einem ehemaligen Schulfreund zu meinem vierzigsten Geburtstag vor zwei Jahren anfertigen lassen.«

»Ich … weiß nicht, was ich dazu sagen soll.«

»Ich auch nicht. Das ist doch vollkommen verrückt.« Markus' Blick glitt erneut über die Utensilien in dem Schrank, zu dem er den Schlüssel hatte. Die Videokamera, mit der diese furchtbaren Filme gedreht worden waren, die abartigen Utensilien, das Fach, in dem das Notebook gelegen hatte … Er stutzte. In diesem Fach lag auch noch ein blauer Schnellhefter. Markus nahm ihn heraus, betrachtete die unbeschriftete Vorder- und Rückseite und schlug ihn auf.

»Was ist das?«, wollte Phillip wissen, doch Markus antwortete nicht.

Der Inhalt des Schnellhefters bestand aus nur wenigen Blättern, das erste davon hatte einen farbig aufgedruckten Briefkopf.

Dr. med. Guido Blankenfeld
Fa. F. Psychiatrie
Psychoanalytiker (DPV / IPV)
Termine nach Vereinbarung

Der Adressat war … er selbst.

Markus stützte sich mit einer Hand am Schrank ab und drehte sich ein Stück, so dass er sich an die Wand lehnen konnte. Er vergaß, wo er war und was er hier wollte. Seine ganze Aufmerksamkeit konzentrierte sich auf dieses eine Blatt Papier. Er hörte seinen schnellen Atem, spürte seinen trommelnden Herzschlag. Es war egal. Er begann zu lesen.

Sehr geehrter Herr Kern,
auf Ihr (Patient) eigenes Ersuchen vom 23. 07. dieses
Jahres hin erstelle ich das folgende
wissenschaftlich begründete
psychiatrische Gutachten

Das Gutachten stützt sich in seiner Beurteilung auf die
Kenntnis der mir vom Patienten überlassenen Akten-
unterlagen sowie auf eine ambulante Begutachtungs-
untersuchung des Probanden in den Räumlichkeiten
meiner Psychologischen Praxis in Offenbach vom 12. 08.
dieses Jahres und …

Die Buchstaben verschwammen vor Markus' Augen. Mit einer fahrigen Bewegung hob er den Arm und wischte sich mit dem Handrücken über das Gesicht.

»Markus, jetzt sag doch was«, hörte er Phillip neben sich. Aber das war ihm egal. Alles war egal. Markus fühlte sich innerlich taub, als hätte ihm jemand ein Anästhetikum verabreicht.

Er rieb sich mit den Fingern über die Augenlider und

blinzelte einige Male, bis er die Worte schließlich wieder klar erkennen konnte.

Vom 12.08. dieses Jahres, stand da. Markus suchte das Datum des Gutachtens und fand es oben rechts. Es war zweieinhalb Jahre alt.

Er sprang zurück zu der Stelle im Text, an der er gerade gewesen war, und las weiter.

Dort stand etwas über die Gründe, weshalb er angeblich diesen Psychiater aufgesucht, und von Symptomen, die er angegeben hatte. Dabei ging es hauptsächlich um Erinnerungslücken, die bei ihm immer wieder auftraten und Zeitspannen zwischen wenigen Minuten und einigen Stunden umfassten. In dem Gutachten stand etwas von Situationen, in denen er verschmutzte Kleidung trug, von der er weder wusste, wann er sie angezogen hatte, noch, wie sie schmutzig geworden war. Etwas weiter im Text las er von Situationen, in denen er sich selbst fremd war oder in denen er das panische Bedürfnis hatte wegzulaufen.

Markus blätterte um und überflog die Zeilen auf der zweiten Seite, in denen sich vieles wiederholte, bis er zu einer Stelle kam, die ihn stocken ließ.

Differentialdiagnostisch kommt bei dem Patienten mit hoher Wahrscheinlichkeit die Diagnose einer Dissoziativen Identitätsstörung *in Betracht. Für diese Diagnose sprechen die vorhandenen dissoziativen Amnesien, Fugue-Zustände, Depersonalisation und Derealisation.*

Wie in Zeitlupe ließ Markus den aufgeschlagenen Schnellhefter sinken und starrte vor sich hin, ohne irgendetwas von seiner Umgebung wahrzunehmen.

Von vielen der medizinischen Fachbegriffe in diesem

Gutachten wusste er nicht, was sie bedeuteten, doch einen kannte er, und das war der zentrale Begriff der Diagnose. Er hatte vor einiger Zeit ein Buch darüber gelesen – warum eigentlich?

Die *Dissoziative Identitätsstörung*. Auch Multiple Persönlichkeitsstörung genannt. Eine Störung, bei der Betroffene ungewollt mehrere Persönlichkeitszustände mit verschiedenen Identitäten annehmen. Diese Persönlichkeiten übernehmen wiederholt die Kontrolle über das Verhalten der betroffenen Person. *Toni …*

Phillip neben ihm sagte etwas. Glaubte Markus. Sicher war er nicht, denn in seinem Kopf wütete in diesem Moment ein verheerender Flächenbrand, der sich rasend schnell durch seinen Verstand fraß und eine öde Wüste hinterließ, in der kein fruchtbarer Gedanke mehr entstehen konnte. Lediglich Bilder blitzten vor Markus auf wie in einer viel zu schnell ablaufenden Präsentation.

Eine Tablettenpackung, auf der statt eines Namens in Großbuchstaben das Wort *Psychopharmaka* stand.

Bettina, in einem Zimmer voller medizinischer Geräte auf einer Bahre sitzend, die wundgescheuerten Handgelenke erhoben, ihn mit vorwurfsvollem Blick anstarrend.

Er in einem Zimmer im *Roten Russen* in der Elbestraße, in dem nichts anderes stand als ein Bett, auf dem die nackte Irina lag. Sie hatte ein geschwollenes Gesicht und Blessuren am ganzen Körper.

Wieder er, nun in ihrer leerstehenden Wohnung, gekleidet in schwarzen Lack und Leder, in der Hand eine Peitsche haltend und diabolisch grinsend, während unzählige nackte Frauen sich auf dem Boden wanden …

»Markus, verdammt, was ist denn los?«

Phillip hatte ihn an der Schulter gepackt und schüttelte ihn so heftig, dass ein nicht zu beherrschender Zorn in Markus aufwallte. Wie fremdgesteuert schlug er mit solcher Wucht die Hand von seiner Schulter, dass Phillip überrascht aufschrie.

»Fass mich gefälligst nicht an«, rief Markus wutentbrannt. »Siehst du nicht, was mit mir los ist, verdammt? Oder weißt du es vielleicht genau und bist nur deshalb mit mir hier? Sag schon! Seit wann weißt du, dass ich offenbar dieses Dreckschwein bin, das sich *Toni* nennt?«

Markus konnte den Blick nicht deuten, mit dem Phillip ihn anstarrte, während er sich das Handgelenk rieb, und es war ihm auch egal.

»Was redest du denn da? Das ist doch völlig irre. Das ist der Stress. Deine entführte Tochter, jetzt diese Videos, das ist alles zu viel für dich.«

Markus schüttelte den Kopf. »Nein, nein, nein. Kapierst du es nicht, oder willst du es nicht kapieren? Ich weiß nicht, woher es kommt, ich weiß nicht, wie das möglich ist, aber, verdammt nochmal, ich führe offensichtlich ein Doppelleben.« Er hob den Schnellhefter und klopfte mit dem ausgestreckten Finger so fest darauf, dass ein Knick entstand.

»Hier steht es schwarz auf weiß. Ich habe das alles wirklich getan. Verstehst du? Ich habe meine eigene Frau umgebracht. Ich – bin – Toni!«

42

Donnerstag, 02.32 Uhr

Ohne Vorzeichen gaben Markus' Beine plötzlich nach, und er sackte zu Boden.

Ich habe meine Frau ermordet.

Als sein Steißbein hart auf dem Beton aufschlug, schoss ihm der Schmerz bis in den Rücken, doch das war ihm ebenso egal wie die Tatsache, dass Phillip sich den Schnellhefter gegriffen hatte und darin las. Alles war ihm egal.

Ich habe meine Frau ermordet.

Irgendwo vibrierte ein Smartphone.

Ein Gutachten. Er hatte mehrere Persönlichkeiten in sich. Er war *geteilt*. Wie der Entführer seiner Frau und seiner Tochter es gesagt hatte.

Ich habe meine Frau ermordet.

Dieses verdammte Scheißhandy hörte nicht auf zu vibrieren.

Ich habe meine …

»Markus!« Sein Name. Wie ein Befehl. »Markus, verdammt, geh ans Telefon! Denk an deine Tochter!«

Seine Tochter … Leonie … Markus zwang sich, den Blick aus der Dunkelheit wieder auf seine Umgebung zu fokussieren, und sah direkt in Phillips Gesicht, das nur wenige Zentimeter von seinem entfernt war. »Geh ran!«, befahl Phillip.

Markus brauchte mehrere Versuche, bis er das Handy endlich aus der Jackentasche gefingert und das Gespräch angenommen hatte.

»Was willst du?« War das wirklich seine Stimme? Oder war es die eines anderen, der in ihm wohnte?

»Wenn ich deinen Tonfall richtig deute, bist du deiner Persönlichkeit ein gutes Stück nähergekommen. Oder soll ich besser sagen deinen Persönlichkeit*en*?«

»Wie konntest du das wissen?«

»Ich sagte dir bereits, dass ich dir seit langer Zeit viel näher bin, als du es für möglich hältst. Toni weiß schon lange von mir.«

Toni …

»Was willst du noch?« Das Sprechen fiel Markus schwer.

»Deine Aufmerksamkeit.«

»Leck mich.«

»Jetzt redest du ein bisschen wie Toni.«

Darauf antwortete Markus nicht. Er konnte nicht.

»Und, nein, ich lecke dich nicht, aber vielleicht macht das ja jemand anderes bald bei deiner Tochter.«

Leonie! Mit einem Mal kehrte ein Teil seiner Lebensenergie zurück. »Lass sie in Ruhe, du Dreckschwein.«

»Das sind harsche Worte gegen jemanden, der dir dabei hilft, dich selbst zu erkennen.«

»Was willst du noch von mir? Ich habe alles getan, was du wolltest. Lass Leonie gehen, und lass mich endlich in Ruhe.«

»Wir sind noch nicht fertig.«

»Ich bin fertig mit dir. Du bist ein Schwein.«

»Und du bist ein Frauenschläger und Mörder.«

»Warum hast du meine Frau entführt? Und warum Leonie?«

»Das habe ich dir bereits gesagt. Zwei Fliegen mit einer Klappe. Ich führe dir deine verlogene Scheinheiligkeit vor Augen und verdiene dabei eine Menge Geld. Ich kann es dir auch noch genauer erklären, aber das kostet deine Zeit.«

»Meine Zeit? Was heißt das?«

»Um drei Uhr startet die Show. Jetzt ist es gleich zwanzig vor.«

»Verdammte Scheiße.« Markus stemmte sich, stöhnend vor Schmerzen, vom Boden hoch. »Was willst du denn *noch* von mir? Reicht es dir immer noch nicht? Du hast doch alles, was du wolltest. Ja, zum Teufel, ich glaube mittlerweile tatsächlich, dass mit mir etwas nicht stimmt. Das wolltest du doch. Also lass jetzt deine dreckigen Finger von meiner Tochter.«

»Hast du es denn immer noch nicht verstanden? Ich werde deine Tochter nicht anrühren. Das tun zwei Kunden. Ich kann dir sagen, die beiden zahlen verdammt gut dafür, an Leonie vor laufender Kamera ihre ganz speziellen Neigungen auszuleben und ihr …«

»Schon gut«, unterbrach Markus ihn mit heiserer Stimme. »Was willst du noch?«

»Ich lade dich ein zum Finale. Noch kannst du deine Tochter retten. Was Toni dann mit ihr macht, ist mir gleichgültig.«

»Was?«

»Nun tu nicht so überrascht. Deine Frau habe ich dir schließlich auch lebend überlassen. Ich konnte ja nicht ahnen, dass nicht du, sondern Toni in eurer Wohnung auftauchen und sich mit ihr auf seine ganz spezielle Art vergnügen würde.«

Die Worte trafen Markus wie Kugeln aus Waffen, die ihn nicht töteten, ihm aber Verletzungen zufügten, die nie wieder verheilen würden. Ein Teil von ihm wollte sich zur Wehr setzen, wollte gegen diese Ungeheuerlichkeit protestieren, doch der andere, mittlerweile stärkere Teil musste eingestehen, dass wirklich alles dafür sprach, dass der Kerl die Wahrheit sagte.

»Ich habe ein kleines Spiel für dich. Es findet ganz in der Nähe statt. Steig mit deinem Helfer ins Auto und fahr los Richtung Frankfurt-Ost. Ich rufe dich wieder an und dirigiere euch. Du hast viel Zeit vertrödelt, so dass du den Anfang der Show mit Sicherheit verpassen wirst, aber wenn du schnell und geschickt bist, kannst du vielleicht noch verhindern, dass deine Tochter ihre Unschuld vor laufender Kamera verliert.«

»Du …« Die Angst um seine Tochter, das Bewusstsein der akuten Gefahr, in der sie sich befand, überschattete alles andere. Er musste wieder klar denken. Nicht mehr lange bis drei Uhr. Wenn der Entführer seine Androhung wahr gemacht hatte – und daran zweifelte Markus keine Sekunde –, war Leonie zu diesem Zeitpunkt noch maximal mit ihrer Unterwäsche bekleidet. Egal, was aus ihm werden würde, er musste Leonie retten.

Ein Gedanke schoss Markus durch den Kopf. Es war ein Wagnis, aber er würde es versuchen.

»Nein!« Er hatte alle Kraft in seine Stimme gelegt, und für ihn hörte sie sich entschlossen an.

Erst nach einer Pause von einigen Sekunden kam die Antwort.

»Nein? Was soll das heißen?«

»Das heißt, ich bewege mich keinen Millimeter mehr. Du hast mir klargemacht, dass ich in Wahrheit ein Monster bin. Was soll das alles also noch? Wenn ich sowieso keine Chance habe, Leonie vor deinen abartigen Machenschaften zu bewahren, kann ich auch genauso gut die Polizei rufen, damit sie mich wegsperren.«

»Du solltest vorsichtig sein mit dem, was du sagst und was du tust.«

Zum ersten Mal, seit die Anrufe des Mistkerls begonnen hatten, hatte Markus das Gefühl, dass die betonte Emotionslosigkeit in der Stimme des Täters brüchig wurde.

»Nein. Ich bewege mich keinen Millimeter mehr, wenn ich nicht zumindest die Chance habe, meine Tochter davor zu bewahren, nackt und mit gespreizten Beinen den Augen der perversen Schweine auf deiner Website ausgesetzt zu sein. Ich verlange, dass sie ihre Unterwäsche anbehalten kann.«

»Dazu ist es zu spät, du Idiot. Ihre kleinen Tittchen sind schon blank.«

Markus' Stirn fühlte sich an, als würde sie mit Hunderten winziger Nadeln traktiert. Nein, er durfte das Bild nicht an sich heranlassen.

»Dann behält sie ihre Unterhose an.«

Erneut verstrichen Sekunden.

»Also gut, um es für alle spannender zu machen, komme

ich dir sogar entgegen. Eine Stunde. Das erhöht den An-reiz.«

»Was heißt das?«

»Vier Uhr. Dann verliert sie ihren Slip, und die Show startet. Und jetzt würde ich mich an deiner Stelle auf den Weg machen.«

Klick.

Markus ließ das Telefon sinken und wandte sich an Phillip. Sein Blick fiel auf den Schnellhefter in dessen Hand.

»Was ist das für ein Gutachten? Wann ist das erstellt worden und warum?«, erkundigte sich Phillip.

»Ich weiß nichts von den Dingen, die da drin stehen.« Seine eigene Stimme kam Markus noch immer fremd vor. Es war, als hörte er jemand anderem zu.

Die Erkenntnis darüber, dass ein Teil von ihm vielleicht ein Monster war, beschoss seinen Verstand mit schwerem Geschütz, und das Einzige, was ihn davon abhalten konnte, sich dem Wahnsinn einfach zu ergeben, war der Gedanke an seine Tochter und der unbedingte Wille, sie zu retten und damit vielleicht einen winzigen Teil von dem wieder-gutzumachen, was er getan hatte. Auch, wenn er nichts davon wusste.

Eine Stunde mehr hatte der Kerl ihm gegeben. Würde das reichen?

»Dann kann es also sein, dass du Bettina tatsächlich …«

»Ich weiß es nicht.« Jedes Wort kostete ihn Mühe. »Ich weiß überhaupt nichts von alldem. Nichts von diesem Gut-achten, nichts von Irina oder Conny, noch sonst irgend-was.«

Markus bemerkte Phillips skeptischen Blick und dachte

kurz daran, ihn damit zu konfrontieren, dass er von seinem Verrat wusste, doch das hätte nur dazu geführt, dass sie noch mehr Zeit verloren. Letztendlich musste aber auch dem Verräter daran gelegen sein zu erfahren, wie es weiterging, damit er seinen Telefon-Gesprächspartner auf dem Laufenden halten konnte.

»Phillip, ich versuche gerade, nicht völlig den Verstand zu verlieren, damit ich zumindest noch eine Chance habe, Leonie vor dem zu bewahren, was dieses Schwein mit ihr vorhat. Was danach mit mir geschieht, ist mir egal. Er hat eine Stunde draufgeschlagen. Vielleicht kann ich meine Tochter wirklich noch retten, aber nun lass uns fahren. Alles andere werden wir dann sehen.«

Einen Augenblick standen sie sich schweigend gegenüber, dann nickte Phillip schließlich. »Also los.«

Dass er den Schnellhefter mit dem Gutachten zusammengerollt und mitgenommen hatte, registrierte Markus erst, als sie das Haus verließen.

43

Sie schreckt von etwas auf, mit dem sie nicht gerechnet hat. Nicht mehr.

Eine Stimme. Ganz leise nur, ein säuselndes Flüstern, das es kaum schafft, das gleichbleibende Summen der Scheinwerfer zu durchdringen. Eine Unterbrechung der Monotonie.

Sie konzentriert den Blick auf die dunklen Stellen zwischen den Lampen, versucht, mit halb zusammengekniffenen Augen den Urheber der Worte zu erkennen, die in ihren Ohren nur als zischelnde Laute angekommen sind. Aber da ist nichts als undurchdringbare Schwärze.

Als sie bereit ist zu glauben, dass ihre Sinne ihr einen Streich gespielt haben, nimmt sie doch eine Bewegung wahr. Schon mit dem nächsten Atemzug schält sich ihr Entführer zwischen zwei Scheinwerfern aus der Dunkelheit und bleibt stehen. Als rechts von ihm eine weitere Person erkennbar wird, löst sich ein krächzender Laut aus Leonies ausgetrockneter Kehle und verkümmert am Knebel in ihrem Mund zu einem dumpfen Geräusch.

Die zweite Gestalt trägt einen identischen Overall und die gleiche Maske und ähnelt der anderen – bis auf die Größe und den Körperumfang. Sie ist größer und gedrungener, und Leonie glaubt, in ihr die Person zu erkennen, die sie aus ihrem Zimmer verschleppt hat.

»Dein Daddy ist auf dem Weg zu dir«, erklärt der Größere

unter der Maske. Es sind die ersten Worte, die seit ihrer Entführung mit ihr gesprochen werden. Die Stimme des Mannes klingt auf unangenehme Art gleichmäßig. Monoton. Aber das, was der Mann gesagt hat, lässt wieder Hoffnung in ihr aufkeimen, dass sie doch noch halbwegs heil aus dieser Sache herauskommt. Wenn ihr Vater auf dem Weg zu ihr ist, dann kann das nur bedeuten, dass er Lösegeld für sie bezahlt hat und sie nun freigelassen wird.

»M-m-m-m-mm«, hört Leonie sich selbst, als sie gegen den Knebel sagt: »Binden Sie mich los.«

»Wir haben gedacht, du möchtest ihm vielleicht eine Weile dabei zuschauen, wie er nach dir sucht.«

Wie er nach ihr sucht? Warum soll er nach ihr suchen, wenn …

Als der Mann die Hand hebt, sieht Leonie das Tablet. Es ist auf einem Stativ mit drei kurzen schwarzen Beinen befestigt, die er mit ruhigen Bewegungen auseinanderzieht. Dann platziert er es vor Leonie auf dem Boden und richtet es so aus, dass sie auf das Display schauen kann.

Nachdem er ein paarmal darauf getippt hat, richtet der Mann sich wieder auf und deutet zu dem Tablet.

»Schau mal, du kannst dir sogar selbst dabei zusehen, wie du dir zusiehst.«

Es vergehen drei, vier Sekunden, bis Leonie einordnen kann, was auf dem Bildschirm zu sehen ist. Er ist geteilt, auf der linken, größeren Seite sieht sie tatsächlich einen Teil von sich selbst aus der Perspektive einer der Kameras vor ihr. Ein Bein und ein Stück Schulter. Der Rest von ihr ist durch den Kerl im Overall verdeckt.

Den kleineren Bereich des Bildschirms, eine Landkarte, versteht sie anfangs nicht. Erst als der kaum zu erkennende rote

Punkt darin sich bewegt, fällt er ihr auf, und ihr dämmert, was er darstellen soll. Ihr Papa, der nach ihr sucht. Aber woher soll sie wissen, dass … In diesem Moment entdeckt sie auch das grüne Kreuz am unteren Ende der Karte. Die kleine Bewegung des Punktes führt darauf zu. Sie versteht noch immer nicht, was das alles zu bedeuten hat, und schaut zu den Augen hinter den Sehschlitzen der Ledermaske auf.

»Der Punkt ist Daddy, das Kreuz bist du. Aber er wird es wohl nicht schaffen, bis …« Er dreht den Kopf und blickt in Richtung der Scheinwerfer.

»Bis sie anfangen, ihren Spaß mit dir zu haben.«

Es muss das Stichwort gewesen sein, denn in diesem Moment treten zwei Männer zwischen den Scheinwerferstativen hervor, und Leonie beginnt zu schreien.

Die Männer sind groß, einer von ihnen ist sehr muskulös, der andere fett mit einem schwabbeligen Bauch. Sie tragen die gleiche Ledermaske wie die beiden im blauen Overall.

Aber sie sind nackt.

44

Donnerstag, 02.47 Uhr

Als sie das Auto erreicht hatten, tippte Phillip noch zwei-, dreimal auf das Display seines Smartphones, dann kramte er den Schlüssel hervor. Markus war so sehr in Gedanken gewesen, dass er den Weg vom Haus zum Auto wie in Trance zurückgelegt hatte. Ihm waren weder Phillips Aktivitäten am Smartphone aufgefallen, noch dass er den Schnellhefter aus der Tasche gezogen hatte und ihn aufgeschlagen unter das Telefon hielt.

Nachdem sie eingestiegen waren, steckte Phillip den Schnellhefter zusammengerollt neben seinen Sitz.

»Ich hab mal gegoogelt. Es gibt einen Dr. Guido Blankenfeld in Offenbach, und er ist wirklich Facharzt für Psychiatrie und Psychoanalyse.«

»Und?«, entgegnete Markus gleichgültig. »Ich sagte schon, ich weiß nichts von diesem Gutachten, und ich kenne auch diesen Arzt nicht. Fahr los.«

Insgeheim musste er sich eingestehen, dass damit auch der letzte dünne Strohhalm zerbrochen war, der ihm vielleicht noch geblieben wäre, an den er aber im Strudel der Ereignisse noch gar nicht gedacht hatte: dass dieses Gutachten fingiert und der Arzt erfunden war.

295

»Ich dachte ja nur, es wäre möglich gewesen, dass …«

»Ja, ich weiß. Kannst du jetzt bitte losfahren?«

Nach einem kurzen, schwer zu deutenden Blick auf Markus startete Phillip schließlich den Motor und legte den Rückwärtsgang ein.

Sie waren höchstens fünf Minuten unterwegs, als der erwartete Anruf kam.

»Ich sage dir jetzt, wie ihr fahren müsst. Und ich sage dir noch etwas, das du verdammt ernst nehmen solltest. Falls ihr auf die Idee kommt, mit dem Telefon deines Kumpels die Polizei zu benachrichtigen, werde ich das merken. Dann könnt ihr umkehren, denn das Spiel ist damit zu Ende, und die Leonie-Show beginnt sofort. Hast du das verstanden?«

»Ja.«

»Gut. An der nächsten Kreuzung biegt ihr nach links ab.«

Markus gab die Anweisung an Phillip weiter und sagte dann ins Telefon: »Woher wusstest du, was in dem Schrank liegt, wenn du es nicht selbst da reingelegt hast?«

»Das habe ich dir gesagt.«

»Nein, hast du nicht.«

»Nun, wenn du Details wissen möchtest – bitte. Sie werden dir nicht gefallen. Was denkst du, wie ich überhaupt darauf gekommen bin, erst deine Frau zu teilen und dann deine Tochter?«

»Wegen des Unfalls damals«, knurrte Markus.

»Das war der Anlass, richtig. Aber wie bin ich wohl darauf gekommen? Die Nächste wieder links.«

Markus gab es weiter.

»Du kannst das Telefon jetzt auf Lautsprecher stellen, dann weiß dein Fahrer, wie er fahren muss.«

»Nein.« Im Grunde war es mittlerweile egal, aber etwas in Markus wehrte sich dagegen, dass Phillip dieses Gespräch mithörte.

»Wie du willst.«

»Dass du Rövenich bist, glaube ich nicht mehr, aber ich denke, dass du in seinem Auftrag handelst.«

»Falsch. Richtig ist, dass ich im Auftrag von jemandem handele, aber das ist nicht Rövenich.«

»Wer sonst?« Markus rechnete nicht wirklich damit, darauf eine Antwort zu erhalten.

»Ich habe den Auftrag von Toni!«

Markus hörte es und wunderte sich, wie wenig ihn diese Antwort überraschte. Sie war, gemessen an der ganzen Inszenierung, folgerichtig. Dennoch fehlte etwas.

»Welchen Grund sollte ich als Toni haben, dich zu beauftragen?«

»Ist Toni wirklich so viel intelligenter als du?«

Markus antwortete nicht.

»Jetzt rechts und dann etwa drei Kilometer geradeaus.«

Wieder gab Markus die Anweisung an Phillip weiter.

»Toni hat keinen Bock mehr auf dich und dein langweiliges, scheinheiliges Leben. Er will, dass du das erkennst und den Platz für ihn frei machst.«

»Den Platz für ihn frei machen.« Dieses Gespräch wurde zunehmend bizarrer. Er dachte an den Inhalt des Schrankes, an die Videos mit den misshandelten Frauen, seine Uhr, das Gutachten. Er dachte daran, wie der Körper seiner Frau ausgesehen hatte, als er sie in der leerstehenden Wohnung vorfand. An den Schmerz, den er empfunden hatte, als er erkennen musste, dass Bettina tot war, und der noch immer in ihm brannte und ihn innerlich aushöhlte.

»Ich glaube dir nicht.«

»Das ist mir scheißegal.«

»Wenn Toni dich beauftragt hat, dann kann dir das nicht egal sein, denn dann hast du versagt.«

»Glaubst du?«

»Ja.«

»Wenn ihr gleich am Ziel seid, sehen wir weiter.«

Markus schaute auf die Uhr. Sechs Minuten vor drei. Mit einem Blick aus der Seitenscheibe stellte er fest, dass sie offenbar durch ein Industriegebiet fuhren. Soweit er es in der Dunkelheit erkennen konnte, deutete der Zustand der Gebäude darauf hin, dass sie schon älter waren. Hier war er definitiv noch nie gewesen.

»Wie weit noch?«

»Das wirst du sehen, wenn ihr angekommen seid. Jetzt rechts.«

Sie bogen in eine unbeleuchtete, zu beiden Seiten von Grasflächen gesäumte Straße ein. Die Kegel der Scheinwerfer tauchten die aneinandergesetzten, geteerten Platten, aus denen die alte Straße bestand, vor ihnen in helles Licht und ließen Moos, Unkraut und Grasbüschel, die am Rand und in den Fugen wucherten, wie lange Reihen grünbrauner Miniaturinseln erscheinen.

»Weiter«, befahl die Stimme im Telefon unsinnigerweise. Was hätten sie anderes tun sollen?

Nach etwa einer Minute zeichneten sich die Umrisse

mehrerer Gebäude gegen den von Sternen erhellten Himmel ab. Markus konnte nicht erkennen, wie viele es waren, doch mindestens zwei der Häuser schienen gewaltige Ausmaße zu haben. Sie folgten dem Weg in eine Linkskurve, wodurch die Gebäude sich auf der rechten Seite befanden.

»Weiter bis zu einer verrotteten Hütte mit Wellblechdach, dahinter nach rechts abbiegen.«

Die Hütte tauchte nach etwa vierhundert Metern auf. Nachdem sie abgebogen waren, fuhren sie auf zwei langgezogene Gebäude zu, vor denen der Weg mit einem Bauzaun versperrt war.

»Steig aus. Das Schloss am mittleren Element ist nur eingehängt. Zieh es ab und schieb den einen Teil zur Seite. Wenn dein Kumpel durchgefahren ist, schiebst du ihn zurück und hängst das Schloss wieder ein.«

»Warte«, sagte Markus, an Phillip gewandt, öffnete die Tür und stieg aus. Die Kälte hier draußen kam ihm noch eisiger vor als in der Stadt. Für einen Moment blieb er stehen und ließ den Blick an den beiden Gebäuden entlanggleiten, die in der fast vollständigen Dunkelheit nicht viel mehr als riesige schwarze Blöcke waren.

Sie wirkten abweisend und strahlten eine Kälte aus, die Markus frösteln ließ.

45

Donnerstag, 02.58 Uhr

Das massive Schloss verband die Enden einer schweren, rostigen Eisenkette, die um die Pfosten der beiden Zaunelemente geschlungen war. Und es war unverschlossen, genau wie Leonies Entführer gesagt hatte.

Mit klammen Fingern nahm Markus das Schloss ab und ließ die Enden der Kette fallen, so dass sie schlaff an dem Zaunelement hingen, das er dann so weit öffnete, dass der Golf durchfahren konnte. Danach zog er den Zaun zu und hängte das Schloss wieder ein, so, wie er es vorgefunden hatte.

»Sieht ja nicht gerade sehr einladend aus«, kommentierte Phillip mit Blick durch die Windschutzscheibe, als Markus sich neben ihn setzte.

»Weiter, bis ich stopp sage«, befahl die Stimme am Telefon.

Im zweiten Gang rollten sie zwischen den alten Ziegelsteingebäuden hindurch, deren Länge Markus auf mindestens hundertfünfzig Meter schätzte. Er blickte aus dem Seitenfenster auf das langsam vorbeiziehende Gemäuer und fragte sich, was sich früher einmal dahinter befunden hatte und ob Leonie irgendwo hier festgehalten wurde. Bei dem Gedanken daran klopfte er nervös mit dem Fuß auf den Boden.

»Kannst du ein bisschen schneller fahren?«

»Wohl kaum«, entgegnete Phillip und deutete nach vorn. »Da ist Feierabend.«

Tatsächlich endete der Weg kurz hinter den beiden großen Gebäuden vor einem querstehenden zweigeschossigen Haus, an dessen Front der Verputz großflächig abgebröckelt war.

Während Phillip den Motor ausschaltete und die Fassade betrachtete, stieg Markus aus und fragte drängend ins Telefon: »Und nun?«

»Geh in das Gebäude vor dir. Allein.«

Markus wandte sich an Phillip, der mittlerweile ebenfalls ausgestiegen war und sich, die Stirn gerunzelt, umsah. »Ich muss da allein rein.«

Phillip nickte und kam um das Auto herum. Vor Markus blieb er einen Moment stehen. »Ich drück dir die Daumen.«

Es fiel Markus nicht leicht, die Umarmung wenigstens halbherzig zu erwidern, statt den Verräter angeekelt von sich wegzustoßen. *Mit welchen Menschen habe ich mich nur umgeben,* dachte er.

Phillip ließ ihn los, trat zurück und nickte ihm zu. »Okay, ich warte hier. Wenn du mich brauchst …«

Dass Phillip kommentarlos akzeptierte, ihn nicht begleiten zu können, fand Markus seltsam, aber er wusste ja, dass er nicht derjenige war, der er zu sein vorgab. Letztendlich war es jetzt auch egal. Er musste sich beeilen, also wandte er sich um und ging auf das Gebäude zu.

301

Eine Sandsteintreppe mit vier vermoosten, ausgetretenen Stufen führte zu einer schief in den Angeln hängenden angelehnten Holztür. Der ehemalige Glaseinsatz im oberen Bereich bestand nur noch aus wenigen Zacken, die wie spitz zulaufende Finger in die Mitte der schwarzen Lücke zeigten. Auch an den Fenstern zu beiden Seiten waren die meisten Scheiben zerbrochen.

Auf der obersten Stufe blieb Markus stehen und lauschte. Ein leises auf- und abschwellendes Heulen war aus dem Inneren zu hören. Obwohl er wusste, dass es vom Wind verursacht wurde, der sich durch irgendwelche Ritzen drängte, erzeugte das Geräusch eine Gänsehaut auf seinem Körper.

Du musst dich beeilen, drängte eine Stimme in ihm.

Du hast deine Frau umgebracht, wisperte eine andere.

Für einen kurzen Moment schloss er die Augen und atmete tief durch, dann legte er die Hand auf das morsche Türblatt und drückte dagegen, was die Scharniere mit einem widerwilligen Ächzen quittierten.

Die Größe des Raums, der sich vor ihm auftat, konnte Markus nicht mal annähernd schätzen, denn schon nach zwei, drei Metern verloren sich die Konturen des Bauschutts auf dem Boden in absoluter Dunkelheit.

»Ich sehe nichts.«

»Schalt den Lautsprecher ein und aktiviere die Taschenlampe. Muss ich dir denn alles vorbeten? Da ist Toni bedeutend fixer.«

Nein, du Arschloch, wollte Markus in den Hörer schreien, *aber bisher hast du mir sofort gedroht, wenn ich den verschissenen Lautsprecher ohne deine Erlaubnis angeschaltet habe.*

Mit einer wütenden Bewegung nahm er das Smartphone vom Ohr, wechselte auf Lautsprecher und aktivierte die Taschenlampenfunktion.

Der schwache Schein riss weitere Bruchsteine, zersplitterte Holzstücke und zertrümmerte Möbel aus der Dunkelheit. Markus machte zwei Schritte in den etwa zwanzig Quadratmeter großen Raum.

»Hinten links in der Ecke liegt ein Stirnband mit einer Kamera. Zieh es an, und zwar so, dass die Kamera nach vorn zeigt.«

»Eine … Kamera?«

»Ja, ab jetzt wirst du das, was du siehst und erlebst, mit mir und den über sechzigtausend Nutzern meiner Website teilen. Das macht die Sache spannender und entspricht doch auch ganz deiner Philosophie. Los jetzt, zieh das Stirnband an. Denk an die Zeit.«

Markus richtete den schwachen Schein der Handy-Taschenlampe in die Ecke, konnte aber nichts erkennen, weil er noch zu weit entfernt war.

Als er darauf zugehen wollte, hörte er von draußen ein dumpfes Geräusch, gleich darauf ein weiteres. Er konnte sich keinen Reim darauf machen, was da los war, dachte aber an Phillip. Mit einer schnellen Bewegung wandte er sich um und hatte gleich darauf die Tür erreicht.

»Was sind das für Geräusche?«, drang es aus dem Smartphone, während Markus ins Freie tat und wie versteinert stehen blieb.

46

Donnerstag, 03.04 Uhr

Etwa fünf Meter neben seinem Auto lag Phillip reglos auf dem Boden.

Neben ihm, den Blick auf Markus gerichtet, kniete Juss. Markus reagierte instinktiv. Bevor Juss etwas sagen konnte, legte Markus sich den Finger auf die Lippen, hielt dann das Smartphone ein Stück von sich weg, während er leise »Scheiße« sagte und mehrmals geräuschvoll mit den Füßen auftrat. Dann stieß er ein Stöhnen aus und schlug mit der flachen Hand gegen das Smartphone, bevor er sich bückte und das Gerät aus geringer Höhe so zu Boden fallen ließ, dass es mit dem Display nach oben landete. Sofort streckte er die Hand aus und drückte auf den roten Button auf dem Bildschirm, der das Gespräch beendete.

»Was ist hier los?«, zischte er Juss zu, hob das Smartphone vom Boden auf und stand mit ein paar schnellen Schritten vor den beiden. »Schnell, der Kerl ruft gleich wieder an. Lebt er?«

Auf dem Kragen von Phillips hellem Shirt war ein dunkler Fleck zu erkennen.

»Ja«, erwiderte Juss hastig, als hätten sie es vorher geübt. »Als du da drin warst, hat er telefoniert. Mantzke! Er hat seinen Namen gesagt. Er wollte gerade verraten, wo du bist, da hab ich ihm von hinten eins über den Schädel gegeben.«

Bevor Markus etwas erwidern konnte, klingelte sein Smartphone erneut. Seine Gedanken rasten. Mit einer hastigen Bewegung deutete er zur Ecke des Hauses. »Versteck dich da hinten, bis ich dir ein Zeichen gebe. Wenn ich gleich wieder rauskomme, trage ich eine Kamera bei mir. Pass also auf, dass du nicht in meinem Blickfeld auftauchst. Und sei absolut leise. Los jetzt.«

Markus wartete, bis Juss hinter der Hausecke verschwunden war. Erst dann nahm er das Gespräch an und hielt sich das Telefon ans Ohr. Dabei atmete er in kurzen, keuchenden Zügen.

»Was, zum Teufel, sollte das?«

»Tut mir leid«, erklärte Markus und stieg dabei wieder die Sandsteintreppe hoch. »Ich hatte ein Problem mit meinem Begleiter und musste sofort reagieren. Dabei ist mir das Telefon aus der Hand gefallen.«

»Was für ein Problem?«

»Ich habe von draußen eine Stimme gehört und nachgesehen, was los ist. Er hat telefoniert. Mit der Polizei. Er wollte mich verraten.«

»Ach ... und?«

»Ich habe es verhindert.«

»Wie?«

»Ich habe ihn niedergeschlagen. Mit einem Stein.«

»Niedergeschlagen mit einem Stein ... Und das soll ich dir glauben?«

»Ja. Warum sollte ich das behaupten?«

»Geh wieder rein, hol die Kamera und setz sie auf.«

»Ich bin auf dem Weg.«

Vorsichtig ging Markus zu der Ecke und entdeckte tatsächlich einen Pappkarton, der hinter einem größeren Geröllhaufen stand. Ein dunkles Band lag darin, an dem eine kleine, quadratische Kamera angebracht war.

Ohne weitere Zeit zu vergeuden, nahm er die Kamera aus der Kiste und stellte dabei fest, dass an der Seite ein grünes Lämpchen leuchtete. Sie war eingeschaltet. »Wir sehen deine hässliche Fratze«, sagte die Stimme. »Das will niemand. Los, zieh das Ding an, und dann geh raus und zeig mir deinen Freund.«

Ohne darauf zu antworten, legte Markus das Smartphone auf dem Geröll ab und streifte sich das Stirnband über. Nachdem er es zurechtgerückt hatte, verließ er erneut das Haus und ging zu Phillip, der noch immer reglos auf dem Boden lag. Obwohl er sich sagte, dass der Mistkerl es nicht anders verdient hatte, drängte es Markus nachzusehen, ob er noch lebte. Immerhin waren sie eine Zeitlang befreundet gewesen. Der Gedanke blitzte in ihm auf, ob Phillip ihn vielleicht einmal als Toni erlebt hatte? Ahnte oder wusste er sogar, was mit ihm los war? Und hatte er ihn an die Polizei verraten, um ihn vor sich selbst zu schützen? Nein! Nicht diese Gedanken zu diesem Zeitpunkt.

»Da«, sagte er nur und beugte sich über den reglosen Körper. Dabei achtete er darauf, dass die Kamera auf den Blutfleck zeigte, der ein Stück größer geworden war.

»Das ist doch schon mal was, das die Leute sehen wollen. Zugetraut hätte ich dir das allerdings nicht.«

»Es geht um das Leben meiner Tochter«, entgegnete

Markus und fügte bewusst mehrdeutig hinzu: »Da solltest du mir alles zutrauen.«

»Das werden wir sehen. Im Moment erinnerst du mich tatsächlich an Toni. Wer weiß, vielleicht ist er schon dabei, die Oberhand zu gewinnen.«

Markus weigerte sich, darüber nachzudenken. Er hatte Angst, dass er dann nicht mehr in der Lage sein würde, für seine Tochter zu kämpfen.

»Ab jetzt ziehst du das Stirnband mit der Kamera nicht mehr aus, egal, was passiert«, fuhr der Entführer fort. »Tust du es doch ... Du weißt, was dann passiert. Kommen wir zu deiner letzten Aufgabe, bevor ich deinen Kopf Toni überlasse. Sie lautet: Folge deiner Schuld und finde deine Tochter.«

Damit war das Gespräch beendet.

47

Die beiden nackten Männer kommen auf sie zu und starren sie an, und obwohl Leonie nur ihre Augen durch die Sehschlitze in den Ledermasken erkennen kann, glaubt sie, darin ein Feuer brennen zu sehen, während sie ihren fast nackten Körper mit ihren Blicken abtasten. Es fühlt sich an wie Berührungen von schmutzigen Händen.

Wenn sie kurz jede Gegenwehr aufgegeben und sich ihrem Schicksal ergeben hatte, so ist jetzt ihr Überlebenswille mit aller Macht zurückgekehrt. Sie zerrt an ihren Fesseln, wirft den Kopf hin und her, dass ihr schweißnasse Haarsträhnen ins Gesicht klatschen, sie legt alle Kraft in ihre Beine und versucht, die Schenkel zusammenzupressen, während die ekelhaften Kerle sie mit ihren Blicken vergewaltigen.

Dann setzen sie sich wie auf ein geheimes Kommando in Bewegung, kommen auf sie zu. Leonie glaubt, vor Angst und Ekel den Verstand zu verlieren, als die beiden nahe neben ihr stehen bleiben, sich zu den Scheinwerfern und den Kameras umdrehen und dann so dicht an sie heranrücken, dass ihre fleischigen, nackten Oberschenkel Leonies Arme berühren.

Der Kerl links von ihr – der Muskulöse – hebt den Arm und legt ihr seine Hand auf die Schulter, als posierte er mit einer Trophäe für die Kamera.

Als sie aus dem Augenwinkel eine Bewegung auf der anderen

Seite wahrnimmt, dreht sie automatisch den Kopf, obwohl sie eigentlich nicht sehen möchte, was der Dicke tut.

Sie möchte sich sofort wieder abwenden, aber sie kann es nicht. Wie gebannt schaut sie dabei zu, wie der Fettsack sich an seiner Ledermaske zu schaffen macht. Als er die Hände sinken lässt, sieht sie, dass er den Reißverschluss quer über dem Mund geöffnet hat. Und sie sieht die fleischige, belegte Zunge, die sich aus dem Spalt herausschiebt und sich schnell hin und her bewegt.

Ihr Magen rebelliert, der schwabbelige Körper des Kerls beginnt, vor ihren Augen zu schaukeln, aber so sehr sie es sich auch wünscht, sie verliert nicht das Bewusstsein.

48

Donnerstag, 03.09 Uhr

Markus stand ratlos und wie erstarrt da.

Folge deiner Schuld und finde deine Tochter? Das war seine Aufgabe? Wie, zum Teufel, sollte er die lösen? In einer Dreiviertelstunde? Was war überhaupt mit seiner Schuld gemeint? Diese schrecklichen Dinge, die *Toni* getan hatte?

Toni! Allein der Gedanke an diesen Namen im Zusammenhang mit *seiner Schuld* brachte schlagartig die absolute Niedergeschlagenheit zurück, die ihn lähmte und ihm jeden Funken von Zuversicht raubte, diese Sache mit halbwegs gesundem Verstand zu überstehen.

Der Wunsch, aufzugeben, sich einfach fallen zu lassen, sich in sich selbst zu verkriechen und zuzulassen, was auch immer mit ihm geschehen würde, war so übermächtig, dass er ihm nur zu gern nachgegeben hätte, wenn nicht dieser unbedingte Wille gewesen wäre, Leonie zu retten.

Er konzentrierte sich. Seine Schuld, seine Schuld, seine Schuld. Ging es noch immer um den Unfall, bei dem Rövenichs Frau und ihr gemeinsames Kind ums Leben gekommen waren? Aber was seine Schuld auch war – wie konnte er ihr *folgen?* Wohin? Das Gelände, auf dem er sich befand, war unüberschaubar groß, und es schien unzählige Gebäude zu geben.

Allein um diese beiden gegenüberliegenden Monstrositäten aus Ziegelstein zu durchsuchen, würde er Stunden brauchen.

Er dachte an Juss, der ja auch noch da war und hinter der Hausecke darauf wartete, dass Markus ihm ein Zeichen gab.

Aber er trug eine Kamera auf der Stirn, wie sollte er es also anstellen, dass Juss nicht gesehen wurde?

Er wandte sich um und ging an der Front des Hauses entlang bis zu der Ecke, hinter der er Juss vermutete.

Als er sie erreichte, vermied er es, den Kopf in diese Richtung zu drehen, sondern machte mit der linken Hand in Hüfthöhe Zeichen und hoffte, dass Juss sie sah. Das tat er, denn kurz darauf nahm Markus aus dem Augenwinkel eine Bewegung wahr und drehte zur Sicherheit den Kopf noch ein Stück in die andere Richtung.

Obwohl er wusste, dass Juss nun irgendwo hinter ihm sein musste, schrak er zusammen, als sich ihm eine Hand auf die Schulter legte.

»Folge deiner Schuld«, murmelte er leise vor sich hin, so, als würde er mit sich selbst reden. »Folge deiner Schuld und finde deine Tochter ... Scheiße! Was ist das, meine Schuld, und wie soll ich ihr folgen?«

Er wandte sich langsam um, damit Juss hinter ihm bleiben konnte, und blickte in Richtung der beiden großen Gebäude. Es nutzte nichts, er musste irgendetwas unternehmen, und das Beste würde wohl sein, wenn er eines der alten Bauwerke betrat. Was Juss ihm nutzen würde, wenn

311

er weder mit ihm reden noch ihn ansehen konnte, wusste er nicht, aber dennoch beruhigte ihn die Tatsache, ihn bei sich zu wissen.

Als er sich gerade in Bewegung setzen wollte, hielt er inne, weil er glaubte, am rechten der beiden Gebäude eine Bewegung gesehen zu haben. Er war nicht sicher, die Dunkelheit verschluckte alle Einzelheiten und ließ nur Vermutungen darüber zu, wie es in dem Bereich aussah, aber … da war es schon wieder, und dieses Mal war Markus relativ sicher. Dort hatte sich etwas bewegt, etwa in der Geschwindigkeit, mit der ein Mensch sich bewegen würde.

Ohne weiteres Zögern lief Markus los. Hinter sich glaubte er die Schritte von Juss zu hören, der ihm folgte. Als er näher an die Stelle herankam, erkannte Markus eine Tür, die ins Gebäude führte. Sie war doppelflügelig und hatte im oberen Bereich Glaseinsätze, die sogar noch intakt zu sein schienen. Er erreichte die Tür, legte die Hand auf die Klinke und zog daran. Der rechte Teil ließ sich tatsächlich öffnen. Er tat einen Schritt nach vorn und hielt die Tür mit ausgestrecktem Arm so lange hinter sich offen, bis er spürte, dass Juss sie übernommen hatte. Erst dann machte er den nächsten Schritt und sah sich um.

Nach ungefähr zwei Metern begrenzte eine schwarze Wand seinen Blick, es schien sich um ein Treppenhaus zu handeln, denn auf der linken Seite erkannte er schemenhaft Stufen, die nach oben führten.

Und noch etwas anderes fiel ihm auf, und das hatte nichts mit seinem Sichtfeld zu tun. Es war ein kaum wahrnehmbares, gleichmäßiges Brummen, so leise, dass es mehr die Ahnung eines Geräusches war, das von irgendwo unter ihm zu kommen schien. Wie von einer Pumpe oder einem Kompressor, der in einem entfernt liegenden Raum in Betrieb war. Aber was auch immer es war – er musste zusehen, dass er weiterkam.

Er zog das Smartphone aus der Jacke, schaltete die Taschenlampenfunktion ein und sah seine Vermutung bestätigt. Er befand sich tatsächlich in einem Treppenhaus. Auf der rechten Seite gab es eine Tür, die ebenerdig in den nächsten Raum führte. Links neben ihm befand sich die Treppe nach oben, und am anderen Ende des Raums, ebenfalls auf der linken Seite, führte eine Treppe nach unten.

Blieb die Frage, welchen Weg die Gestalt, die er draußen zu sehen geglaubt hatte, genommen hatte.

Markus lauschte angestrengt und war versucht, sich nach Juss umzusehen, weil hinter ihm nicht das geringste Geräusch zu hören war.

Ein Knacken schreckte ihn auf. Es kam von der Treppe, die nach oben führte. Dann ein anderes Geräusch, als hätte jemand Glas zertreten, das auf dem Boden lag. Die Hand nach hinten ausgestreckt, deutete Markus nach oben und ging los. Vorsichtig und so schnell es möglich war, ohne laute Geräusche zu verursachen, stieg er Stufe um Stufe nach oben und erreichte schließlich die nächste Etage. Mit einer bogenförmigen Bewegung leuchtete er seine Umgebung aus. Hier gab es zwei Durchgänge. Einer führte wie unten in den rechten Teil des Gebäudes, ein weiterer gegenüber der Treppe in den anderen Bereich.

Anders als im Erdgeschoss fehlten hier jedoch die Türen, so dass Markus deutlich knirschende Schritte hören konnte. Mit einer schnellen Bewegung tippte er auf das

Display des Smartphones und warf einen Blick darauf. Drei Uhr siebzehn. Noch etwas über eine halbe Stunde. Wenn er so weitermachte, würde er nichts erreichen. Alle Vorsicht außer Acht lassend, lief er los. Das Knirschen und Knacken des Untergrundes bei jedem Schritt kam ihm so laut vor, dass es vermutlich im gesamten Gebäude zu hören war.

Wie es schien, hatte auch derjenige, den Markus verfolgte, den Lärm vernommen, denn auch dessen Schritte wurden schneller.

Markus durchquerte – gefolgt von Juss, wie er an den Geräuschen hinter sich erkennen konnte – den großen Raum und betrat durch einen weiteren, offenen Durchgang den nächsten.

Schon als er dort die ersten Meter zurückgelegt hatte, sah er am anderen Ende einen Lichtschein, was seinen Puls sofort nach oben trieb.

Hatte er die Stelle womöglich bereits erreicht, an der seine Tochter gefangen gehalten wurde? Unwahrscheinlich, denn so einfach würde der Entführer es ihm sicherlich nicht machen. Er machte Juss hinter sich auf das Licht aufmerksam, woraufhin der ihm auf die Schulter klopfte, was wohl heißen sollte, dass er es ebenfalls bemerkt hatte.

Markus setzte sich in Bewegung, wenn auch etwas vorsichtiger als zuvor. Kurz vor der offenstehenden Tür wurde er langsamer und blieb dann neben dem Rahmen vor der Wand stehen.

Er ließ einige Sekunden verstreichen, bevor er sich ein Stück umwandte, so dass Juss seinen Bewegungen folgen und sich hinter ihm an der Wand platzieren konnte, dann beugte Markus sich ein wenig vor und riskierte einen Blick in den Raum. Er war schätzungsweise fünfzehn Meter lang und zehn Meter breit und, gemessen am Rest des Gebäudes, durch das sie gekommen waren, verhältnismäßig sauber. Erhellt wurde der Raum durch zwei Neonröhren, die provisorisch mit Draht an einem rostigen Rohr angebracht waren, das unter der Decke verlief.

Teile der Wände waren weiß gekachelt, zerstörte Reste des Mobiliars sowie verbeulte und verrostete Gerätschaften deuteten darauf hin, dass es sich hier um eine Art Labor gehandelt haben musste.

Doch all das nahm Markus nur mit einem flüchtigen Blick wahr, denn was seine Aufmerksamkeit sofort auf sich zog, war die schlanke Gestalt, die sich an der gegenüberliegenden Seite des Raumes neben der verschlossenen Tür an der Wand zu schaffen machte.

Genau in diesem Moment schien sie ihn zu bemerken und hob den Kopf. Für ein paar endlos erscheinende Sekunden sahen die beiden einander an. Die Entfernung war zu groß, um sich in die Augen sehen zu können, aber sie war gering genug, dass Markus das maskenhaft unbewegte Gesicht deutlich erkannte.

Seine Verblüffung dauerte nur kurz an, dann stieß er einen hasserfüllten Schrei aus und spurtete los.

49

Donnerstag, 03.24 Uhr

»Rövenich!« Markus legte alle Kraft in seine Beine, um den Dreckskerl zu erwischen.

Er hatte die Hälfte des Raumes durchquert, als Rövenich die Tür aufriss. »Bleib hier, du feige Sau!«, schrie Markus ihm entgegen, außer sich vor Wut.

Er hatte recht gehabt, auch wenn er sich zwischenzeitlich nicht mehr sicher gewesen war. Rövenich steckte also hinter der Entführung seiner Frau und seiner Tochter.

Noch ungefähr fünf Meter.

Die dürre Gestalt schlüpfte durch die Tür.

Noch drei Meter. Das metallene Türblatt schlug gegen den Rahmen.

Noch ein Meter.

Ein helles, klackendes Geräusch.

Markus erreichte die Tür, prallte dagegen und ignorierte den Schmerz in der Schulter. Mit einer hektischen Bewegung griff er nach der Klinke, drückte sie nach unten, warf sich gegen die Tür. Nichts. Er zog, rüttelte, trat mit dem Fuß gegen die metallene Oberfläche und gab schließlich auf.

»Du Schwein«, sagte er heiser und ließ seine Faust kraftlos gegen das kalte Material fallen. »Du gottverdammtes Schwein.«

Er wandte sich um und erkannte noch in der Bewegung einen Schatten, der zur Seite hechtete. Juss, der sich mit einem verzweifelten Satz aus dem Sichtfeld der Kamera gebracht hatte. Das hoffte Markus zumindest. Wenn der Entführer ihn gesehen hatte … Obwohl … zumindest in diesem Moment konnte Rövenich nicht vor dem Monitor sitzen, weil er gerade vor ihm geflüchtet war.

Markus widerstand dem Drang nachzusehen, ob mit Juss alles in Ordnung war, und starrte in die Richtung, aus der er gekommen war, bis ihm einfiel, womit sich Rövenich gerade beschäftigt hatte, als Markus ihn entdeckte.

Da Juss sich auf der anderen Seite des Raumes befand, konnte Markus sich die Stelle ansehen. Neben dem Türrahmen hing ein Blatt Papier, das mit einem Stück Klebeband an den Kacheln befestigt war. Markus trat einen Schritt zur Seite, löste das Blatt ab und warf einen Blick darauf.

Es war die Kopie eines Zeitungsausschnitts.

DRAMATISCHER UNFALL MIT KOLLATERAL-SCHADEN AUF DER A 661 lautete die reißerische Überschrift.

Markus hatte die Berichte über den Unfall von Rövenichs Frau damals in den Medien verfolgt, doch an diesen konnte er sich nicht erinnern. Neben dem Text waren weder die Kopfzeile noch sonst etwas von der Seite zu sehen, anhand dessen man hätte erkennen können, um welche Zeitung es sich handelte. Aber welche Rolle spielte das auch?

317

Folge deiner Schuld und finde deine Tochter.

Obwohl die Zeit drängte und er am liebsten sofort wieder losgelaufen wäre, um zu versuchen, Rövenich auf einem anderen Weg einzuholen, begann Markus, den Text zu überfliegen.

Schließlich ging es um den Unfall, an dem Rövenich ihm die Schuld gab. *Folge deiner Schuld.*

Von einem Drama war im Text die Rede und davon, dass ein Reifen geplatzt und der Wagen außer Kontrolle geraten war. Dass dabei eine junge Frau und ihr kleines Kind zu Tode gekommen waren und dass es fast zur selben Zeit ein Stück weiter auf der gegenüberliegenden Fahrbahn ebenfalls zu einem Unfall gekommen sei und eine schwangere Frau eine Fehlgeburt erlitt. Dabei war das Wort »gegenüberliegend« hervorgehoben, als hätte es jemand mit einem hellen Textmarker betont, um klarzumachen, dass es sich dabei um einen anderen Unfall handelte.

Markus ließ das Blatt sinken und starrte zu Boden. Von diesem anderen Unfall hatte er nichts gewusst. Eine Fehlgeburt, tragisch, aber das war ein anderer Unfall gewesen, auf der anderen Fahrbahn. Markus fragte sich, was das mit Leonies Entführung zu tun hatte. Und mit Rövenich.

Folge deiner Schuld. Wie sollte ihm dieser Text weiterhelfen? Wo war die Spur, der er folgen sollte? Was sollte er nun tun, da Rövenich ihm entkommen war?

Er hob das Blatt hoch und betrachtete den Artikel erneut, als Juss ihm von hinten erst auf die Schulter klopfte und dann mit der Hand gegen seinen Arm stupste, in dessen Hand er den Artikel hielt.

Markus glaubte zu verstehen, was Juss wollte. Er ließ

den Arm sinken und reichte das Blatt nach hinten, wo es ihm in der nächsten Sekunde zwischen den Fingern weggezogen wurde.

Es dauerte höchstens eine Minute, in der Markus den Kopf immer wieder nach links und rechts drehte und dabei leise Flüche murmelte. Nach einem erneuten kurzen Anstupsen bekam er das Blatt von Juss zurück. Offenbar hatte er auch nichts entdeckt. Markus faltete den Artikel zusammen und steckte ihn in die Innentasche seiner Jacke, da hörte er hinter sich Juss' murmelnde Stimme. Dabei redete Juss in der gleichen Art, wie Markus das zuvor getan hatte.

»Folge deiner Schuld … folge deiner Schuld …« Es war so leise, dass Markus ihn kaum verstehen konnte. Über die Kamera musste es sich anhören, als führte er noch immer Selbstgespräche.

»Unfall«, murmelte Juss. »Auf der gegenüberliegenden Fahrbahn. Gegenüberliegend. Gegen…« Und dann, nach einer kurzen Pause: »Gegenüberliegend. Das Gebäude gegenüber! Das ist es.«

Natürlich! Markus hätte sich fast herumgeworfen und Juss auf die Schulter geklopft, konnte sich jedoch im letzten Moment zurückhalten.

Mit schnellen Schritten ging er in die Richtung, aus der er gekommen war. Juss folgte ihm wie ein treuer Hund. Markus verfluchte diese verflixte Stirnkamera. Wie sehr würde es ihm in dieser Situation helfen, wenn er sich richtig mit Juss unterhalten könnte. Aber zumindest hatte Juss einen Weg gefunden, mit ihm zu kommunizieren. Wenn die perversen Säcke vor ihren PCs – und vor allem Rövenich – ihm die Selbstgespräche abnahmen, konnte das sehr hilfreich sein.

Als er den Raum verließ, schaltete Markus die Handyleuchte wieder ein und stieg die Treppe hinunter. Im Erdgeschoss nahm er erneut das leise Brummen wahr. Mittlerweile wusste er allerdings, um was es sich dabei handelte. Die Neonröhren in dem gekachelten Raum … sie brauchten Strom. Ebenso, wie auch das Equipment für die Übertragung von Live-Videos ins Netz Strom brauchen würde. Das bedeutete, wenn er beim Betreten des anderen Gebäudes das gleiche Brummen hörte wie hier, war die Wahrscheinlichkeit recht hoch, dass auch dort Strom benötigt wurde. Markus hoffte, dass es sich dabei um Videokameras und Scheinwerfer handelte. Ein Blick auf die Uhr zeigte ihm, dass ihm keine halbe Stunde mehr blieb, um Leonie zu finden.

50

Donnerstag, 03.35 Uhr

Die Tür befand sich auf gleicher Höhe wie bei dem gegenüberliegenden Gebäude und war ebenfalls doppelflügelig, hing aber etwas schief in den Angeln.

Kurz bevor Markus sie erreichte, hielt er inne. Der Gedanke an Toni war plötzlich wieder da. Was würde es bedeuten, wenn sich herausstellte, dass dieses Schwein wirklich existierte und tatsächlich ein Teil von ihm selbst war? Hatte er seine Frau wirklich über einen langen Zeitraum misshandelt und schließlich umgebracht? Im Moment deutete alles darauf hin, dass es so war.

Auch wenn er, Markus, nichts davon wusste und mit dem Teil von ihm, der diese schrecklichen Taten vollbracht hatte, nichts zu tun hatte, war es dennoch etwas, das seinem Kopf entsprungen und mit seinen Händen ausgeführt worden war. Dann durfte er auf gar keinen Fall riskieren, dass so etwas wieder passierte. Dann *musste* er weggesperrt werden, zumindest so lange, bis er geheilt war. Falls eine Heilung überhaupt möglich war.

Darum würde er sich Gedanken machen, wenn Leonie befreit und in Sicherheit war. Aber genau da lag das Problem.

Wer konnte wissen, wie er reagieren würde, falls es ihm tatsächlich gelang, seine Tochter zu befreien? Hatte er nicht auch vorgehabt, Bettina abzuholen, nachdem Rövenich sie freigelassen hatte? Und war es dann nicht Toni gewesen, der offenbar andere Pläne gehabt und diese auch in die Tat umgesetzt hatte? Nämlich Bettina zu ermorden?

Markus wusste nicht, welche Umstände dazu führten und wie es möglich war, dass Toni die Kontrolle über seinen Körper übernahm. Das würde ein Psychiater herausfinden müssen. In dieser Nacht würde er aber ohne Beistand klarkommen müssen. Was, wenn Toni in dem Moment übernahm, in dem Markus seine Tochter wieder bei sich hatte, um sein teuflisches Werk an ihr fortzusetzen?

Es gab nur eines, was er tun konnte.

Er begann wieder, *Selbstgespräche* zu führen.

»Folge deiner Schuld«, murmelte er gerade laut genug, damit Juss ihn hören konnte. »Meine Schuld, meine Schuld.«

Die abertausend Arschlöcher, die ihm vor den Monitoren zuhörten, mussten glauben, dass er langsam den Verstand verlor.

Markus hoffte, dass Juss clever genug war zu verstehen, was er ihm gleich mitteilen würde.

»Meine Schuld … Toni … Ich bin Toni. Toni hat Bettina getötet. Meine Schuld. Was, wenn Toni versucht, Leonie zu töten? Auch meine Schuld. Meine Schuld. Das darf er nicht. Jemand muss Toni aufhalten, denn es ist meine Schuld.«

Von hinten tippte Juss ihm zweimal auf die Schulter. Sie

322

hatten keine Möglichkeit gehabt, irgendwelche Zeichen abzusprechen, aber Markus hoffte, dass das bedeutete, dass Juss verstanden hatte.

Markus ging auf die Tür zu und versuchte, sie zu öffnen, was erwartungsgemäß gelang. Und tatsächlich vernahm er auch hier aus dem Keller das Brummen eines Generators.

Verrückterweise beruhigte ihn das, denn es schürte die Hoffnung, dass Leonie tatsächlich in diesem Gebäude festgehalten wurde. Im Schein der Handytaschenlampe erkannte er, dass die beiden Häuser, zumindest was das Treppenhaus betraf, gespiegelt baugleich zu sein schienen.

Er stieg leise die Treppe hinauf ins Obergeschoss. Und wie zuvor hörte er, dass sich, nicht weit von ihm entfernt, jemand bewegte.

Wieder das gleiche Spiel? Ihm sollte es recht sein, wenn der nächste Hinweis, den er auf diese Art bekam, ihn endlich zu Leonie führte. Während er auf die Geräusche zuging, dachte er daran, dass er einen Tausch anbieten konnte. Sein Leben gegen das seiner Tochter. Vielleicht fand Rövenich ja irgendwelche abartigen Spiele, die er mit ihm vor laufender Kamera anstellen konnte statt mit Leonie. Schließlich war er es ja, gegen den sich der eigentliche Hass Rövenichs richtete. Und wenn Markus dabei starb, dann war es unter Umständen für alle das Beste. Nie hätte er es für möglich gehalten, einmal in eine Situation zu kommen, in der ihm sein eigener Tod egal war.

Er hatte das Ende des Raumes erreicht und betrat den nächsten, der ebenfalls unbeleuchtet war, aber nicht dunkel, denn am anderen Ende drang ein schmaler Lichtstreifen unter einer geschlossenen Tür hervor. Zudem huschte auch der Schein einer weiteren Handyleuchte über den Unrat am Boden.

»Rövenich!«, stieß Markus aus und verfluchte sich im selben Moment dafür, denn in der nächsten Sekunde zuckte der Lichtschein gegen die Tür, die aufgerissen wurde.

Ein gleißendes Rechteck durchbrach die Dunkelheit des Raumes. Markus lief los. Innerhalb weniger Sekunden erreichte er die offenstehende Tür und erfasste mit einem Blick die Situation.

Wieder befestigte Rövenich etwas an der Wand. Wieder sahen sie sich an, und wieder lief Markus los. Doch dann gab es einen eklatanten Unterschied zur vorherigen Situation.

Die Tür, durch die Rövenich verschwinden wollte, ließ sich nicht öffnen.

Markus sah, dass er wie ein Verrückter daran rüttelte und dagegen schlug, und hörte, wie der dürre Kerl fluchte und es erneut versuchte. Schon hatte er Rövenich erreicht und rammte ihm in vollem Lauf die Schulter gegen den schmächtigen Brustkorb. Markus nahm wahr, wie die Luft aus den Lungen des Kerls gedrückt wurde, und machte sich auf einen Kampf gefasst, doch Rövenich sank röchelnd gegen die Tür und rutschte langsam daran herab.

»Du Schwein«, stieß Markus aus, packte Rövenich am Kragen und hob ihn, vollgepumpt mit Adrenalin, mühelos wieder auf die Beine und zog ihn so dicht zu sich heran, dass ihre Nasenspitzen nur noch wenige Zentimeter voneinander entfernt waren.

»Du sagst mir jetzt sofort, wo meine Tochter ist, oder ich schwöre dir, ich werde dir deine abartige Seele aus dem Leib prügeln.«

»Keine Ahnung, wo sie ist«, ächzte Rövenich, dann verzog sein Gesicht sich zu einer hässlichen Fratze, und er begann, wie irre zu lachen. »Aber auch wenn ich es wüsste, würde ich es dir nicht sagen.«

Eiseskälte erfasste Markus' Verstand. Jedes einzelne Wort, das er dachte, schien klirrend klar und von einer unumstößlichen Logik geprägt zu sein.

Einer Logik, die ihm sagte, dass dieser Mann ihn so sehr hasste, dass er ihm nur in einer absoluten Ausnahmesituation sagen würde, was er wissen wollte. Also musste er eine solche Ausnahmesituation schaffen.

Er warf einen Blick auf das Display des Smartphones, stellte fest, dass er nur noch sechzehn Minuten Zeit hatte, holte aus und schmetterte Rövenich ohne Zögern die geballte Faust mitten ins Gesicht. Er hörte das Knirschen, mit dem das Nasenbein brach, und spürte den stechenden Schmerz seiner Handknöchel. Egal.

»Wo ist meine Tochter?«, sagte er leise in das blutüberströmte Gesicht.

»Fick dich!«, antwortete Rövenich.

Also schlug Markus erneut zu, wieder auf dieselbe Stelle, und wieder quittierten seine Knöchel den Schlag mit stechenden Schmerzen.

Rövenich stöhnte auf und wäre zusammengesackt, wenn Markus ihn nicht am Kragen festgehalten hätte.

»Wo ist meine Tochter?« Markus' Stimme klang kalt und fremd. Für den Bruchteil einer Sekunde schoss ihm ein Gedanke durch den Kopf: *War das Toni, der da redete und handelte?*

»Okay«, stammelte Rövenich, den Mund voller Blut. »Ich sage dir was.«

»Was? Nun red schon.«

Rövenich hob den Kopf und sah Markus an. Die untere Gesichtshälfte war blutverschmiert, seine Nase und sein linkes Auge begannen anzuschwellen. Langsam öffnete er den Mund.

»Deine Tochter …«, sagte er krächzend. »Wird gleich gefickt.«

Markus' nächster Schlag ließ Rövenichs Körper erschlaffen.

51

Donnerstag, 03.46 Uhr

Markus ließ Rövenich los, der in sich zusammensackte, als hätte er keine Knochen mehr.

»Scheiße«, stieß er aus und sah auf die Uhr. Die Chance, Leonie vor dem Beginn dieser irren *Show* zu erreichen, wurde immer geringer. Aber würde sie überhaupt starten, wenn Rövenich ohnmächtig war?

Ihm wurde bewusst, dass eine ganze Horde perverser Arschlöcher gerade dabei zugesehen hatte, wie er Rövenich zusammengeschlagen hatte. Es war ihm egal. Alles war egal, solange er seine Tochter nicht befreit hatte.

Er dachte an den Zettel neben der Tür, den Rövenich auch in diesem Raum anbrachte, bevor Markus ihn angegriffen hatte, wandte den Kopf und zog den Klebestreifen von der Wand, der das Blatt hielt.

Diese Seite war kein kopierter Zeitungsartikel, sondern es standen lediglich drei geheimnisvolle, fett aufgedruckte Sätze darauf.

Man sagt, die Farbe der Schuld ist Grün.

Du musst tiefer gehen. Die Farbe deiner Schuld ist Blau.

Er las die Sätze mehrmals, ohne sich auch nur den geringsten Reim darauf machen zu können.

Blau. Tiefer?

Langsam drehte Markus sich um, lauschte und fragte sich, wo Juss steckte. Dann fiel ihm ein, dass er wahrscheinlich im Nebenraum war, weil Rövenich ihn sonst gesehen hätte.

Das leichte Brummen des Generators konnte er sogar hier oben wahrnehmen.

Die Farbe deiner Schuld ist Blau. Tiefer gehen.

Was sollte er damit anfangen? Nichts. Es sei denn … Was, wenn dieses *tiefer* nichts mit der Farbe zu tun hatte, sondern wörtlich gemeint war? Er befand sich im Obergeschoss. Warum also nicht wieder nach unten gehen? Ins Erdgeschoss? Oder vielleicht sogar noch tiefer, in den Keller?

Der Generator!

Ganz egal, was Rövenich mit seiner kryptischen Botschaft gemeint hatte. Ganz offensichtlich befand sich dieser Generator, der Strom erzeugte, tiefer in diesem Gebäude. Strom für die Scheinwerfer und die Kamera, mit der die *Show* ins Darknet übertragen wurde. Wenn nun der Generator keinen Strom mehr lieferte …

Markus rannte los in den dunklen Raum, in dem vermutlich Juss darauf wartete, sich wieder an seine Fersen heften zu können, und schaltete die Taschenlampenfunktion seines Handys ein. Er erreichte die Treppe, stürmte sie so schnell hinunter, dass er strauchelte und fast gestürzt wäre, und kam im Erdgeschoss an. Für einen kurzen Moment hielt er inne und lauschte. Das Brummen kam eindeutig von irgendwo unter ihm.

Nach ein paar Schritten richtete er den Schein der

Lampe auf die oberen Stufen der abwärtsführenden Treppe, gleich darauf setzte er den Fuß auf die erste Stufe.

Modriger Geruch schlug ihm entgegen. Als er das Ende der Treppe erreicht hatte, hob er das Smartphone und warf einen Blick in den kurzen Gang. Das Erste, was ihm auffiel, war die Stahltür am Ende, das zweite ein Lichtschalter an der Wand rechts von ihm. Ohne darüber nachzudenken, hob Markus die Hand und betätigte den Schalter.

Als über ihm eine Neonröhre aufflackerte, zuckte er überrascht zusammen.

Das kalte Licht zeigte gnadenlos den Schmutz und den Verfall der Wände und der an der Decke entlanglaufenden Heizungsrohre. Lediglich die Tür am Ende des Gangs und die Kabel, die zwischen den Rohren verlegt waren, schienen neu zu sein.

Markus steckte das Smartphone in die Jackentasche, ging auf die Tür zu und versuchte, sie zu öffnen, doch auch mit kraftvollem Rütteln ließ sie sich nicht bewegen.

Er ließ die Arme sinken und hätte sich fast umgedreht, wenn nicht eine Hand auf seiner Schulter ihn im letzten Moment davon abgehalten hätte. Juss. Hier unten in dem schmalen Gang hatte er keine Möglichkeit, der Kamera auszuweichen, falls Markus eine unbedachte Drehung vollführte.

Etwas versuchte, sich in Markus' Bewusstsein zu drängen. Markus spürte, dass es wichtig war, und bemühte sich um Konzentration. Dabei stellte er sich die Frage, ob es sich so anfühlte, wenn Toni sein Handeln übernehmen wollte, schaffte es aber, diese Gedanken beiseitezuschieben. Allerdings würde ihm das nicht mehr oft gelingen, das spürte er deutlich. Er kam an die Grenzen seiner Kräfte, sowohl physisch als auch psychisch.

Da war das Gefühl wieder, und dieses Mal schaffte der Gedanke es bis an die Oberfläche seines Bewusstseins. Langsam legte Markus den Kopf in den Nacken und sah zur Decke. Die rostigen Rohre, dazwischen die Kabel. Es waren drei Stück, und sie liefen nebeneinander zwischen den Rohren entlang und verschwanden über der verschlossenen Stahltür.

Sie waren blau.

Die Farbe deiner Schuld ist Blau.

52

Donnerstag, 03.54 Uhr

Die Decke war nicht sehr hoch, mit etwas Glück konnte er es schaffen, die Kabel zu erreichen.

Markus fixierte eines der dünneren Rohre, an dem er sich vermutlich auch mit einer Hand festhalten konnte, dann ging er in die Hocke und stieß sich ab. Er berührte mit den Händen die vom Rost aufgeraute Oberfläche, schaffte es aber nicht, mit seinen eiskalten Fingern das Rohr so zu packen, dass er sich daran festhalten konnte.

Er landete wieder auf dem Boden und rieb die Handflächen über den Stoff seiner Jeans, um sie aufzuwärmen.

Als er wieder in die Knie ging, spürte er den Griff zweier Hände, die sich auf seine Hüften legten. Juss.

Als Markus dieses Mal hochsprang, hob Juss ihn an und drückte ihn nach oben. Markus schaffte es, das Rohr mit beiden Händen zu umklammern, und hing dann schaukelnd daran.

Aber er durfte sich nicht ausruhen, die Zeit lief ihm davon. Vorsichtig löste er eine Hand von dem Rohr. Als er feststellte, dass er sich mit der anderen Hand halten konnte, hob er den Arm und begann, die blauen Kabel abzutasten. Seine Finger glitten über das glatte, gummiartige Material, und als er schon aufgeben wollte, um es an einer anderen Stelle zu versuchen, stieß er mit der Spitze des Mittelfingers gegen etwas Kantiges. Er tastete noch ein Stück weiter, bekam das Ding zu fassen und zog es nach oben weg. Dann ließ er das Rohr los, landete auf den Füßen und betrachtete den Schlüssel in seiner Hand.

»Ja!«, stieß er aus und spürte, wie neue Hoffnung in ihm aufstieg. Er brauchte mehrere Versuche, bis er es geschafft hatte, den Schlüssel mit seinen klammen und zitternden Fingern in das Schloss zu stecken und umzudrehen, doch schließlich gelang es. Er öffnete die Tür und betrat einen längeren, ebenfalls von Neonlicht erhellten Flur, von dem mehrere Türen abgingen und der in einem Quergang endete.

Folge deiner Schuld.

Die Farbe deiner Schuld ist Blau.

Er blickte zur Decke, sah, dass die Kabel hier wie erwartet weiterliefen und lauschte konzentriert auf das gleichmäßige Brummen. Es schien von überall zu kommen. Wenn das die Stromleitungen waren, die vom Generator kamen und über die die Scheinwerfer und Kameras für die Übertragung versorgt wurden, musste er sie nur durchschneiden, und die Show war vorüber.

Allerdings würde er dazu Werkzeug benötigen, das er nicht hatte. Die Kabel waren recht dick, ohne eine scharfe Zange oder etwas Ähnliches würde er es kaum schaffen.

Die Alternative war, den Leitungen zu folgen. Wenn er richtiglag, würden sie ihn zu der Stelle führen, an der die Kameras standen. Und damit zu Leonie.

Er setzte sich wieder in Bewegung und folgte den blauen Strängen bis zum Ende des Flurs.

Dort ging es nach links, doch nach wenigen Metern endete dieser Gang an einem großen, offenen Raum. Auch dort konnte er sich an den Kabeln orientieren, verließ auf der anderen Seite den Raum wieder und stand erneut in einem Gang. So ging es eine ganze Weile weiter.

Schließlich verschwanden die Kabel über einer verschlossenen Tür in der Wand. Markus streckte die Hand nach der Klinke aus, zog sie aber zurück und drückte sein Ohr auf die glatte Oberfläche. Mit angehaltenem Atem lauschte er angestrengt, konnte jedoch nichts hören. In dem Moment, als er den Kopf zurückziehen wollte, drang ein dumpfes Geräusch durch die Tür. Es klang wie ein gedämpfter Schrei.

Sein Herz begann zu rasen, und mit einem wilden Ruck riss er an der Türklinke, woraufhin die Tür mit solcher Wucht nach außen aufschwang, dass die Klinke Markus aus der Hand glitt und die Tür gegen die Wand donnerte.

Mit ein paar großen Schritten war Markus in dem Raum, erfasste die Situation mit einem schnellen Blick und schrie mit aller Kraft, die er noch aufbieten konnte: »Nein!«

53

*Sie weiß nicht, wie lange es her ist, seit die schrecklichen Män-
ner wieder in die Dunkelheit zwischen den Scheinwerfern eingetaucht sind. Sie hat die ganze Zeit dabei zugesehen, wie ihr
Vater sich auf seiner verzweifelten Suche nach ihr abgemüht
hat. Sie hat auch gesehen, wie er diesen Mann so furchtbar
verprügelt hat, nachdem der … Sie möchte nicht mehr daran
denken.*

*Was sie weiß, seitdem die beiden Kerle aufgetaucht sind, ist,
was auf sie zukommen wird. Das heißt, nein, sie weiß es nicht.
Sie kann es nur ahnen. Dabei ist ihr bewusst, dass ihre Phanta-
sie mit großer Wahrscheinlichkeit nicht ausreicht, um sich aus-
zumalen, was diese Männer wirklich mit ihr vorhaben.*

*Noch während sie darüber nachdenkt, stellt sie fest, dass das
sehr erwachsene Gedanken sind, und fragt sich gleichzeitig, wie
groß Angst werden kann, bevor man verrückt wird.*

*Eine Ahnung davon bekommt sie nur wenige Minuten spä-
ter – nachdem das Bild aus der Kamera ihres Vaters über einen
längeren Zeitraum endlose Gänge und Flure zeigt, die sich alle
ähneln und die gar nicht mehr aufhören wollen –, als sowohl
einer der Kerle im Blaumann als auch die beiden Widerlinge
wieder im Scheinwerferlicht auftauchen.*

*Die nackten Körper glänzen, als wären sie mit Öl eingerieben
worden. Leonie dreht angewidert den Kopf zur Seite. Sie weiß,*

wenn die Kerle sie berühren, wird sie sich übergeben wie noch nie in ihrem Leben.

Plötzlich beginnt sie, unkontrolliert zu zittern, so sehr, dass die Fesseln ihr schmerzhaft in die Haut der Handgelenke und der Unterschenkel schneiden. Sie möchte, dass es aufhört, doch es wird schlimmer. Ihre Augen füllen sich mit Tränen, kalter Schweiß tritt ihr auf die Stirn, und sie hat große Mühe zu atmen. Es ist, als läge eine Schlinge um ihren Hals, die erbarmungslos zugezogen wird.

Etwas Raues berührt sie unterm Kinn und dreht ihr den Kopf nach vorn, so dass sie dem Kerl im Blaumann in die Augen sehen muss. Der greift hinter sich, und als seine Hand wieder zum Vorschein kommt, liegt darin ein Messer. Leonie röchelt, ringt nach Luft und ist sicher, dass sie ersticken wird. Als sich die Spitze des Messers aber senkt und sich langsam an ihrer Taille zwischen das schmale Stoffband ihres Slips und ihre Haut schiebt, löst sich etwas in ihr, und sie schreit aus Leibeskräften gegen den Knebel an.

Im nächsten Moment hört sie ein polterndes Geräusch aus der Dunkelheit hinter den Scheinwerfern.

54

Die Kerle, die vor Leonie standen, wirbelten herum, was angesichts ihrer Nacktheit und der wabernden Körperfülle des einen auf bizarre Art lächerlich aussah. Doch dafür hatte Markus keinen Blick. Seine Augen waren auf die blitzende Klinge gerichtet. Mit aller Kraft, mit aller unbändigen Wut, die in ihm loderte, spurtete er los, auf die Reihe der Scheinwerfer zu, bereit, sie allesamt umzureißen.

Er kam keine zwei Schritte weit, als ein heißer Schmerz an seinem Kopf explodierte. Dann wurde es dunkel.

»Hey, Toni!« Die Stimme klang, als käme sie von weit her. Mühsam hob er die Augenlider, sah aber nur eine verschwommene graue Masse. Sein Kopf schmerzte so sehr, dass er aufschreien wollte.

»Hey, aufwachen!« Ein klatschendes Geräusch, sein Kopf wurde herumgerissen, Schmerzpfeile jagten ihm durch den Schädel, alles drehte sich, doch nach ein paar Minuten sah er etwas klarer. Er saß auf dem Boden, den Rücken irgendwo angelehnt. Vor ihm standen zwei Gestalten in blauen Overalls, wie man sie in manchen Werkstätten zum Arbeiten trug. Die Köpfe steckten in ledernen Masken, an denen vor dem Mund Reißverschlüsse angebracht waren.

»Da ist er ja wieder, der gute Toni. Ich musste dich leider schlafen legen.«

Markus erkannte die Stimme sofort, obwohl er sie zum ersten Mal nicht durch einen Telefonlautsprecher hörte. Die kalte Monotonie war unverkennbar.

Hinter den beiden Männern sah Markus die halbkreisförmig aufgestellten Scheinwerfer und mindestens zwei Kameras. Dahinter saß seine Tochter auf einem Stuhl. Auf *dem* Stuhl. Die beiden nackten Männer waren verschwunden.

Markus bewegte die schmerzenden Arme und Beine und fragte sich, warum er nicht gefesselt war.

Als er die Waffe in der Hand des kleineren und schmaleren Entführers sah, deren Mündung auf seine Brust gerichtet war, wunderte er sich allerdings nicht mehr darüber.

Sein Blick richtete sich an den beiden Gestalten vorbei auf seine Tochter, die leise wimmerte.

»Was soll das alles?«, brachte Markus mit einiger Mühe heraus. »Ich habe alles getan, was Sie gesagt haben.«

»Sind wir wieder förmlich?«, erkundigte sich der mit der kalten Stimme. »Ich dachte, wir waren schon beim Du.«

Markus sah sich in dem Raum nach Juss um. Er konnte ihn nirgends entdecken und sich auch nicht erinnern, wie lange er in dem Labyrinth aus Gängen überhaupt hinter ihm gewesen war. Vielleicht hatte er sich noch rechtzeitig versteckt, bevor er entdeckt werden konnte.

»Noch einmal«, wiederholte Markus. »Was wollen Sie von mir? Warum ist meine Tochter immer noch auf dem Stuhl gefesselt?«

»Hast du ernsthaft geglaubt, wir verzichten auf dieses Bombengeschäft?« Der Entführer legte den Kopf schief, bevor er fortfuhr: »Ich will ehrlich zu dir sein. Diese Einnahmen sind tatsächlich eine angenehme Begleiterscheinung, aber das ist es nicht, worum es uns geht.«

»Sondern?«

Markus fragte sich, warum niemand auch nur mit einem Wort darauf einging, dass er Rövenich so zugerichtet hatte.

»Ah! Jetzt käme also wieder die Stelle im Fernsehkrimi, an der der Schurke – obwohl er seinen Widersacher überwältigt hat und ihn mit einer Waffe bedroht, die er nur abfeuern müsste – erst alle seine Schandtaten gesteht, bevor er dann in der letzten Sekunde doch noch von den Guten überrumpelt werden kann.«

»Ja, warum nicht?«, entgegnete Markus und hoffte, so genügend Zeit gewinnen zu können, bis Juss einen Weg finden würde einzugreifen.

»Ganz einfach, weil in diesem Fall wir die Guten sind, und du bist der Böse.«

»Sie glauben also wirklich, jemand, der erst eine Frau und dann ein fünfzehnjähriges Mädchen entführt und vor laufender Kamera misshandeln lässt und das alles ins Internet überträgt, sei einer von den Guten?«

»Interessant, dass du den Tod deiner Frau nicht erwähnst. Wie passt der denn in deine Schubladen von Gut und Böse?«

»Warum, zur Hölle, tun Sie das alles?«, wich Markus aus.

Die mit Ledermasken bedeckten Köpfe wandten sich

einander zu, dann nickte der schmächtigere Kerl, woraufhin der andere aufstand und zu Leonie ins Scheinwerferlicht trat.

»Lasst sie in Ruhe«, stieß Markus aus. »Ich bitte euch, tut ihr nichts. Nehmt mich und macht mit mir, was ihr wollt, aber bitte, lasst meine Tochter jetzt gehen. Ihr quält sie doch schon seit Stunden. Das mit Rövenich musste ich tun. Ich habe nur versucht, die Aufgaben zu erfüllen, um meine Tochter zu retten.«

Der Kerl vor ihm reagierte nicht. Stattdessen wandte sich der andere an eine der Kameras und begann zu sprechen.

»Es ist so weit. Wir werden jetzt für das große Finale ein wenig umbauen und sind in etwa zwanzig Minuten wieder da, und ich verspreche euch, was ihr dann geboten bekommt, habt ihr noch nicht live gesehen.«

Nach einem Blick auf Leonie, die immer noch wimmerte und deren Kopf nach unten hing, zwängte der Kerl sich zwischen zwei Scheinwerfern hindurch und ging zu dem Mischpult in der Mitte des Raumes. Nachdem er dort ein paarmal auf einem Tablet herumgedrückt hatte, kam er wieder zu Markus zurück.

»Die Kameras sind nun ausgeschaltet. Kommen wir also zu dem Teil, der nur dich und uns betrifft.«

Noch immer kein Wort über Rövenich.

Der Mann hob beide Hände, griff zu seinem Hinterkopf, zog die Maske über den Kopf und legte sie neben sich ab.

Markus starrte ihn an, versuchte, sich an dieses faltige Allerweltsgesicht mit den grauen, kurzen Haaren zu erinnern, doch er kannte niemanden, der so aussah. Er war deutlich älter, als Markus ihn geschätzt hätte. Bestimmt über sechzig.

»Du kannst dir die Anstrengung sparen, du kennst mich nicht.«

»Aber was …«

»Ich werde dir jetzt eine kleine Geschichte erzählen. Nicht, um dem eben erwähnten Klischee zu entsprechen, sondern, damit du später weißt, warum du dir vor laufender Kamera das Leben nehmen wirst.«

»Ich werde was?«

»Hast du nicht gerade gesagt, wir sollen statt deiner Tochter dich nehmen? Manchmal sollte man sich gut überlegen, was man sich wünscht. Hast du es dir anders überlegt?«

Markus blickte zu seiner Tochter hinüber, die noch immer mit weit gespreizten Beinen, nur mit ihrem Slip bekleidet, auf dem Stuhl saß, und er dachte an die ekelhaften Kerle, die er gesehen hatte.

»Nein, das habe ich nicht«, sagte er und sah den älteren Mann wieder an. »Dann könnt ihr sie jetzt ja losbinden und gehen lassen.«

»Das werden wir, wenn unsere kleine Geschichte zu Ende erzählt ist.«

Markus schwieg und dachte an Juss, der irgendwo draußen sein musste. Sein Blick fiel auf den Schmächtigen, und er fragte sich, warum der noch kein Wort gesprochen hatte.

»Die Geschichte beginnt mit einem Unfall, der vor über zwei Jahren geschehen ist, weil ein scheinheiliger Möchtegern-Gutmensch nur ans Geldscheffeln gedacht und seine Fahrzeuge nicht in Schuss gehalten hat. Und weil eine dusselige Kuh zu dämlich war, ein Auto mit geplatztem Reifen abzufangen.«

55

Markus glaubte, sich verhört zu haben.

»Was?«, fragte er.

»Du hast mich schon verstanden.«

»Nein, das verstehe ich nicht. Rövenich hat das doch alles … Wieso reden Sie so abwertend über seine Frau? Wo ist Rövenich überhaupt? Sie haben doch gesehen, dass ich …«

»Er hat seinen Zweck erfüllt.«

»Seinen Zweck erfüllt? Ich dachte …«

»Was? Dass er das alles organisiert hat? Dieser heruntergekommene Säufer? Nicht ernsthaft, oder?«

Bevor Markus sich dazu äußern konnte, sagte sein Gegenüber: »Möchtest du die Geschichte jetzt hören, oder soll ich die Kameras wieder einschalten und unsere glänzenden Freunde zu deiner Tochter rufen?«

»Nein. Erzählen Sie weiter.«

»Gut. Da war also dieser Unfall, weil an der Schrottkiste eines Möchtegern-Gutmenschen ein Reifen geplatzt ist. Aber um diesen Unfall geht es nicht, sondern um das, was durch ihn passierte. Den Kollateralschaden, wie es in diesem Zeitungsartikel ausgedrückt wurde, den du gelesen hast. Und wahrscheinlich wirst du mir jetzt sagen, dass du heute Nacht zum ersten Mal von diesem anderen Unfall gehört hast, richtig?«

342

»Ja. Ich wusste nicht ... «

»Ja, ja, das dachte ich mir. Und warum hat niemand was davon gehört? Weil jemand dafür gesorgt hat, dass nichts bekannt wurde. Weil dieser Jemand nicht wollte, dass die wahre Tragweite dieser Sache ans Licht kommt. Weil das vielleicht das Geschäft geschädigt hätte. Aber weiter, wir sind ja erst am Anfang meiner Schilderung. Dieser andere Unfall passierte, weil die Schlampe, die in deinem Auto unterwegs war, gegen die Leitplanke gekracht ist, und zwar genau zu dem Zeitpunkt, als ein Wagen auf der Gegenfahrbahn auf der Überholspur auf gleicher Höhe unterwegs war. Deine Schrottkiste prallte also nur Zentimeter von diesem Wagen entfernt gegen die Leitplanke. Durch den Schreck hat der Fahrer dieses Autos das Lenkrad verrissen. Bei Tempo hundertfünfzig. Er schlingerte noch gute zweihundert Meter über die Autobahn, bevor er nach rechts eine Böschung hochfuhr und sich überschlug.

In dem Wagen saß außer ihm noch seine dreißigjährige Frau. Wie du aus der Zeitung weißt, *erlitt sie eine Fehlgeburt*, so hieß es dort lapidar.

Was aber nirgendwo stand, weil es offensichtlich niemand mehr für nötig hielt, die Sache weiter zu verfolgen, ist Folgendes: Diese Frau und ihr Mann hatten zuvor fünf Jahre lang vergeblich versucht, ein Kind zu bekommen. Das war ihr sehnlichster Wunsch. Sie konsultierten unzählige Ärzte, die Frau hatte etliche Versuche künstlicher Befruchtung hinter sich, und, und, und ... Unmengen an Geld und Unmengen an Enttäuschungen. Dann endlich hat es funktioniert. Einem Arzt ist es tatsächlich gelungen, dass sie schwanger wurde und dieses Kind auch behielt.

Mehr noch, sie erwartete Zwillinge und war im sechsten Monat. Alles sah ganz wunderbar aus, und die beiden waren die glücklichsten Menschen der Welt. Und dann geschah der Unfall. Beide ungeborenen Kinder tot.

Die Frau wurde depressiv und verlor nicht nur allen Lebensmut, sondern auch den Verstand. Ihr Mann, der tagtäglich mit ansehen musste, wie sie mit ihren toten Babys sprach, als säßen sie vor ihr, wie sie von Tag zu Tag immer verrückter wurde, und der sich die Schuld dafür gab, hielt es nach ein paar Monaten nicht mehr aus und warf sich vor einen Zug. Nach seiner Beerdigung ging die Frau nach Hause, legte sich in die Badewanne und schlitzte sich die Pulsadern auf.«

Er sah Markus eindringlich an.

»Das ist schrecklich«, brachte Markus mühsam hervor.

»Das ist eine Tragödie. Eine ganze Familie inklusive ihrer beiden ungeborenen Kinder – ausgelöscht. Und bis auf den Bericht über den *Kollateralschaden* in dem kleinen Käseblättchen hat keine Zeitung darüber berichtet. Wir haben den Redakteuren die Türen eingerannt, wir haben sie mit Mails bombardiert und mit Leserbriefen – nichts. Eine Mauer des Schweigens. Nur eine Redakteurin oder ein Redakteur hatte zumindest so viel Gewissen, uns anonym darüber zu informieren, dass ein einflussreicher Geschäftsmann aus Frankfurt seine Kontakte hat spielen lassen, um genau das zu erreichen.«

»Das ist eine wirklich furchtbare Geschichte«, sagte Markus, »aber noch einmal: Ich habe nichts damit zu tun!«

Ermattet ließ er den Kopf sinken. Er hatte das Gefühl,

dass diese Geschichte ihm nach den Erlebnissen der letzten vierundzwanzig Stunden den Rest gab.

»Du hast viel damit zu tun, weil es eines deiner Sharing-Autos war, das das Unglück ausgelöst hat, und du nur vorgibst, an andere zu denken und Dinge zu teilen. In Wahrheit aber bist du egoistisch und geldgierig. Und meinst du wirklich, wir wissen nicht, wer verhindert hat, dass über die wahre Tragweite des Unfalls mit eurem Auto berichtet wurde?«

»Vielleicht glaubt ihr, es zu wissen. Ich war es definitiv nicht, und ich weiß auch nichts darüber. Und auch wenn ihr meine Tochter und mich tötet, ist daran nichts mehr zu ändern.«

Die beiden Männer tauschten einen langen Blick, dann sah ihn der Grauhaarige mit einem Gesichtsausdruck an, in dem fast so etwas wie Mitleid lag.

»Du weißt es wirklich nicht, oder?«

»Nein.« Markus war unendlich erschöpft.

»Dann denk mal darüber nach, warum wir deine Frau entführt und getötet haben und jetzt deine Tochter in unserer Gewalt ist.«

Plötzlich war Markus wieder wach. »Ihr wart es also doch. Ich habe gewusst, dass ich nie dazu imstande wäre, Bettina etwas anzutun. Warum habt ihr das getan? Bettina war der liebevollste Mensch, den ich kenne. Und warum wolltet ihr mich glauben lassen, ich wäre es gewesen, der sie getötet hat?«

»Weil euch beiden dieses Auto gehört hat und … ich wiederhole: Denk nach. Dass du es nicht selbst warst, der dafür gesorgt hat, dass die Tragödie totgeschwiegen wird, ist uns klar, dazu fehlt dir die Position, aber dass du wirklich so naiv bist und nicht weißt, *wer* es war … Überleg doch mal: Warum musste deine Frau wohl dran glauben?«

Markus schüttelte den Kopf. Er konnte und er wollte nicht mehr denken. Doch eine Sache schoss ihm wieder in den Kopf.

»Warum das Theater mit diesem Toni?«

»Wir haben dein geliebtes *Teilen* an dir selbst praktiziert. Wir haben dafür gesorgt, dass du dich selbst *geteilt* fühlst.

Wir wollten, dass du an dir zweifelst, dass du leidest und einen glaubhaften Grund hast, dir vor laufender Kamera das Leben zu nehmen. Mittlerweile werden einige Leute aus deinem Dunstkreis bestätigen, dass mit dir was nicht gestimmt hat.«

»Ich verstehe das nicht. Die Medikamente, Bettinas angebliche Verletzungen, die Krankenschwester aus der Notfallambulanz … Wie war das alles möglich? Der … der Instagram-Account, dieses fürchterliche Forum, wo ich mit meinem Passwort angemeldet war … Wie funktionierte das?«

Der Grauhaarige blickte zur Seite. »Die Idee und der Plan stammen von der Schwester des Opfers. Meiner Tochter.«

Daraufhin griff sich die Gestalt im Blaumann neben ihm an den Hinterkopf, nestelte eine Weile an der Maske herum und zog sie sich dann mit einem Ruck über die Haare. Als sie den Kopf hob und Markus ihr Gesicht sehen konnte, erstarrte er.

56

»Nein!«, flüsterte Markus kaum hörbar. »Das kann doch nicht sein … Du?«

»Ja, ich«, antwortete Sarah und sah ihm mit einem kalten Blick, der ihn frösteln ließ, in die Augen.

»Es waren meine Schwester, meine beiden ungeborenen Neffen und mein Schwager, die ihr getötet habt.«

»Aber, das …« Markus wusste nicht mehr, was er sagen wollte oder sollte. Er wusste nicht mehr, ob er wach oder in einem völlig irren Albtraum gefangen war.

»Seit eineinhalb Jahren arbeite ich auf den heutigen Tag hin. Ich bin in eure Nähe gezogen und habe dafür gesorgt, dass deine Frau und ich beste Freundinnen wurden und ich Zugang zu eurem Haus bekam.« Sie lachte hysterisch. »Es war so einfach, eure Schlüssel nachzumachen. Ich habe schräg hinter deinem Arbeitsplatz eine Webcam installiert, als ihr nicht da wart. Zwei Tage später hatte ich dein geheimes Passwort. Der Instagram-Account, das Forum – nur ein bisschen Arbeitsaufwand. Vieles davon habe ich sogar von deinem Notebook aus angelegt.

Auch die potenziellen Mieter für eure Wohnung zu verscheuchen war lächerlich einfach. Ein, zwei Anrufe mit einer entsprechenden Drohung, und niemand wollte die Wohnung mehr haben. Der Anruf einer besorgten Nachbarin und einer anonymen Krankenschwester bei der Polizei – und schon haben sich alle von dir abgewandt. Auch dein ehrenwerter Schwiegervater. Es ist heutzutage so lächerlich einfach, jemanden zur *Persona non grata* zu machen, dass man eigentlich jeden Tag mit der Angst leben müsste, irgendwen zu verärgern.«

»Aber ich verstehe nicht … dieses Gutachten …«

»Gefälscht. Den Arzt gibt es wirklich, aber er weiß sicher nichts von diesem Gutachten.«

»Das wäre doch sowieso rausgekommen.«

»Na und? Es ging ja nur um dich und um diese Nacht.«

»Aber dieser … Toni … und die Frau, Irina …«

»Die haben ein nettes Sümmchen für ihr Mitwirken bekommen, und mir deine Uhr für das Video *auszuleihen*, war nun wirklich kein Problem.«

Sie machte eine kurze Pause und stieß ein humorloses Lachen aus. »Weißt du, was das Verrückte daran ist? Wäre das alles nicht passiert, hätten Bettina und ich wirklich Freundinnen werden können.«

Die Tür neben ihnen flog mit einem Ruck auf, gleich darauf krachte der Körper von Rövenich neben ihnen auf den Boden, bevor Juss auftauchte. In seiner Hand hielt er eine Waffe.

»Pass auf!«, rief Markus ihm besorgt zu. »Sie sind bewaffnet.«

Doch statt sich mit einem Satz in Sicherheit zu bringen, blieb Juss ruhig stehen und lächelte Markus zu. »Ich weiß.«

Noch während es Markus dämmerte, was gerade geschah, sagte Sarah: »Das ist mein Bruder Chris. Er war von

Anfang an bei der Planung beteiligt. Wie du siehst, war es nicht nur großes Glück, dass er gestern genau zum richtigen Zeitpunkt aufgetaucht ist, um dir zu helfen. Dass du ihn allerdings mit deiner Telefonnummer ausgerechnet zu mir schicken würdest, konnten wir nicht ahnen. Das war Realsatire.«

Markus konnte den Blick nicht von Juss abwenden, der nun auf Rövenich deutete. »Was machen wir mit ihm?«

»Darum kümmern wir uns später.«

»Du hast die ganze Zeit …«, stammelte Markus und starrte Juss ungläubig an. »Und Phillip? Du sagtest …«

Juss zuckte grinsend mit den Schultern. »Er hat tatsächlich telefoniert. Einmal, als ihr auf meine Schwester gewartet habt.« Sein Mund verzog sich zu einem schiefen Grinsen. »Kann sein, dass das nicht unbedingt war, um dich zu verraten, aber es hat gut gepasst, und es hat funktioniert, wie du weißt.«

»Hast du ihn getötet?«

»Keine Ahnung. Ich glaube nicht.«

Markus starrte Juss, der eigentlich Chris hieß, noch immer fassungslos an, bis er schließlich den Blick von ihm losriss und auf Sarah richtete.

»Lasst ihr Leonie bitte gehen? Sie hat mit alldem am wenigsten zu tun. Ich bitte dich.«

Sarahs Mundwinkel zogen sich nach unten. »Wenn du tot bist, kann sie gehen. Wenn du lebst, stirbt sie. Du hast die Wahl, und du weißt, dass es mir ernst ist.«

Markus musste nicht lange überlegen. Nicht mehr. Die Lage war absolut hoffnungslos, und er hatte nur noch ein Ziel.

»Kann ich mich darauf verlassen, dass ihr nichts geschieht?«

»Es wird dir nichts anderes übrig bleiben.«

»Also gut.« Markus nickte. »Was muss ich tun?«

»Medienwirksam sterben.«

57

Knappe zehn Minuten später kniete Markus, das Gesicht den Scheinwerfern zugewandt, an der Stelle auf dem Boden, an der kurz zuvor noch der Stuhl mit seiner Tochter gestanden hatte. Anders als Leonie war er nicht gefesselt. Auch seine Hose hatte er noch an, lediglich der Oberkörper war nackt.

Leonie hatte ihre Sachen wieder angezogen und war von Chris in einen anderen Raum geführt worden. Als Markus sie in ihrer Jeans gesehen hatte, war er beruhigt. Sie hatte geschrien und geweint, als Juss sie von ihm wegzerrte, doch er hatte ihr zugeredet und ihr gesagt, dass alles gut werden würde. Und das würde es. Sie würde leben.

Markus war so erschöpft, so ausgelaugt und vollkommen am Ende, dass er nur noch Ruhe haben wollte. Und dennoch hatte er Angst vor dem, was nun folgen würde.

In beiden Händen hielt er einen Dolch, den Sarahs Vater ihm gegeben hatte. Die lange Klinge glänzte im Scheinwerferlicht, ihre Spitze war gegen seinen Bauch unterhalb des Nabels gerichtet. Vor ihm auf dem Boden lag ein beschriebener Zettel.

Als Sarah, die zwischen den Scheinwerfern stand, ihm zunickte, richtete Markus den Blick auf die linke Kamera.

»Mein Name ist Markus Kern«, begann er. Seine

Stimme klang dünn und zitterte. »Ich habe mit meiner Frau eine Firma für Car- und Wohnungssharing betrieben, aber uns war der Profit wichtiger als das Leben unserer Kunden.«

Er bemerkte erst nach einigen Sekunden, dass er aufgehört hatte zu reden, und fuhr fort: »Deshalb sind wir schuld am Tod von zwei jungen Frauen, drei Kindern und einem Mann.«

Er blickte auf den Zettel vor ihm auf dem Boden und las ab.

»Im alten Japan gab es das Ritual des *Seppuku*, das von uns Europäern auch *Harakiri* genannt wird. Ein Mann, der wegen einer Pflichtverletzung sein Gesicht verloren hat, konnte durch *Seppuku* die Ehre seiner Familie wiederherstellen. Ich werde diese alte Tradition aufgreifen und die Ehre meiner Familie wiederherstellen. Ich hoffe, mein Schwiegervater Franz Miebach aus Frankfurt wird ebenfalls nicht zögern, den gleichen Schritt zu gehen, denn er hat große Schuld auf sich und seine Familie geladen.

Ich …« Markus weigerte sich instinktiv, die Wörter auszusprechen, die auf dem Zettel vor ihm standen. Das Grauen schnürte ihm die Kehle zu, während er fieberhaft nach einem Ausweg suchte. Er hatte einen Dolch. Wenn er sich damit auf Sarah stürzte … Es war ein letztes, verzweifeltes Aufbäumen seines Überlebenswillens. Und es war sinnlos.

Sarah machte einen kleinen Schritt zwischen den Scheinwerfern hindurch. Ihr Blick genügte, um zu wissen, dass sie nicht zögern würde, Leonie zu töten, wenn er sich weigerte.

»Ich werde mir nun gemäß den Regeln des *Seppuku* den Bauch unterhalb des Bauchnabels von links nach rechts aufschneiden, wodurch auch die Bauchaorta durchtrennt wird. Das wird dazu führen, dass ich schnell das Bewusstsein verliere und kurz darauf sterbe.«

Markus horchte in sich hinein, versuchte herauszufinden, ob er die Kraft aufbringen würde zu tun, was er tun musste, um Leonie zu retten. Er spürte, dass sein Magen rebellierte, und schluckte gehen den Brechreiz an. Als er die Spitze der Klinge am linken Unterbauch ansetzte, zitterten seine Hände so stark, dass er sich einen kleinen Schnitt zufügte. Er befürchtete, das Bewusstsein zu verlieren, und atmete tief durch. Die Angst würde ihn bald völlig lähmen. Er musste es tun. Für seine Tochter.

In diesem Moment flog die Tür des Raumes krachend auf. Die Schritte schwerer Stiefel, Gebrüll mehrerer Männer, gefolgt von Schmerzensschreien.

Markus glaubte, irgendwo zwischen den Lampen das verzerrte Gesicht von Hauptkommissar Mantzke zu erkennen, und ließ das Messer vor sich auf den Boden fallen.

Während in dem Raum weiter Tumult herrschte, schloss er, noch immer kniend, die Augen. Jemand legte ihm die Hand auf die nackte Schulter. Eine Stimme sagte: »Markus, ich bin's, Phillip.«

Phillip, dachte er. *Du lebst. Wie schön.*

Das Chaos war unerträglich. Markus hielt die Augen geschlossen. Mochten sie tun, was sie wollten. Er spürte, wie er zur Seite kippte, und ließ es geschehen. Es war ihm egal.

Leonie würde leben.

58

»Herr Kern, können Sie mich hören?« Etwas in der Stimme zwang Markus dazu, wieder zu sich zu kommen. Es war ruhiger um ihn herum geworden, und er spürte, wie sein Körper bewegt wurde.

»Papa, hörst du mich?«

Er öffnete die Augen und blickte in das Gesicht seiner Tochter. Es war gerötet und verschmiert, die Haare hingen ihr strähnig um den Kopf. Eine Sanitäterin stand hinter ihr und hatte ihr eine Hand auf die Schulter gelegt.

»Leonie!« Markus erschrak selbst über seine krächzende Stimme.

»Wie fühlen Sie sich?«, fragte Mantzke.

Markus blickte ihn an. »Beschissen. Wie kommen Sie hierher? Und warum?«

Mantzke zuckte mit den Schultern. »Eine lange Geschichte.«

Markus spürte ein Prickeln auf seinem Gesicht.

»Vielleicht erzählt Ihr Freund Phillip …«

Mantzkes Stimme verlor sich, während es vor Markus' Augen schwarz wurde.

59

Samstagmorgen

»Es ist schön, dich zu sehen.« Phillip saß auf dem Bettrand
und lächelte Markus an. »Wie fühlst du dich?«

»Nachdem ich über vierundzwanzig Stunden fast nur
geschlafen habe, geht es. Der Arzt sagte, Mantzke hat
schon zigmal angerufen. Er kommt gleich hierher. Vielleicht versucht er doch noch, etwas zu finden, für das er
mir die Schuld in die Schuhe schieben kann.«

»Er ist kein schlechter Kerl«, versicherte Phillip.
»Meine Rolle in der ganzen Sache war seine Idee. Aber
sag, wie geht es Leonie? Wo ist sie überhaupt?«

Markus deutete auf das leere, zerwühlte Bett neben sich.
»Eigentlich da, aber sie ist gerade zu einem Gespräch mit
einer Psychiaterin abgeholt worden. Sie ist ziemlich verstört.«

»Das denke ich mir. Es kann bestimmt eine Weile dauern, aber sie wird wieder.«

»Ja.« Markus dachte an Bettina und daran, dass ab jetzt
die volle Verantwortung für seine Tochter bei ihm lag. Der
Gedanke an seine Frau tat weh, und ihm war klar, dass die
eigentliche Trauer und der Schmerz ihn erst noch heimsuchen würden.

Er drückte sich mit den Händen von der Matratze ab und rutschte im Bett ein wenig höher, was ihm bewusst machte, dass es kaum eine Stelle an seinem ganzen Körper gab, die nicht schmerzte. »Dann leg mal los. Ich erfahre lieber von dir, was diese *Sache* war, als von Mantzke. Aber erst noch etwas anderes: Was ist mit Sarah und ihrer feinen Familie?«

»Soweit ich es mitbekommen habe, sind alle festgenommen worden.«

Markus richtete den Blick an ihm vorbei. »Ich bin gespannt, ob man ihnen alles beweisen kann. Ich habe zwar gehört, was sie gesagt haben, aber die Polizei …«

»Die haben es auch gehört.« Phillip grinste breit.

»Was? Wie denn das?«

Phillip zuckte mit den Schultern. »Im Grunde ist es schnell erzählt. Als du mich angerufen hast, waren Mantzke und Bauer gerade bei mir. Mantzke hatte wohl so eine Ahnung, dass etwas anderes hinter der Sache steckte als ein Ehemann, der durchdreht und seine Frau ermordet. Die Indizien waren ihm zu auffällig und zu einfach zu finden.«

»Das hat mir gegenüber aber ganz anders geklungen.«

Phillip lächelte. »Jedenfalls hat er mitbekommen, dass du am Telefon warst, und er hat mir zu verstehen gegeben, ich solle zusagen, dass ich dich abholen komme.« Er hob die Hand. »Das hätte ich so oder so getan, das ist klar. Aber wie gesagt, Mantzke war mit im Boot. Sein Plan war, dass ich dir nicht von der Seite weiche und so früher oder später vielleicht mit dir auf denjenigen treffe, der dir das alles anhängen wollte, was ja schlussendlich auch funktioniert hat.«

»Er hat mich als Lockvogel benutzt?«

»Ich schätze, ja.«

»Und du hast dich darauf eingelassen?«

»Mantzke hat mir klargemacht, dass das wahrscheinlich die einzige Chance ist, dich zu entlasten. Vergiss nicht die Indizien gegen dich, die sehr schwer zu widerlegen gewesen wären.«

»Aber wie konnte er wissen, wo wir gerade sind? Hat die Polizei uns die ganze Zeit beschattet?«

»Sie waren zwar immer irgendwo in der Nähe, aber beschatten mussten sie uns nicht. Ich hatte eine App auf meinem Telefon, über die sie uns jederzeit orten konnten. Sie haben jeden Schritt verfolgt.«

Markus ließ die Ereignisse noch einmal Revue passieren.

»Aber als Juss ... Chris dich niedergeschlagen hat, was ist da passiert? Ich meine, Mantzke wusste durch dein Handy zwar, wo du warst, aber wie habt ihr diesen Raum im Keller gefunden? Wie seid ihr darauf gekommen, ausgerechnet in dem Gebäude zu suchen?«

Erneut lächelte Phillip und sah sich in dem Krankenzimmer um. »Deine Jacke.«

»Was?«

»Ich habe dir mein Telefon zugesteckt, als ich dich vor dieser Baracke umarmt habe. Vorher habe ich die Aufnahmefunktion gedrückt. Alles, was da drinnen gesprochen wurde, ist aufgezeichnet.«

Markus schüttelte lächelnd den Kopf. »Unglaublich. Und ich dachte, du hättest wirklich das Bedürfnis gehabt, mich zu umarmen.«

Es klopfte an der Tür, im nächsten Moment wurde sie

357

auch schon geöffnet. Mantzke kam, gefolgt von Bauer, ins Zimmer und nickte ihm zu. »Guten Morgen, Herr Kern, schön, dass Sie wach sind. Wir haben einiges zu besprechen.«

»Guten Morgen«, erwiderte Markus und sah zu Bauer hinüber. Ihr Blick hatte sich seit ihrem letzten Aufeinandertreffen deutlich verändert. Die Abscheu, die darin gelegen hatte, war verschwunden.

Markus wandte sich wieder an Mantzke, der neben seinem Bett stehen geblieben war. »Bevor wir anfangen, habe ich eine Frage. Die Aufnahmen ... sind sie etwas geworden?«

Mantzke nickte. »Durch den Stoff der Jackentasche nicht glasklar, aber gut verständlich. Wir haben alles, was wir brauchen. Zudem sind alle drei geständig.«

»Und Rövenich?«

»Er war nur ein Lockvogel, den sie kurzfristig dazugenommen haben. Er ist kein Freund von Ihnen, wie Sie wissen, und hat bereitwillig mitgespielt. Letztendlich haben die anderen ihn ins offene Messer laufen lassen. Er wusste wohl nicht, dass diese Tür verschlossen war, so dass Sie ihn erwischen konnten. Er wird sich trotzdem wegen Beihilfe verantworten müssen.«

Ein weiterer Kollateralschaden, dachte Markus und nickte. »Dann können wir jetzt anfangen.«

60

Sechs Tage später, Freitag

»Bitte, komm rein.« Franz Miebach trat zur Seite und machte eine einladende Handbewegung. »Es ist gut, dass du gekommen bist, wir müssen uns unterhalten. Christel wartet drinnen schon ungeduldig auf dich. Da gibt es einiges, das wir ...«

»Das ist schnell erledigt«, fiel Markus ihm ins Wort. »Und nein danke, ich bleibe lieber hier draußen. Wer weiß, wen du diesmal anrufst, während ich in deiner Küche sitze.«

»Markus, versteh doch ...«

»Hast du vor zwei Jahren verhindert, dass die Medien über den zweiten Unfall berichten?«

»Was, wie kommst du denn jetzt ...«

»Hast du es verhindert?«

»Mein Gott, Markus. Es ging schließlich um die Firma meiner Tochter. Um eure Firma. Diese Berichte hätten ...«

»Du bist ein verachtenswertes Schwein.«

»Jetzt reicht es aber«, fuhr Franz auf. »Du vergreifst dich im Ton. Du vergisst wohl, dass meine Tochter ermordet worden ist.«

»Nein, ich werde nie vergessen, dass meine Frau ermordet wurde, und auch nicht, warum. Sie wurde getötet, weil ihr Vater ein korruptes Schwein ist, das seine Macht dafür ausgenutzt hat, die Medien zu manipulieren. Du bist schuld an Bettinas Tod, und ich hoffe, du denkst morgens, wenn du aufwachst, als Erstes daran, und abends als Letztes, bevor du einschläfst.«

Damit wandte Markus sich ab, verließ das Grundstück und stieg in den grauen Wagen, der vor der Tür parkte. Er gehörte zum Fuhrpark von *Kern & Kern Carsharing*. Ohne sich noch einmal umzublicken, startete er den Motor und fuhr los.

WICHTIGES UPDATE

Der neue »Mörderfinder«-Thriller von Arno Strobel
erscheint bereits im Frühjahr 2022.

Wenn Sie über den genauen Erscheinungstermin
informiert werden möchten, dann senden Sie
eine E-Mail mit Ihrem Namen an
info@arno-strobel.de.

Sobald es Neuigkeiten gibt, werden Sie
umgehend benachrichtigt.

Arno Strobel
OFFLINE – Du wolltest nicht erreichbar sein.
Jetzt sitzt du in der Falle.
Psychothriller

Fünf Tage ohne Handy. Ohne Internet. Raus aus dem digitalen Stress, einfach nicht erreichbar sein. So das Vorhaben einer Gruppe junger Leute, die dazu in ein ehemaliges Bergsteigerhotel auf 2000 Metern Höhe reist.

Aber am zweiten Tag verschwindet einer von ihnen und wird kurz darauf schwer misshandelt gefunden. Jetzt beginnt für alle ein Horrortrip ohne Ausweg. Denn sie sind offline, und niemand wird kommen, um ihnen zu helfen …

384 Seiten, broschiert

Weitere Informationen finden Sie auf
www.fischerverlage.de

AZ 596-70558/1

Arno Strobel
DIE APP – Sie kennen dich.
Sie wissen, wo du wohnst.
Psychothriller

Du hast die App auf deinem Handy.
Du kannst dein ganzes Zuhause damit steuern.
Jederzeit. Von überall.
Die App ist sicher.

Deine Frau verschwindet.
Keiner glaubt dir.
Du bist allein.
Und sie wissen, wo du wohnst.

368 Seiten, Klappenbroschur

Weitere Informationen finden Sie auf
www.fischerverlage.de

AZ 596-70355/1

Arno Strobel
Mörderfinder
Die Spur der Mädchen
Thriller

Seine Zeit beim KK 11 in Düsseldorf ist Geschichte. Jetzt fängt Fallanalytiker Max Bischoff neu an. Gibt sein Wissen an der Polizeihochschule an die weiter, die so gut werden wollen wie er. Aber die Fälle finden ihn trotzdem. Und er findet die Mörder. Denn nichts ist ihm näher als die Täterpsyche.

Max Bischoff ermittelt im Fall eines vor sechs Jahren verschwundenen Mädchens, von dem es seither kein Lebenszeichen gab. Bis plötzlich ihre Sachen auftauchen …

Der neue Thriller von Nr. 1-Bestsellerautor Arno Strobel

352 Seiten, Klappenbroschur

Weitere Informationen finden Sie auf
www.fischerverlage.de

AZ 596-70051/1

Arno Strobel
Im Kopf des Mörders – Tiefe Narbe
Thriller
Band 29616

»Arno Strobel gehört zu den besten deutschen Thrillerautoren.«
Für Sie

Max Bischoff ist der Neue bei der Mordkommission in Düsseldorf, und sein erster Fall hat es in sich. Auf dem Präsidium taucht ein verwirrter Mann auf, von oben bis unten mit Blut besudelt. Er kann sich an die letzte Nacht nicht erinnern. Wie sich herausstellt, stammt das Blut von einer Frau, die spurlos verschwand und für tot gehalten wird. Ist der Mann ihr Mörder? Ist er Täter oder Opfer?

Der Auftakt der neuen spannenden Thriller-Trilogie und der erste Fall für Oberkommissar Max Bischoff

Das gesamte Programm gibt es unter
www.fischerverlage.de

fi 29616 / 1

Arno Strobel
**Im Kopf des Mörders –
KALTE ANGST**
Thriller

Ein Unbekannter mit einer Fliegenmaske dringt nachts in Häuser ein. Er lässt einen Überlebenden zurück und eine Botschaft: »Erzähl es den anderen.«
Max Bischoff, Profiling-Experte beim KK 11 Düsseldorf, erhält einen Anruf aus der Psychiatrie: Siegfried Fissmann, einer der Patienten dort, sagt diese Taten genau voraus. Bischoff muss sich auf Fissmann einlassen, wenn er weitere Morde verhindern will. Und gerät dabei selbst an die Grenzen seiner psychischen Belastbarkeit ...

Der zweite Fall für Oberkommissar Max Bischoff

 368 Seiten, broschiert

Weitere Informationen finden Sie auf
www.fischerverlage.de

AZ 596-29617/1

Arno Strobel
**Im Kopf des Mörders –
TOTER SCHREI**
Thriller

Als Oberkommissar Max Bischoff den Brief liest, traut er seinen Augen nicht. Der Absender schreibt, dass er Max' Schwester in seiner Gewalt hat. Keine Polizei sonst stirbt sie. Max ahnt, wer dahinter steckt. Alexander Neumann – Exkollege und psychopathischer Mörder. Entgegen den Anweisungen bittet Max seinen Partner Horst Böhmer um Hilfe. Doch der Entführer hat seine Augen und Ohren überall. Er bestraft Kirsten und lockt Max in eine Falle. Danach ist Max auf der Flucht, gejagt von den eigenen Kollegen. Wen soll er retten: sich selbst oder seine Schwester?

Der dritte Fall für Oberkommissar Max Bischoff

352 Seiten, broschiert

Weitere Informationen finden Sie auf
www.fischerverlage.de

AZ 596-70206/1